本书出版得到中国人民大学“中央高校建设世界一流大学（学科）和特色发展引导专项资金”支持

日本教育法规译文精选

严　平　编译

科学出版社

北　京

图书在版编目（CIP）数据

日本教育法规译文精选/严平编译. 一北京：科学出版社，2019.12

ISBN 978-7-03-063829-8

Ⅰ. ①日… Ⅱ. ①严… Ⅲ. ①教育法-译文-汇编-日本
Ⅳ. ①D931.321.6

中国版本图书馆 CIP 数据核字（2019）第 299246 号

责任编辑：杜长清　高丽丽 / 责任校对：彭珍珍
责任印制：李　彤 / 封面设计：润一文化

科学出版社出版
北京东黄城根北街 16 号
邮政编码：100717
http://www.sciencep.com

北京盛通商印快线网络科技有限公司 印刷
科学出版社发行　各地新华书店经销

*

2019 年 12 月第　一　版　开本：720 × 1000　B5
2019 年 12 月第一次印刷　印张：18
字数：361 000

定价：99.00 元

（如有印装质量问题，我社负责调换）

编 序

日本现行教育法律体系的基本框架，构建于第二次世界大战后在美国主导下实施的教育改革。就法律法规结构而言，1947 年，与《日本国宪法》同期颁布的《教育基本法》《学校教育法》奠定了日本教育法律体系的基础。1952 年颁布的《义务教育费国库负担法》以及 1954 年颁布的《学校供餐法》，确立了日本义务教育体系的基础。然而，1990 年，《终身学习振兴法》的颁布实施，标志着日本正式进入了以终身学习为指引的面向 21 世纪的教育社会。

相比 1995 年由中华人民共和国国家教育委员会政策法规司组织编译的《日本国教育及文化法规要览》，本书以 2019 年最新出版的《文部科学法令要览》为蓝本，反映了最近 20 多年以来日本教育法律体系的最新发展动向。

仅从新颁布的法律来看，2003 年的《国立大学法人法》及相关法律见证了日本近代高等教育史上最重要的一次改革——日本国立大学法人化的付诸实施。2005 年颁布的《食育基本法》、2008 年颁布的《学校保健安全法》（对 1958 年颁布的《学校保健法》进行了全面修订）以及 2011 年颁布的《体育基本法》则体现了适应现实社会发展需要，从法律角度将食育教育、学校安全、体育教育等列为教育发展的重要课题。2017 年新颁布的《义务教育机会均等法》，基本实现了接受义务教育的学龄儿童全覆盖。更值得一提的是，《教育基本法》在 2006 年得到全面修订，迈出了对第二次世界大战之后的日本教育进行全面总结并重新出发的重要一步。

纵观最新《文部科学法令要览》的内容，可将日本现行教育法律体系的框架归纳如下：以《教育基本法》为核心，以《终身学习振兴法》为指引，在此基础上，其法律体系主要可分为教育体制、教育行政、教育财政三个大类（参见附录 1）。之所以将教育财政从教育行政中分离出来，是因为教育财政对各类教育尤其是义务教育的发展具有极其重要的影响，同时也是日本教育法规极具特色、需要特别留意的部分。

教育体制相关法律主要分为学校教育和社会教育两个部分，其中学校教育部分乃是重点，有 88 部法律；社会教育部分对社会教育资源进行了规范，有 10 部法律。日本学校教育的立法十分详细：从一般的学位规则、办学标准、教科书、辅助事项，到教育振兴、私立教育、特别支援教育，形成了较为完善的规范体系。仅学校办学标准一项，就细分为幼儿园办学标准、小学办学标准、初级中学办学标准、高级中学办学标准、大学办学标准、研究生院办学标准、专科学校办学标准、高等职业学校办学标准、职业大学办学标准以及短期大学办学标准等。

此外，随着社会的发展，政府也针对现实状况及时颁布了相关法律。例如，为了保证教学质量，颁布了《关于公立义务教育诸学校的班级编制和教职员定员标准的法律》；为了满足偏远地区的特殊需要，颁布了《偏僻地区教育振兴法》。值得一提的是，日本将食育（包括《食育基本法》《学校供餐法》）也纳入教育法律体系当中，还有聚焦学校健康保健以及学生人身安全的《学校保健安全法》。

社会教育相关的法律以《社会教育法》为基础，涵盖了有关图书馆、博物馆等公共教育设施，以及广播电视大学、社会函授教育等社会成人教育的相关法律。

在教育行政相关法律方面，主要分为人事和组织两个部分。教职人员属于教育公务员，《教育公务员特例法》从法律角度保障其身份与地位。此外，面对日本近年来人口出生率逐渐下降的趋势，政府及时出台了《义务教育诸学校关于确保教育职员人才特别措施法》，依法保障义务教育阶段教职员数量，优化师生比。在组织法律方面，主要是针对日本高等教育重要变革的国立大学法人化，相关法律有《国立大学法人法》《独立行政法人通则法》《中央教育审议会令》等。

在教育财政相关的 15 部法律中，有关国家支持义务教育的法律占了绝大多数。从《义务教育费国库负担法》《义务教育诸学校设施费国库负担法》到《公立学校灾害修复费国库负担法》，可谓从建立到维护，无所不包。另外，国家对私立学校、特别支援教育和贫困学生就学也有相应的财政支持。

所附资料中，日本各类学校统计图以及学生发育和运动能力统计图（附录 2）能够更为直观地呈现日本教育的现状及成效。日本学校系统图（附录 3）中，职业技术大学的新设尤其值得关注。

概括起来，日本的教育法律体系具有以下四个特点。

一是政策决定过程具有一定的科学、合理、公开的特点。与日本其他部委的政策决定过程相似，教育相关法规通常由文部科学大臣任命组成的教育审议会研究决定。这在一定程度上保障了教育政策决定的科学性和合理性。

二是教育法律在实施过程中强调法、令、规则的“三位一体”。多数重要的法律条文在国会通过后，教育部门通常会依此制定实施法令，并对具体实施细节制定详细规则。教育法律的实施也因此具有较强的可操作性，同时保障了法律的顺利推行。

三是教育法律的制定与实施坚持中央集权与地方自治相结合的原则。日本教育法律的制定由中央负责，但具体实施则由地方教育行政部门完成。《地方自治法》的相关规定决定了中央对地方行政并不具有直接的命令权，因此中央政府也将工作重点放在了制定各类标准方面。该项原则不仅使中央政府能够从标准、财政角度对地方政府进行约束，还能起到从结果上保障国家标准在全国范围内统一执行的效果。

四是法律体系具有较强的完整性。日本教育法律体系涵盖教育体制、教育行政及教育财政等环节，并通过颁布具体实施细则保障法律的顺利推行，从而在结果上保证了一切教育活动都能做到有法可依、依法办学。

本书的出版目的有三：其一，为从事教育法科研工作的专家、学者提供第一手资料（工具书）；其二，为法律或教育相关领域的教学人员提供阅读材料（教科书）；其三，为广大教学第一线的各类教师及教育行政人员提供法律借鉴（参考书）。

笔者学识浅薄，欲达上述目的，并非易事。本书或需要适时把握科研及社会热点，并对有关法规进行解读与研究，期冀今后不断补充与完善。

本书的出版，首先得益于中华人民共和国教育部政策法规司王大泉副司长的指引与鼓励，中国人民大学则提供了包括出版经费在内的多项支持。尤其是秦惠民老师和申素平老师就各类法规的选取提出了富有远见的建议，李立国老师对本书的整体编排给予了专业的指导，周光礼老师则帮助笔者找到了专业、高效的出版单位。中国政法大学的张莉老师、北京大学的张苒老师从外国教育法的专业视角，对本书的书名及内容提出了中肯的意见。对外经济贸易大学的秦冠英老师就某些法规提供了最新的解读资料，北京教育学院的郝盼盼老师从法律行文的角度，帮助笔者校对和修正了部分法规用语。中国人民公安大学的孔霞老师、华中农业大学的郑越老师、北京市丰台区教育委员会的李佳琦老师、中国人民大学的付朋老师等，都在本书的编译过程中给予了各种协助和支持。选修“日本教育法”课程的各位学生，尤其是赵曼菲、于孟鑫、杨思睿、左磊、周航、李雪远等，对本书部分法规的翻译以及全书的校正、统稿工作贡献颇多。河北北方学院的陈岩皓老师负责制作了本书附录 2 的所有图表，使读者能更为直观地把握日本教育现状，同时增强了本书作为工具书的可读性和易读性。再次对所有参与本书编译工作以及为本书提出宝贵意见的专家、老师和学生深表谢意。

最后，感谢科学出版社的编辑，没有他们一如既往的细心与耐心，本书恐不能如期面世。由于时间所限，本书难免存在疏漏和不足，敬祈各位专家、学者批评指正。

凡　例

日本现行教育法规数量庞大，本书选取的原则为“重要且常用”，不甚严谨，更多从当前我国关注度较高的角度考虑。本书针对教育相关科研人员、教育行政人员、学校教师、在校学生以及社会培训机构人员，收录日本的重要且常用之法规共计32件。其中，法律17件，政令8件，省令7件。

本书体例如下。

1）法规排列顺序，参照文部科学法令研究会监修《文部科学法令要览（2019年版）》，分别按教育基本、终身学习、学校教育、社会教育、运动·保健·供餐、教职员、教育财政等项分类，必要时用编、章等将其区分。

2）法规部分含名称及公布日期、修改次数、最近修改日期。日期采用日本纪年后括注公元年份的方式标注。

3）法规正文以条为基本单位，必要时用章、节将其区分，条、项、号分别用汉字数字、阿拉伯数字、汉字数字表述。

4）法规条文增删，依照原文体例。增补部分表示为“第九条之二”等，删除部分仍保留删除前之序号，但标明“删除”。

5）法规正文之年代、计量单位、度量衡、货币单位等原则上均沿用原文表述。

6）法规正文所列括号，涉及既颁法规公布年份或列举特殊情况者，为保持正文简洁，原则上予以省略。

7）法规中某些专有名词及用语，如文部科学省、市町村、地方公共团体等，原则上沿用原文表述。

8） 法规附则包含实施及修订后实施日期等内容，为突出正文内容及精简篇幅，原则上仅保留第一条。

本书收录最新法规至2019年4月28日。

凡 例

目　录

第一编 教育基本

教育基本法

平成十八年（2006年）十二月二十二日法律第一百二十号公布

对教育基本法（昭和二十二年法律第二十五号）进行全面修订。

目录

日本国民期望在进一步发展经过坚持不懈的努力而构筑起来的民主的、文明的国家的同时，为世界的和平和人类福祉的提高而做出贡献。

为了实现这一理想，我们期望培养尊重个人尊严、追求真理和正义、尊重公共精神、具有丰富的人性和创造性的人，同时推进以继承传统和创造新文化为目标的教育。

在此，我们依照《日本国宪法》的精神，为了确立巩固我国未来的教育的基础，谋求教育的振兴，而制定本法。

第一章 教育的目的及理念

（教育目的）

第一条 教育以完善人格为目标，要培养作为和平、民主国家和社会的建设者所应具备的素质的身心健康的国民。

（教育目标）

第二条 为了实现教育目的，要尊重学术自由，实现下列目标。

1. 掌握广泛的知识，有一定的教养，培养追求真理的态度，培养道德情操，同时要有健康的体魄。

2. 尊重个人的价值，发展其能力，培养其创造性，培养其自主和自律的精神，同时重视职业和生活的联系，培养其尊重劳动的态度。

3. 重视正义与责任、男女平等、互敬互爱、相互合作，同时基于公共精神，培养其积极地参与社会建设并为其发展做出贡献的态度。

4. 尊重生命，爱护自然，保护环境。

5. 尊重传统和文化，热爱祖国和乡土，同时尊重其他国家，培养其为国际社会的和平与发展做贡献的态度。

（终身学习理念）

第三条 为了能够磨炼自己的人格，度过丰富的人生，每一个国民必须在一生中利用一切机会、一切场所进行学习，并学以致用。

（教育机会均等）

第四条 1. 所有国民都具有平等地接受适应其能力的教育的机会，不得因人种、信仰、性别、社会身份、经济地位或门第等方面的差异，而在教育上受到歧视。

2. 为保障残疾人平等接受教育的权利，国家和地方公共团体必须提供必要的教育援助。

3. 对于有学习能力却因经济原因辍学的人，国家和地方公共团体必须采取就学奖励措施。

第二章 教育实施的基本内容和原则

（义务教育）

第五条 1. 根据相关法律规定，国民对于其被监护子女，应负有使其接受普通教育的义务。

2. 义务教育应坚持以下目的：在不断提高每个人所具有的能力的同时，培养其在社会中独立生存的能力；培养其作为国家和社会的建设者所必备的基本素质。

3. 为保障义务教育的实现并确保其质量，国家和地方公共团体应合理分工并相互配合，共同承担实施义务教育的责任。

4. 国家和地方公共团体设立的学校所实施的义务教育，不征收学费。

（学校教育）

第六条 1. 法律所规定的学校具有公共性质，只有国家、地方公共团体和法律所规定的法人方可设立学校。

2. 前条所规定的学校为实现教育目标，必须根据受教育者的身心发展特征，有组织地实施系统的教育。受教育者在遵守学校纪律的同时，必须注重提高自身学习的积极性。

（大学）

第七条 1. 大学作为学术的中心，在培养学生的素养和专业能力的同时，应深入探究真理，创造新知识，向社会提供学术成果，为社会的发展做出贡献。

2. 大学必须尊重自主性、自律性以及其他大学在教育及研究上的特性。

（私立学校）

第八条 鉴于私立学校具有公共性质，并且在学校教育中发挥着重要作用，国家和地方公共团体必须尊重其自主性，采取资助及其他适当的方法，致力于振兴私立学校教育。

（教师）

第九条 1. 法律所规定的学校的教师必须深刻认识到自身肩负的崇高使命，坚持刻苦研究，提高修养，认真履行职责。

2. 对于前项所规定的教师，鉴于其使命和职责的重要性，应尊重其身份，保障其享受公正待遇，为其提供充分的培训和进修机会。

（家庭教育）

第十条 1. 父母及其他监护人在儿童教育上负有首要责任，应使儿童掌握生活所需的能力，努力培养其自立精神，实现其身心和谐发展。

2. 国家和地方公共团体必须尊重家庭教育的自主性，努力采取必要措施协助监护人进行家庭教育，为其提供学习机会和信息等方面的服务。

（幼儿期的教育）

第十一条 鉴于幼儿期的教育是培育完善人格的重要基础，国家和地方公共团体应采取适当的方法，营造有助于幼儿健康成长的良好环境，促进幼儿教育的发展。

（社会教育）

第十二条 1. 对于满足个人和社会需求的社会教育，国家和地方公共团体应予以奖励。

2. 国家和地方公共团体必须通过设置图书馆、博物馆、公民馆及其他社会教育设施，利用学校的设施及其他适当的方法，为社会提供学习机会和信息等方面的服务，推动社会教育发展。

（学校、家庭和社区居民等的相互联合协作）

第十三条 学校、家庭、社区居民及其他有关人员应认识到各自在教育领域的作用和责任，致力于协同合作。

（政治教育）

第十四条 1. 作为明智的公民所必需的政治素养必须在教育上得到尊重。

2. 法律所规定的学校不得进行支持或反对特定政党的政治教育及其他政治活动。

（宗教教育）

第十五条 1. 对宗教的宽容态度、与宗教相关的一般素养以及宗教在社会生活中的地位，必须在教育活动中予以尊重。

2. 国家和地方公共团体设立的学校不得进行面向特定宗教的宗教教育或者

从事其他宗教活动。

第三章　教 育 行 政

（教育行政）

第十六条　1. 教育不服从于不正当的支配，应当按照本法及其他法律规定实施。教育行政必须在国家和地方公共团体的合理分工和相互配合下，公正合理地进行。

2. 为了在全国范围内实现教育机会均等并提高教育水平，国家应当综合性地制定和实施关于教育的政策措施。

3. 为实现区域内的教育振兴，地方公共团体必须制定和实施符合实情的教育政策措施。

4. 为保证教育顺利、持续地开展，国家和地方公共团体必须采取必要的财政措施。

（教育振兴基本计划）

第十七条　1. 为全面有序地推行教育振兴措施，政府必须就教育振兴的基本方针、政策措施以及其他必要事项，制订基本计划并向国会报告，同时予以公布。

2. 地方公共团体必须参照前项规定的计划，根据本地实情，制订地方教育振兴的基本计划。

第四章　法令的制定

第十八条　为了实施本法所规定的各项条款，必须制定必要的法令。

附　　则

（施行日期）

本法自公布之日起施行。

义务教育诸学校关于确保教育职员人才特别措施法

昭和四十九年（1974年）二月二十五日法律第二号公布
公布以来共修改6次；最近修改：平成二十七年（2015年）六月二十四日
法律第四十六号

（目的）

第一条 鉴于学校教育乃是促进肩负重任的青少年成长的基础，通过对义务教育诸学校教育职员薪金采取特别措施以确保优秀人才的培养，达到保持和提高学校教育水平的目的。

（定义）

第二条 1. 本法中的“义务教育诸学校”，指学校教育法规定的小学、初级中学、义务教育学校、中等教育学校前期课程[①]或特别支援学校的小学部或初级中学部。

2. 本法中的“教育职员”，指校长、副校长、教头以及教育职员许可法第二条第一项规定的教师。

（优待措施）

第三条 对于义务教育诸学校教育职员的薪金水平，必须采取必要措施，使其优于一般公务员。

附　　则

1. 本法自公布之日起施行。

2. 对于第三条规定的教育职员薪金的优待措施，国家要在财政上有计划地落实。

① 即初高中六年一贯制学校的初中部分。

第二编　终 身 学 习

关于完善振兴终身学习措施的推进体制等的法律

平成二年（1990 年）六月二十九日法律第七十一号公布

公布以来共修改 4 次；最近修改：平成十四年（2002 年）三月三十一日法律第十五号

（目的）

第一条　本法鉴于国民普遍寻求终身学习机会的现状，为都道府县谋求振兴终身学习事业，规定完善其推进体制建设及其他必要事项，以及为促进在特定地区提供综合性终身学习机会制定相应措施，同时通过设置调查和审议有关终身学习重要事项的审议会等措施，以促进终身学习的推进体制和增加地区的终身学习机会，从而达到为振兴终身学习做贡献的目的。

（措施上的考虑等）

第二条　国家和地方公共团体在实施本法规定的振兴终身学习措施时，应尊重国民自愿学习的要求，采取措施提高公民的职业技能及社会福利等，以助于终身学习措施的推进，并力求做出成效。

（都道府县有助于振兴终身学习的事业）

第三条　1. 为振兴终身学习，都道府县教育委员会应完善体制建设，基本上使以下各号所列事业得以互相配合、推进，并力求使其统一、有效地实施。

一、收集、整理并提供有关学校教育、社会教育方面的学习（包括体育方面的，以下在本项称“学习”）与文化活动方面的信息。

二、对居民的学习需求及其对学习成果的评价进行调查研究。

三、结合地区的实际情况进行学习方法的开发。

四、开展对居民进行指导和建议的进修培训活动。

五、为地区的学校教育、社会教育以及文化方面的机关和团体间的相互配合提供咨询或促成商谈，提供建议及其他援助。

六、除前面各号所列之外，还要举办社会教育方面的讲座，开展其他与为居民提供学习机会有关的必要事业。

2. 都道府县教育委员会在从事前项规定的事业时，应力求与有关社会教育的团体以及其他有助于开展终身学习事业的地区机关和团体进行配合。

（都道府县关于完善推进体制建设的基准）

第四条　1. 文部科学大臣为促进终身学习的振兴，应就都道府县所从事的前条第一项规定的完善体制确定理想的基准。

2. 文部科学大臣欲确定前项所列的基准时，必须事先听取审议会等（国家行政组织法第八条规定的机关，下同）的意见。欲变更时亦同。

（振兴地区终身学习的基本构想）

第五条　1. 都道府县在各自辖区内，为促进及振兴该地区及其周边区域居民的终身学习，应运用民间事业家的力量，拟定综合提供社会教育方面的学习（包括体育方面）和文化活动及其他有助于终身学习的各种活动的多种机会的基本构想（以下称“基本构想”）。

2. 在基本构想中应就下列事项予以拟定。

一、有关综合提供前项规定的多种机会（以下称“终身学习方面的机会”）的方针的事项。

二、有关前项规定中所指辖区的事项。

三、有关综合提供终身学习机会（包括民间实业家提供的）的种类与内容的基本事项。

四、为了向辖区提供多样的终身学习机会，向前号规定的民间实业家进行融资及其他业务相关事项。

五、与综合提供终身学习方面的机会有关的其他重要事项。

3. 都道府县欲拟定基本构想时，必须事先与有关市町村协商。

4. 都道府县欲拟定基本构想时，依照前项规定协商后，可与文部科学大臣及经济产业大臣协商。

5. 文部科学大臣和经济产业大臣收到依据前项规定的协商要求时，视都道府县拟定的基本构想是否符合以下各号，予以判断。

一、该基本构想的相关地区在很大程度上能为终身学习方面的机会提供保障，在政令规定以外的区域，从交通、社会和自然条件方面来看，应为适于提供多种终身学习机会的地区。

二、该基本构想提出的综合提供终身学习方面的机会能满足该基本构想相关地区及其周边区域居民对终身学习方面的机会的需求。

三、符合其他作为文部科学大臣和经济产业大臣认可的基准为下条规定所确定的事项（以下称“判断基准”）。

6. 在文部科学大臣和经济产业大臣就基本构想进行前项所指规定的认可时，必须事先同有关行政机关首长协商，同时文部科学大臣要听取前条第二项政令规定的审议会等的意见，经济产业大臣要听取产业构造审议会的意见，认定其符合前项各号要求时，应迅速通知该都道府县。

7. 都道府县拟定基本构想后，必须立即予以公布。

8. 第三项至前项之规定，当基本构想发生变更（文部科学省令、经济产业省令规定的细微变更除外）时，应同样适用。

（判断基准）

第六条　1. 下列为认可的基准规定。

一、综合提供终身学习机会的基本事项。

二、有关前条第一项规定所指地区设置的基本事项。

三、综合提供终身学习机会（包括由民间事业家提供的）的种类和内容的有关基本事项。

四、有关综合提供终身学习机会所需事业的基本事项。

五、在综合提供终身学习机会时应考虑的重要事项。

2. 文部科学大臣及经济产业大臣在确定判断基准时，必须事先同自治大臣以及其他有关行政机关首长进行协商，同时文部科学大臣要听取第四条第二项政令规定的审议会等的意见，经济产业大臣要听取产业构造审议会的意见。

3. 文部科学大臣及经济产业大臣确定认可基准后，必须立即予以公布。

4. 前两项规定，在认可基准变更时适用。

第七条　删除。

（基本构想的实施）

第八条　1. 都道府县在利用民间事业家的力量的同时，应依据基本构想有计划地综合提供终身学习的机会。

2. 文部科学大臣为顺利实施已获认可的基本构想，可要求社会教育有关团体和文化团体进行协助，或应有关地方公共团体和有关事业家的请求，力求将其所辖博物馆的资料借给请求者。

3. 经济产业大臣为顺利实施已获认可的基本构想，可要求商工会议所和商工会向社会提供属于其团体和会员的终身学习机会以及其他必要的协助。

4. 在前两项规定之外，文部科学大臣和经济产业大臣为促进认可的基本构想的拟定和顺利实施，必须为有关地方公共团体提供必要的建议、指导以及其他帮助。

5. 在前三项规定之外，为促进认可的基本构想顺利实施，文部科学大臣、经济产业大臣、有关行政机关首长、有关地方公共团体以及有关事业家必须互相配合、共同努力。

第九条　删除。

（都道府县终身学习审议会）

第十条　1. 都道府县设置都道府县终身学习审议会（以下称“都道府县审议会”）。

2. 针对都道府县教育委员会或知事的咨询，都道府县审议会应对该都道府县相关事务中有助于推动终身学习的重要事项进行调查和审议。

3. 都道府县审议会可就前项规定的事项中认为必要的事项，向该都道府县教育委员会或知事提出建议。

4. 除前三项规定之外，与都道府县审议会的组织和管理有关的必要事项，由条例规定。

（市町村的配合协作机制）

第十一条　为振兴终身学习，市町村（包括特别区）应努力完善有关机关和有关团体等的配合协作机制。

附　　则

（施行日期）

本法自平成二年七月一日起施行。

关于完善振兴终身学习措施的推进体制等的法律施行令

平成二年（1990 年）六月二十九日政令第一百九十四号公布
公布以来共修改 2 次；最近修改：平成十二年（2000 年）六月七日政令第三百零八号

内阁根据关于完善振兴终身学习措施的推进体制等的法律第五条第二项第四号、第四项及第五项的规定，制定本政令。

（综合提供终身学习机会的必要业务）

第一条　关于完善振兴终身学习措施的推进体制等的法律（以下称“法”），第五条第二项第四号政令规定的业务如下。

一、为法第五条第二项第三号规定的民间事业家为提供终身学习机会所需资金的借入债务提供担保。

二、开展关于从事提供终身学习机会人员的进修活动。

三、开展关于终身学习机会的宣传活动。

四、进行必要的关于终身学习机会的调查研究。

五、开展前面各号所列业务的附带业务。

（终身学习机会提供程度极高的区域）

第二条　法第五条第五项第一号政令规定的区域为平成二年六月一日的东京都的特别区所在区域、大阪市的区域以及名古屋市的区域。

（政令规定的审议会等）

第三条　法第四条第二项政令规定的审议会为中央教育审议会。

附　　则

（施行日期）

本政令自平成二年七月一日起施行。

关于完善振兴终身学习措施的推进体制等的法律施行令

第三编　学 校 教 育

学校教育法

昭和二十二年（1947年）三月三十一日法律第二十六号公布
公布以来共修改68次；最近修改：平成三十年（2018年）六月一日
法律第三十九号

第一章 总 则

第一条 在本法中，学校是指幼儿园、小学、初级中学、义务教育学校、高级中学、中等教育学校、特别支援学校、大学和高等专门学校等。

第二条 1. 只有国家、地方公共团体和私立学校法第三条规定的学校法人（以下称“学校法人”）方可设立学校。

2. 在本法中，“国立学校”是指国家设立的学校，“公立学校”是指地方公共团体设立的学校，“私立学校”是指学校法人设立的学校。

第三条 欲设立学校者，必须按学校的类别，依据文部科学大臣规定的关于设备、编制以及其他设置标准设立学校。

第四条 1. 以下各号所列的关于学校的设立和废止、设置者的变更及其他政令所规定的事项，必须得到相关各号规定者的许可。在这些学校中，高级中学（包括中等教育学校后期课程[①]）的日常课程（以下称“全日制课程”）、夜间及其他特殊时间或时期授课的课程（以下称“定时制课程”）、采用通信方式授课的课程（以下称“函授课程”），以及大学的学部、研究生院和研究生院的研究科以及第一百零八条第二项中大学的学科，同样如此。

一、公立或私立大学以及高等专门学校由文部科学大臣批准。

二、市町村设立的高级中学、中等教育学校和特别支援学校由都道府县教育委员会批准。

三、私立幼儿园、小学、初级中学、义务教育学校、高级中学、中等教育学校和特别支援学校由都道府县知事批准。

2. 不管前项规定，同项第一号所列的学校设立者，在实施下列事项时，不需要接受同项认可。在此情形下，该学校设立者根据文部科学大臣的规定，应事先向文部科学大臣提出。

一、大学的学部或研究生院的研究科或第一百零八条第二项所列的大学的学科的设置，并不伴随该大学学位授予的种类和领域的变更而改变。

---

① 即初高中六年一贯制学校的高中部分。

二、大学的学部或研究生院的研究科或第一百零八条第二项所列的大学的学科废止。

三、除前面二号所列之外，政令规定的事项。

3. 文部科学大臣在处理前项申请时，关于其申请事项，认为与申请相关的设备、课程和其他事项不符合相关法令规定时，可命令申请者采取必要的措施。

4. 地方自治法第二百五十二条之十九第一项中指定城市设立的高级中学、中等教育学校和特别支援学校，第一项规定不适用。在此情形下，该高级中学、中等教育学校和特别支援学校的设立者在实施根据同项规定必须接受认可的事项时，必须事先向都道府县教育委员会提出。

5. 关于第二项第一号的学位种类和领域变更的标准，由文部科学大臣规定。

第四条之二 市町村在开办或关闭其设立的幼儿园时，应事先向都道府县教育委员会提出。

第五条 学校的设立者管理其设立的学校，除法令特别规定的情况外，应负担其学校的经费。

第六条 学校可以收取学费，但国立或公立的小学、初级中学、义务教育学校、中等教育学校前期课程、特别支援学校的小学部和中学部的义务教育，不得收取学费。

第七条 学校必须配备校长和相当数量的教师。

第八条 有关校长和教师（适用教育职员许可法者除外）资格的事项，除另有法律规定外，由文部科学大臣确定。

第九条 属于以下各号所列情形之一者，不得任校长或教师。

1. 成年被监护人或被保佐人。

2. 被处以监禁以上刑罚者。

3. 根据教育职员许可法第十条第一项第二号或第三号的规定，许可证失效未满三年者。

4. 根据教育职员许可法第十一条第一项至第三项的规定，受吊销许可证处分未满三年者。

5. 在日本国宪法施行之日以后，组织或参加主张以暴力破坏日本国宪法或按该宪法成立的政府的政党及其他团体者。

第十条 私立学校确定校长后，大学及高等专门学校应向文部科学大臣申报，大学及高等专门学校以外的学校应向都道府县知事申报。

第十一条 校长和教师认为在教育上有必要时，可以按照文部科学大臣的规定，对儿童、学生进行惩戒，但不得体罚。

第十二条 根据有关法律的规定，为了保持和增进幼儿、儿童、学生和职员的健康，学校必须施行健康诊断和采取其他必要的保健措施。

第十三条 1. 第四条第一项各号所列学校遇有以下各号所列情形之一的，同项各号规定的部门可命令该学校关闭。

一、故意违反法令的规定时。

二、根据法令规定违反其命令时。

三、六个月以上未授课时。

2. 前项规定对市町村设立的幼儿园适用。在此情形下，同项中“同项各号规定的部门”替换为“都道府县教育委员会”。

第十四条 当学校在设备、课程以及其他事项等方面出现违反法令规定或都道府县教育委员会及都道府县知事所规定的规程时，大学和高等专门学校以外的市町村设立的学校由都道府县教育委员会，大学和高等专门学校以外的私立学校由都道府县知事，分别令其纠正。

第十五条 1. 当公立或私立大学和高等专门学校在设备、课程或其他事项等方面违反法令规定时，文部科学大臣可劝告该学校采取必要的措施。

2. 文部科学大臣在依据前项规定进行劝告但未改观时，可令其纠正。

3. 文部科学大臣在依据前项规定令其纠正但未改变时，可对该学校下达解散与该劝告事项相关组织的命令。

4. 文部科学大臣认为有必要依据第一项规定进行劝告或依第二项规定下达命令时，可要求该学校提交报告或资料。

第二章 义 务 教 育

第十六条 监护人根据下条规定，负有让其子女接受九年普通教育的义务。

第十七条 1. 监护人从子女满 6 岁之日的次日后第一个学年初开始，到满 12 岁之日所属学年终止，负有让子女在小学、义务教育学校前期课程或特别支援学校小学部就学的义务。但在子女年满 12 岁之日所属学年结束时，若还未修完小学、义务教育学校前期课程或特别支援学校小学部的课程，得延至年满 15 岁之日所属学年结束（在此期间若修完该课程，则指其修完之日所属学年结束）为止。

2. 监护人在孩子修完小学课程、义务教育学校前期课程或特别支援学校小学部的课程第二天的第一个学年开始，到满 15 岁之日学年结束为止，负有使孩子入初级中学、义务教育学校后期课程、中等教育学校前期课程或特别支援学校初级中学部学习的义务。

3. 督促前两项义务的履行以及其他义务履行的相关必要事项，由政令规定。

第十八条 依前条第一项或第二项的规定，负有就学义务的子女（以下称“学龄儿童或学龄生”），因病弱、发育不良及其他不得已的原因就学困难的，市町村教育委员会根据文部科学大臣的规定，可延缓或免除监护人前条第一项或第二项规定的义务。

第十九条 对于被认定为因经济原因而就学困难的学龄儿童或学龄生的监护人，市町村应给予必要的援助。

第二十条 任何人不得妨碍学龄儿童或学龄生接受义务教育。

第二十一条 义务教育实施普通教育，为实现教育基本法第五条第二项规定的目的，要达成以下所列目标。

一、促进学校内外的社会活动，基于自主、自律、协作精神、规范意识、公正的判断力以及公共精神，积极参与社会构建，培养学生为教育发展奉献的精神。

二、促进学校内外的自然体验活动，树立尊重生命和自然的精神以及保护环境的态度。

三、对于国家和乡土的现状和历史，予以正确引导，尊重传统和文化，培养学生对国家和乡土的热爱之情，同时通过对外国文化的理解，养成尊重他国、致力于国际社会和平发展的态度。

四、对家庭及其功能、生活所必要的衣食住行、信息、产业等其他事项有基本的了解，并掌握一定技能。

五、养成热爱读书的习惯，具备正确理解和使用生活所必要的国语的能力。

六、正确理解生活中必要的数量关系，具有处理基础问题的能力。

七、对于与生活相关的自然现象，通过观察和实验，具有科学地理解、处理的基本能力。

八、为了健康、安全的幸福生活，在其养成必要习惯的同时，通过运动锻炼学生的体力，使其身心协同发展。

九、对于能丰富生活的音乐、美术、文艺等其他艺术有着基本的理解。

十、了解职业相关的基础知识和技能，养成勤劳的习惯，具备根据个性选择未来发展道路的能力。

第三章 幼 儿 园

第二十二条 幼儿园教育的目的在于为义务教育及之后的教育打下基础，为幼儿保育及幼儿的健康提供适宜环境，促进其身心发展。

第二十三条 为了实现前条规定的目的，幼儿园的教育应努力达到下列目标。

一、培养幼儿健康、安全而幸福地生活所必要的日常习惯，促进其身体机能协调发展。

二、让幼儿在园内体验集体生活，使他们形成乐于参加集体生活的态度，同时使其增强对家人及近邻的信赖感，培养其自主、自律及协同的精神和规范意识。

三、激发幼儿对身边的社会生活、生命及自然的兴趣，培养对其进行正确认识、应对及思考的能力。

四、通过日常会话、绘本、童话等形式，引导其正确使用语言，养成学会理解对方话语的习惯。

五、通过音乐、身体表现、造型等方法，培养其丰富的感性和表现力。

第二十四条　幼儿园除了为实现第二十二条所规定的目的而实施教育之外，还应就幼儿期教育相关的各类问题，接受监护人和地区居民及其他相关者的咨询，提供必要的信息和建议，致力于参与家庭和地区的幼儿期教育支援活动。

第二十五条　幼儿园的教育课程及其他保育内容相关事项，根据第二十二条及第二十三条规定，由文部科学大臣决定。

第二十六条　从满 3 岁至进入小学前的幼儿，可以进入幼儿园。

第二十七条　1. 幼儿园应设园长、教头和教谕。

2. 除前项规定外，幼儿园还可设副园长、主管教谕、指导教谕、养护教谕、营养教谕、事务职员、养护助教谕及其他必要的职员。

3. 不受限于第一项规定，如设副园长或有其他特殊情况时，可不设教头。

4. 园长掌管园务，监督所属职员。

5. 副园长协助园长处理园务，受命掌管园务。

6. 教头协助园长整理园务，并根据需要掌管幼儿的保育工作。

7. 主管教谕协助园长和教头，受命整理部分园务，以及掌管幼儿的保育工作。

8. 指导教谕掌管幼儿的保育工作，以及为了改善并充实保育工作，对教谕和其他职员进行必要指导和提出建议。

9. 教谕掌管幼儿的保育工作。

10. 有特殊情况时，不受第一项规定所限，可设助理教谕或讲师代替教谕。

11. 依据学校实情，必要时不受第七项规定所限，可设帮助园长和教头、受命处理部分园务，并负责幼儿的养护或营养指导管理的主管教谕。

第二十八条　第三十七条第六项、第八项、第十二项至第十七项和第四十二条至第四十四条的规定，适用于幼儿园。

第四章　小　学

第二十九条　小学的目的在于根据儿童身心发育规律，为其接受义务教育阶段的普通教育奠定基础。

第三十条　1. 为在小学教育中实现前条规定的目的，必须努力达到第二十一条各号所列目标。

2. 在前项规定的情况下，为了为贯穿一生的学习打下基础，在学习基础知识和技能的同时，培养其解决问题的必要的思考力、判断力、表现力及其他能力，应特别留意培养其主动学习的习惯。

第三十一条 在小学中为达成前条第一项规定的目标，在进行教育指导时，要致力于充实儿童的体验学习活动，特别是志愿者活动等社会体验活动、自然体验活动及其他体验活动。在此情形下，必须充分发挥社会教育团体及其他相关团体的协同作用。

第三十二条 小学的修学年限为六年。

第三十三条 有关小学教学科目的事项，由文部科学大臣依据第二十九条和第三十条的规定予以确定。

第三十四条 1. 小学应使用经文部科学大臣审定的或具有文部科学省著作名义的教科书。

2. 前项规定的教科书中，若根据文部科学大臣规定包含电磁记录教材时，可不受其规定限制。根据文部科学大臣的规定，可在能够充实儿童教育的必要范围内，使用该教材来替代教科书。

3. 前项规定中，针对因视觉障碍、发育障碍及其他文部科学大臣认定的事由在使用教科书学习时有困难的儿童，需要通过使用电子计算机等对教科书中的文字、图形进行放大或转换为声音或其他同项规定的教材以降低该儿童的学习困难程度时，根据文部科学大臣的规定，其教育课程的全部或部分可使用该教材来替代教科书。

4. 教科用图书及第二项规定教材以外的教材，若有益且适当，亦可使用。

5. 第一项中的审定教科书的调查和审议工作由审议会负责，相关细则由政令规定。

第三十五条 1. 市町村教育委员会认定儿童具有下列行为中的一项或两项以上屡教不改的品行不良行为，并可能会对其他儿童的教育产生妨碍时，可令其监护人禁止该儿童上学。

一、对其他儿童造成伤害、身心痛苦或财产损失的行为。

二、对职员造成伤害或身心痛苦的行为。

三、损坏设施或设备的行为。

四、妨碍课程及其他教育活动实施的行为。

2. 市町村教育委员会依据前项规定禁止其上学时，应事先听取监护人的意见，同时必须将记录有理由和期限的文件交给其监护人。

3. 除前项规定之外，关于禁止上学命令手续的相关必要事项，依据市町村教育委员会的规定执行。

4. 在儿童被禁止上学期间，市町村教育委员会应对其学习及其他教育需要采取必要措施。

第三十六条 未达到学龄的子女不得进入小学。

第三十七条 1. 小学应设校长、教头、教谕、养护教谕和事务职员。

2. 除前项规定外，小学还可设副校长、主管教谕、指导教谕、营养教谕及其他必要的职员。

3. 不受第一项规定所限，设有副校长时，若有其他特殊情况可不设教头；设有掌管养护工作的主管教谕时，可不设养护教谕等；有特殊情况时，可不设事务职员。

4. 校长掌管校务，监督所属职员。

5. 副校长协助校长，受命掌管校务。

6. 副校长在校长有事时代理其职务，在校长缺席时行使其权力。在此情形下，副校长有两人以上时，校长应事先确定顺序，代理或行使其权力。

7. 教头协助校长（设副校长的小学为校长及副校长）整理校务，必要时掌管儿童教育工作。

8. 教头在校长（设副校长的小学为校长及副校长）有事时代理其职务，校长（设副校长的小学为校长及副校长）缺席时行使其权力。在此情形下，当教头有两人以上时，校长应事先确定顺序，代理或行使其权力。

9. 主管教谕协助校长（设副校长的小学为校长及副校长）和教头的工作，受命整理部分校务，并掌管儿童教育工作。

10. 指导教谕掌管儿童教育工作，并对教谕和其他职员提出改善、充实教育指导的建议。

11. 教谕主管儿童教育工作。

12. 养护教谕主管儿童养护工作。

13. 营养教谕掌管儿童的营养指导和管理工作。

14. 事务职员从事事务性工作。

15. 助教谕协助教谕的工作。

16. 讲师从事相当于教谕或助教谕的工作。

17. 养护助教谕协助养护教谕的工作。

18. 有特殊情况时，不受限于第一项规定，可设助教谕或讲师代替教谕，设养护助教谕代替养护教谕。

19. 根据学校实情需要，不受限于第九项规定，可设主管教谕协助校长（设副校长的小学为校长及副校长）及教头受命整理部分教务，并管理和指导儿童养护和营养等工作。

第三十八条 市町村应为其区域内学龄儿童就学开设必要的小学。但在教育上认为有益且适当时，可用开设义务教育学校来代替。

第三十九条 市町村认为适当时，可设市町村协作机构，以处理前条规定的全部或部分事务。

第四十条　1. 市町村认为前两条所规定的事项无法做到或不适合本地情况时，可委托其他市町村或前条规定的市町村协作机构来承担对学龄儿童全部或部分的教育事务，用以代替开办小学或义务教育学校。

2. 有前项所述情况时，地方自治法第二百五十二条之十四第三项中适用的该法第二百五十二条之二第二项中的“都道府县知事”一词应由“都道府县知事和都道府县教育委员会”替代。

第四十一条　都道府县教育委员会认定町村不能承受前两条规定的负担时，都道府县应对町村给予必要的补助。

第四十二条　小学依据文部科学大臣的规定，对本校的教育活动和学校运营状况进行评价，基于评价结果，为改善学校运营状况，采取必要措施，以提高教育水平。

第四十三条　小学在充分理解该小学的监护人和地区居民及其他相关者的基础上，谋求他们的协助和支持，积极提供与本校相关的教育活动及其他学校运营状况的信息。

第四十四条　私立小学由都道府县知事管辖。

第五章　初 级 中 学

第四十五条　初级中学的目的是在小学教育的基础上，根据学生身心发展阶段，为其提供义务教育阶段的普通教育。

第四十六条　为在初级中学教育中实现前条规定的目的，应努力达到第二十一条各号所列目标。

第四十七条　初级中学的修学年限为三年。

第四十八条　有关初级中学的教学科目的事项，由文部科学大臣依据第四十五条和第四十六条及次条替换适用的第三十条第二项规定予以确定。

第四十九条　第三十条第二项、第三十一条、第三十四条、第三十五条、第三十七条至第四十四条的规定，适用于初级中学。此时第三十条第二项中的“前项”替换为“第四十六条”，第三十一条中的“前条第一项”替换为“第四十六条”。

第五章之二　义务教育学校

第四十九条之二　义务教育学校的目的在于根据学生身心发展阶段，为其提供义务教育阶段从基础开始的一贯制普通教育。

第四十九条之三　为实现前条所规定的目的，义务教育学校的教育要达到第二十一条各号所列目标。

第四十九条之四 义务教育的修学年限为9年。

第四十九条之五 义务教育的课程分为六年的前期课程和三年的后期课程。

第四十九条之六 1. 义务教育前期课程的教育，在第四十九条之二规定的目的中，根据学生身心发展状况，为其提供义务教育普通教育中的基础内容，以便在一定程度上实现第二十一条各号所列目标。

2. 义务教育后期课程的教育，在第四十九条之二规定的目的中，在前期课程教育的基础上，根据学生身心发展状况，为其提供义务教育普通教育，以实现第二十一条各号所列目标。

第四十九条之七 义务教育学校前期课程和后期课程的教育课程相关事项，由文部科学大臣根据第四十九条之二、第四十九条之三及前条规定以及次条替换适用的第三十条第二项规定予以确定。

第四十九条之八 第三十条第二项、第三十一条、第三十四条至第三十七条以及第四十二条至第四十四条的规定，适用于义务教育学校。此时第三十条第二项中的“前项”替换为“第四十九条之三”，第三十一条中的“前条第一项”替换为“第四十九条之三”。

第六章 高 级 中 学

第五十条 高级中学的目的是在初级中学教育的基础上，根据学生身心发展阶段及需要，为其提供普通高等教育和专门教育。

第五十一条 为实现前条规定的目的，高级中学的教育应达到以下所列目标。

一、进一步发展和扩大义务教育的普通教育成果，培育具有丰富人性、创造性及健康身体，具备作为国家和社会建构者所必备的素质的人才。

二、基于对必须履行的社会使命的认识，结合自己的个性选择未来的道路，提高一般教养水平，掌握专门知识、技术及技能。

三、努力形成自己的个性，同时提高对社会的广泛而深刻的理解能力及健全的批判能力，力图为社会发展做出贡献。

第五十二条 有关高级中学的学科和教学科目的事项，由文部科学大臣依据前两条的规定及第六十二条替换适用的第三十条第二项规定予以确定。

第五十三条 1. 除全日制课程外，高级中学可开设定时制课程。

2. 高级中学可只开设定时制课程。

第五十四条 1. 除全日制课程或定时制课程外，高级中学可开设函授课程。

2. 高级中学可只开设函授课程。

3. 高级中学函授课程的招生范围，该校所在都道府县区域者，应由办学主管部门进行审批，市町村开办的高级中学由都道府县教育委员会、私立高级中学由都道府县知事分别负责，且应事先向文部科学大臣申报。

4. 有关函授课程的必要事项，由文部科学大臣规定。

第五十五条　1. 高级中学定时制课程或函授课程的在学学生，在技能教育的机构中接受该机构所在地的都道府县教育委员会指定的教育时，校长可根据文部科学大臣的规定，将其在该机构的学习视为在该高级中学进行部分教学科目的学习。

2. 有关前项所述机构指定的必要事项，由政令规定。

第五十六条　高级中学的修学年限，全日制课程为三年，定时制课程和函授课程为三年以上。

第五十七条　可以进入高级中学学习者，应为初级中学或相当于初级中学的学校或义务教育学校或中等教育学校前期课程的毕业者，或者根据文部科学大臣的规定，被认定具有同等以上学力者。

第五十八条　1. 高级中学可设置专修科和特设科。

2. 高级中学设专修科的目的在于针对高级中学或相当于高级中学的学校或中等教育学校的毕业者，或根据文部科学大臣的规定被认定具有同等以上学力者，施以程度精深的特殊事项的教学及指导其进行研究，修学年限为一年以上。

3. 高级中学设特设科的目的在于针对具有前条规定的入学资格者，施以程度简易的特别技能教育，其修学年限为一年以上。

第五十八条之二　依据文部科学大臣的规定，修完高级中学专门课程的学生（仅限于第九十条第一项规定的学生），可以编入大学。

第五十九条　高级中学的入学、退学、转学以及其他必要事项，由文部科学大臣规定。

第六十条　1. 高级中学应设校长、教头、教谕和事务职员。

2. 除前项规定外，高级中学还可设副校长、主管教谕、指导教谕、养护教谕、营养教谕、养护助教谕、实习助手、技术职员及其他必要的职员。

3. 不受第一项规定的限制，在设有副校长时可不设教头。

4. 实习助手在实验或实习方面协助教谕的工作。

5. 有特殊情况时，不受第一项规定所限，可设助教谕或讲师以代替教谕。

6. 技术职员从事技术工作。

第六十一条　高级中学在设置全日制、定时制或函授课程中的两种以上课程时，应设分担和处理各种课程相关校务工作的教头。如果已设受命掌管与该课程相关校务的副校长时，可不受此限制。

第六十二条　第三十条第二项，第三十一条，第三十四条，第三十七条第四项至第十七项、第十九项，以及第四十二条至第四十四条的规定，适用于高级中学。在此情形下，第三十条第二项中的“前项”替换为“第五十一条”，第三十一条中的“前条第一项”替换为“第五十一条”。

第七章 中等教育学校

第六十三条 中等教育学校在小学教育的基础上，关注学生的身心发展及未来去向，以实施义务教育和普通高等教育及专业教育的一贯制教育为目的。

第六十四条 为实现前条目的，中等教育学校的教育将达成下列目标。

一、培养优秀品格、创造力及健康的体格，培养立足于国家和社会的必要资质。

二、基于对必须履行的社会使命的认识，结合自己的个性选择未来的道路，提高一般教养水平，掌握专门知识、技术及技能。

三、努力形成自己的个性，同时培养对社会的广泛而深刻的理解能力及健全的批判能力，力图为社会发展做出贡献。

第六十五条 中等教育学校的修学年限为六年。

第六十六条 中等教育学校的课程分为三年的前期课程、三年的后期课程。

第六十七条 1. 根据第六十三条规定的教育目的，即在小学教育的基础上促进学生身心发展的要求，中等教育学校前期课程的教育通过实施义务教育中的普通教育，实现第二十一条各号所列目标。

2. 根据第六十三条规定的教育目的，即根据身心发展及未来去向需要，中等教育学校后期课程的教育通过提供普通高等教育和专门教育，实现第六十四条各号所列目标。

第六十八条 中等教育学校前期、后期课程的相关事项，由文部科学大臣根据第六十三条、第六十四条、前条以及第七十条第一项制定。

第六十九条 1. 中等教育学校应设校长、教头、教谕、养护教谕及事务职员。

2. 除前项规定之外，中等教育学校还可设副校长、主管教谕、指导教谕、营养教谕、实习助手、技术职员及其他必要职员。

3. 除第一项规定之外，设副校长时可不设教头；设负责养护的主管教谕时可不设养护教谕。

4. 在特殊情况下，不论第一项规定如何，可设助教谕或讲师代替教谕、养护助教谕代替养护教谕。

第七十条 1. 第三十条第二项、第三十一条、第三十四条、第三十七条第四项至第十七项及第十九项、第四十二条至第四十四条、第五十九条和第六十条第四项及第六项规定适用于中等教育学校，第五十三条至五十五条、第五十八条、第五十八条之二及第六十一条规定适用于中等教育学校后期课程。在此情形下，第三十条第二项中的“前项”及第三十一条中的“前条第一项”可替换为“第六十四条”。

2. 根据适用于前项的第五十三条或第五十四条规定，后期课程中设定时制课程或函授课程的中等教育学校，不受限于第六十五条的规定，该定时制课程或函授课程的修学年限为六年以上。在此种情况下，第六十六条中的“三年的后期课程”视为“三年以上的后期课程”。

第七十一条 由同一开办者开办的初级中学和高级中学中，根据文部科学大臣的规定，实施适用于中等教育学校的初级中学和高级中学的一贯制教育。

第八章 特别支援教育

第七十二条 特别支援学校的目的在于针对视力障碍者、听力障碍者、智力障碍者、肢体不便或病弱者（包括身体虚弱者，下同）实施相当于幼儿园、小学、初级中学或高级中学的教育，为克服因障碍带来的学习或生活上的困难及寻求自立而为其传授必要的知识和技能。

第七十三条 根据文部科学大臣的规定，特别支援学校应对前条规定人员实施的教育程度予以明确。

第七十四条 特别支援学校除为实现第七十二条规定的目的而实施教育之外，根据幼儿园、小学、初级中学、义务教育学校、高级中学或中等教育学校的要求，努力对第八十一条第一项规定的幼儿、儿童及学生的教育提出相关必要建议和提供援助。

第七十五条 第七十二条规定的视力障碍者、听力障碍者、智力障碍者、肢体不便或病弱者的障碍程度，由政令规定。

第七十六条 1. 特别支援学校应设小学部和初级中学部。但有特殊情况时，可只设其中之一。

2. 除小学部和初级中学部外，特别支援学校还可设幼儿部或高中部。有特殊情况时，不受前项规定的限制，可不设小学部和初级中学部，只设幼儿部或高中部。

第七十七条 特别支援学校幼儿部的教育课程以及其他保育内容、小学部和初级中学部的教育课程或高中部的学科和教育课程相关事项，适用于幼儿园、小学、初级中学或高级中学，由文部科学大臣决定。

第七十八条 特别支援学校应设宿舍，但在特殊情况下，可不设宿舍。

第七十九条 1. 设宿舍的特别支援学校，必须配备宿舍指导员。

2. 宿舍指导员从事在宿舍内对幼儿、儿童或学生的日常生活的指导工作。

第八十条 都道府县必须为其区域内的学龄儿童和学龄生中障碍程度符合第七十五条政令规定的视力障碍者、听力障碍者、智力障碍者、肢体不便或病弱者设置必要的可使其就学的特别支援学校。

第八十一条 1. 根据文部科学大臣的规定，对于次项各号中的幼儿、儿童、学生及其他在教育上需要特别帮助的幼儿、儿童及学生，幼儿园、小学、初级中学、义务教育学校、高级中学及中等教育学校应帮助其克服因障碍带来的学习或生活上的困难。

2. 小学、初级中学、义务教育学校、高级中学及中等教育学校可为符合下列各号之一的儿童和学生设置特殊班级。

一、智力障碍者。

二、肢体不便者。

三、身体虚弱者。

四、弱视者。

五、听力障碍者。

六、其他有身心障碍适合在特殊班级接受教育者。

3. 对于因病疗养中的儿童和学生，前项规定的学校可设特殊班级或派遣教师进行教育。

第八十二条 第二十六条、第二十七条、第三十一条（包括第四十九条和第六十二条适用的情况）、第三十二条、第三十四条（包括第四十九条、第六十二条适用的情况）、第三十六条、第三十七条（包括第二十八条、第四十九条和第六十二条适用的情况）、第四十二条至第四十四条、第四十七条和第五十六条至第六十条的规定适用于特别支援学校，第八十四条的规定适用于特别支援学校的高级中学部。

第九章 大 学

第八十三条 1. 大学作为学术中心，其目的在于广泛传授知识，同时深入教授和研究专门的技艺，发展学生的智力、品德和应用能力。

2. 为实现其目的，大学进行教育研究工作并将其成果全方位地提供给社会，推动社会发展。

第八十三条之二 1. 前条大学中，深入教授和研究专门的技艺，以培养具备应对专门性职业需要的实践及应用能力人才为目的的，称专科大学。

2. 专科大学根据文部科学大臣的规定，在从事专业性较强的职业以及相关事业的相关人员的配合下，编制教育课程并付诸实施，并尽力提高教师的资质。

3. 专科大学不得开设第八十七条第二项规定的课程。

第八十四条 大学可以函授的方式进行教育活动。

第八十五条 大学按惯例设置学部。但为达到该大学在教育研究上的目的，在有益且适当的情况下，可设置学部以外的教育与研究方面的基本组织。

第八十六条　大学可设置夜间授课或函授教育的学部。

第八十七条　1. 大学的修学年限为四年。但设置特殊专业的学部和按前条规定进行夜间授课的学部，其修学年限可超过四年。

2. 修读医学、牙科学或药学相关课程中以培养临床实践能力为主的课程或兽医学课程，可不受前项规定限制，其修学年限为六年。

第八十七条之二　1. 专科大学课程可分为两年的前期课程及两年的后期课程或三年的前期课程及一年的后期课程。

2. 专科大学前期课程的教育，以第八十三条之二第一项规定的以培养具备应对专门性职业需要的实践及应用能力人才为目的而进行。

3. 专科大学后期课程的教育，在前期课程的基础上，为达到第八十三条之二第一项规定的目的而实施。

4. 根据第一项规定区分为前期课程及后期课程的专科大学的课程，未能修完该前期课程者不得进行该后期课程的学习。

第八十八条　大学学生以外人士在大学修得的学分，随着其正式入学，向学校申请承认其已学完课程的学分时，根据文部科学大臣的规定，修得的学分数和其他相关事项折合后可计入其在大学的修学年限，但时间不得超过大学修学年限的 1/2。

第八十八条之二　具有专门性职业实操经验，并因此获得从事该职业资格且具有一定实践能力者进入专科大学学习时，其实践能力可换算为该专科大学等的教育课程的一部分，根据文部科学大臣的规定，可在综合考虑其实践能力水平及其他事项的基础上，承认其在专科大学等的部分修学年限。但其时间在不超过该专科大学修学年限 1/2 的范围内，具体由文部科学大臣规定。

第八十九条　根据文部科学大臣的规定，在该大学三年以上的在学者，在以优异成绩取得毕业所需学分时，不论同项规定，批准其毕业。

第九十条　1. 可进入大学学习者，为高级中学或中等教育学校毕业者或通过普通课程学习已接受十二年学校教育者（包括修完与此相当的普通课程以外课程的学校教育者），或根据文部科学大臣的规定，被认定为具有同等以上学力者。

2. 不受限于前项规定，下列各号大学可根据文部科学大臣的规定，从已在高级中学完成所规定的修学年限的学生中，招收该大学指定领域具有特别优秀资质者进入该大学学习。

一、设有该领域教育研究的研究生院。

二、在该领域拥有培养特殊优秀人才的相应的教育研究上的成果及指导体制。

第九十一条　1. 大学可设专修科和特设科。

2. 开设大学专修科的目的在于对大学毕业者或被文部科学大臣确认为具有

同等以上学力者，施以程度精深的特殊事项的教学并指导其进行研究，其修学年限为一年以上。

3. 开设大学特设科的目的在于对具有前条第一项规定的入学资格者，施以程度简易的特别技能教育，其修学年限为一年以上。

第九十二条 1. 大学应设校长、教授、副教授、助教、助手和事务职员。但在教育研究的组织编制合适的情况下，可不设副教授、助教或助手。

2. 除前项规定外，大学可设副校长、学部长、讲师、技术职员及其他必要的职员。

3. 校长执掌校务，领导所属职员。

4. 副校长协助校长，受命掌管校务。

5. 学部长管理学部相关校务。

6. 教授为在其专攻领域的教育、研究、事务上拥有特别出色的知识、能力和实践成绩者，从事教授学生、指导研究的工作或自身进行研究工作。

7. 副教授为在其专攻领域的教育、研究、事务上拥有出色的知识、能力和实践成绩者，从事教授学生、指导研究的工作或自身进行研究工作。

8. 助教为在其专攻领域的教育、研究、事务上拥有知识、能力和实践成绩者，从事教授学生、指导研究的工作或自身进行研究工作。

9. 助手为了使其所属组织的教育研究顺利进行，从事必要工作。

10. 讲师从事相当于教授或副教授职务的工作。

第九十三条 1. 大学应设教授会。

2. 在教授会上，校长就以下事项的决定阐述意见。

一、学生入学、毕业及课程完成情况。

二、学位授予。

三、除前两项外，在教育研究的相关重要事项上，有必要听取教授会的意见，由校长决定。

3. 除前项规定外，校长和学部长以及其他教授会所设置的组织长（以下各项称“校长等”）审议教育研究相关事项，并根据校长的要求阐述意见。

4. 副教授以及其他职员可加入教授会组织。

第九十四条 关于依第三条的规定确定大学的设立标准以及依第四条第五项的规定确定大学的设立标准，文部科学大臣应向政令规定的审议会等咨询。

第九十五条 在批准设置大学的情况下，以及对大学行使第四条第三项，或第十五条第二项、第三项规定的命令，或同条第一项规定的劝告时，文部科学大臣应向政令规定的审议会等咨询。

第九十六条 大学可附设研究所及其他研究设施。

第九十七条 大学可设研究生院。

第九十八条 公立或私立的大学，由文部科学大臣管辖。

第九十九条 1. 设立研究生院的目的在于传授、研究并探求深奥的学术理论及其应用，或为从事专业性较强的职业培养具备高深的学识及卓越能力的人才，促进文化的发展。

2. 研究生院中致力于学术理论及其应用的教学研究，为从事具有高度专业性的职业培养具备高深的学识及卓越能力的人才的，为专门研究生院。

3. 根据文部科学大臣的规定，专门研究生院在从事该高度专业化的职业以及相关事业的相关人员的配合下，编制教育课程并付诸实施，并尽力提高教师的资质。

第一百条 研究生院按惯例设置若干个研究科。但是若该大学为促进达成教育研究目的，在有益且适当的时候，根据文部科学大臣的规定，可设研究科以外的教育研究基本组织。

第一百零一条 设置研究生院的大学，可设在夜间授课或通过函授进行教育的研究科。

第一百零二条 1. 可进入研究生院学习者，为第八十三条所指大学的毕业者或依文部科学大臣的规定被认定为具有同等以上学力者。但在教育研究上需要时，该研究科的入学资格可定为具有硕士学位，或具有第一百零四条文部科学大臣规定的学位，或文部科学大臣规定的被认定具有同等以上学力者。

2. 设置研究生院的大学，根据文部科学大臣的规定，在学年数为第八十三条文部科学大臣制定的年数以上者，且在该大学以优异的成绩修满学分者，不限于前项规定，可入该研究生院。

第一百零三条 有教育研究方面的特别需要时，不受第八十五条规定的限制，大学可不设学部而只设研究生院。

第一百零四条 1. 根据文部科学大臣的规定，大学为大学毕业者授予学士学位。

2. 根据文部科学大臣的规定，专科大学为专科大学毕业者授予文部科学大臣规定的学位。

3. 根据文部科学大臣的规定，设有研究生院的大学为修完研究生院（专门研究生院除外）课程者授予硕士或博士学位，为修完专门研究生院课程者授予文部科学大臣规定的学位。

4. 根据文部科学大臣的规定，设有研究生院的大学，对于被确认为与根据前项规定被授予博士学位者具有同等以上学力者，可授予其博士学位。

5. 根据文部科学大臣的规定，短期大学（专科短期大学除外，以下本项同）为短期大学毕业生授予短期大学学士学位。

6. 根据文部科学大臣的规定，专科短期大学为专科短期大学毕业生授予文部科学大臣规定的学位。

7. 根据文部科学大臣的规定，独立行政法人改革支援与学位授予机构授予下列人士相应的学位。

一、短期大学（包括专科大学前期课程）或高等专门学校的毕业者或相当者，在大学修得一定的学分或相当于学分的成绩，完成文部科学大臣规定的学业，被确认为与大学毕业者具有同等以上学力者，为学士。

二、在实施类似于学校教育的学校以外的教育机构中，修完依其他法律特别规定而设置的、被确认为相当于大学或研究生院教育程度的课程者，为学士、硕士或博士。

8. 对于学位相关事项的确定工作，文部科学大臣应根据第九十四条向政令规定的审议会等咨询。

第一百零五条　根据文部科学大臣的规定，对于在校生以外的修完特别课程者，大学授予证明其修完课程的结业证书。

第一百零六条　对于曾在大学担任校长、副校长、学部长、教授、副教授或讲师工作并在教育或学术上有特殊功劳者，大学可按该校规定授予其名誉教授称号。

第一百零七条　1. 大学可设举办公开讲座的相关设施。

2. 有关公开讲座的必要事项，由文部科学大臣规定。

第一百零八条　1. 大学可代替第八十三条第一项规定的目的，以传授并研究高深专业技术、培养职业或实际生活所必需的能力为主要目的。

2. 以前项规定目的为其目的的大学，不受第八十七条第一项规定的限制，其修学年限为两年或三年。

3. 前项大学称短期大学。

4. 第二项中所述的，以教授和研究高深专业技艺，培养应对专门职业所需要的实践与应用能力为目的的大学，称专科短期大学。

5. 第八十三条之二第二项规定，适用于前项大学。

6. 第二项中的大学，不受第八十五条、第八十六条规定的限制，可不设学部。

7. 第二项中的大学设置学科。

8. 第二项中的大学可设置夜间授课的学科或函授教育的学科。

9. 第二项中大学的毕业者，依文部科学大臣的规定，可编入第八十三条的大学。

10. 第九十七条的规定不适用于第二项的大学。

第一百零九条　1. 为提高其教育研究水平，根据文部科学大臣的规定，大学对本校的教育及研究、组织及运营和设施及设备（以下称“教育研究等”）的状况进行自我检查与评估，并公布结果。

2. 除前项措施之外，大学根据教育研究等综合情况，在政令规定的每个时间段，接受文部科学大臣认定的认证者（以下称“认证评估机关”）的评价（以下称“认证评估”）。但是若评估机关不存在或有其他特殊事由，采取由文部科学大臣制定的措施，可不限于此。

3. 设置专业研究生院的大学，在前项规定外，依照专业研究生院的设置目的，在政令规定的每个时间段，接受关于该专业研究生院的教育课程、教师组织及其他研究活动情况的认证评估。如果不存在该专业研究生院的课程相关领域评价认证的评估机关或有其他特殊事由，采取由文部科学大臣制定的措施，可不限于此。

4. 前两项的认定评估工作，可应大学要求，按照大学评估标准执行。

第一百一十条 1. 有意成为认证评估机关的组织，必须按照文部科学大臣的规定提交申请，并获得文部科学大臣的批准。

2. 文部科学大臣在认定前项申请符合下列所有条件时，方可批准。

一、大学评估标准及评估方法能够适当、正确地进行认证评估。

二、为确保认证评估公正、正确，应制定相应的规范准则。

三、第四项规定的措施（同项规定的通知除外）实施前，给予与认证评估结果相关大学申述意见的机会。

四、有适当且顺利进行认证评估的必要的管理基础的法人。

五、根据下条第二项规定被取消认证后，自取消之日起未超过两年的法人。

六、没有妨碍认证评估公正、顺利进行的其他倾向。

3. 为执行前项规定标准，文部科学大臣须制定必要细则。

4. 认证评估机关在进行认证评估时，应及时将结果通知该大学，同时根据文部科学大臣的规定予以公开，并报告给文部科学大臣。

5. 认证评估机关在对大学评估标准、评估方法及其他文部科学大臣规定的事项进行变更时，或暂停、停止全部或部分认定评价业务时，应事先向文部科学大臣呈报。

6. 在评估机关认定后，或依据前项规定收到呈报后，文部科学大臣应在官报上公示。

第一百一十一条 1. 当文部科学大臣认为不能确保认证评估公正、顺利地施行时，可要求认证评估机关提交相关报告或资料。

2. 认证评估机关不响应前项要求，或提交虚假报告及资料时，或不符合前条第二项和第三项的规定时，或有其他妨碍认证评估公正、顺利进行的事由时，文部科学大臣有权要求认证评估机关改善，并在其未能进行改善时取消其认证资格。

3. 文部科学大臣在依据前项规定取消该认证评估机关的认证资格时，应在官报上公示。

第一百一十二条 在下列情形下，文部科学大臣应咨询第九十四条政令规定的审议会等。

一、对认证评估机关进行认证。

二、第一百一十条第三项中细则的制定。

三、取消认证机关评价的认证。

第一百一十三条　为促进其研究成果的普及、应用，大学须公开其教育研究活动状况。

第一百一十四条　第三十七条第十四项和第六十条第六项的规定适用于大学。

第十章　高等专门学校

第一百一十五条　1. 高等专门学校以传授高深的专业技艺、培养职业所需的能力为目的。

2. 高等专门学校为实现其目的实施教育，广泛向社会提供其成果，为社会发展做贡献。

第一百一十六条　1. 高等专门学校设置学科。

2. 有关前项学科的必要事项，由文部科学大臣规定。

第一百一十七条　高等专门学校的修学年限为五年，但商船相关学科的修学年限为五年零六个月。

第一百一十八条　可进入高等专门学校就学者，由第五十七条规定。

第一百一十九条　1. 高等专门学校可设专修科。

2. 高等专门学校设专修科的目的是针对高等专门学校毕业者或依文部科学大臣的规定被认定具有同等以上学力者，教授程度精深的特别课程，并指导其进行研究，修学年限为一年以上。

第一百二十条　1. 高等专门学校应设校长、教授、副教授、助教、助手和事务职员。但在教育组织编制适当时，可不设副教授、助教或助手。

2. 除前项规定外，高等专门学校还可设讲师、技术职员及其他必要的职员。

3. 校长执掌校务，监督所属职员。

4. 教授应在其专攻领域的教育、实务上有特别出色的知识、能力及实绩，教育学生。

5. 副教授应在其专攻领域的教育、实务上有出色的知识、能力及实绩，教育学生。

6. 助教应在其专攻领域的教育、实务上有知识和能力，教育学生。

7. 助手为使其所属组织的教育工作顺利进行，处理必要事务。

8. 讲师担任相当于教授或副教授的职务。

第一百二十一条　高等专门学校的毕业者可称为准学士。

第一百二十二条　高等专门学校的毕业者可依文部科学大臣的规定进入大学插班学习。

第一百二十三条　第三十七条第十四项、第五十九条、第六十条第六项、第九十四条（限设置标准相关部分）、第九十五条、第九十八条、第一百零五条至第一百零七条、第一百零九条（第三项除外）以及第一百一十条至第一百一十三条的规定，适用于高等专门学校。

第十一章　专 修 学 校

第一百二十四条　专修学校为第一条所列各类学校以外的教育机构，以培养职业或实际生活所需能力或提高教养为目的，并依下列各号规定施行有组织的教育活动。

一、修学年限为一年以上。

二、授课时数为文部科学大臣规定的授课时数，或多于其规定的授课时数。

三、受教育者经常保持在 40 人以上。

第一百二十五条　1. 专修学校设高中课程、专门课程或一般课程。

2. 专修学校的高中课程，是以初级中学或相当于初级中学的学校的毕业者、义务教育学校毕业者、中等教育学校前期课程毕业者或根据文部科学大臣的规定被认定为具有同等以上学力者为对象，在初级中学教育的基础上，施行适应其身心发展的前条所指的教育。

3. 专修学校的专门课程，是以高级中学或相当于高级中学的学校的毕业者、中等教育学校毕业者或根据文部科学大臣的规定被认定为具有同等学力者为对象，在高级中学教育的基础上，施行前条所指的教育。

4. 专修学校的一般课程，施行前条所指的高中课程或专门课程以外的教育。

第一百二十六条　1. 设置高中课程的专修学校，可称为高等专修学校。

2. 设置专门课程的专修学校，可称为专门学校。

第一百二十七条　专修学校的设立者，除国家和地方公共团体外，必须具备以下各号所列条件。

一、拥有经营专修学校所必需的经济基础。

二、设立者（设立者为法人时，为具体负责经营该法人的理事，下同）具有经营专修学校所必需的知识或经验。

三、设立者具有社会信誉。

第一百二十八条　专修学校在以下各号所列的事项上，必须符合文部科学大臣所定标准。

一、按照目的、学生人数或课程种类，必须配备的教师人数。

二、按照目的、学生人数或课程种类，必须拥有的校园和校舍的面积及其位置和环境。

三、按照目的、学生人数或课程种类，必须具备的设备。

四、按照目的、课程种类设置的教学科目和编制的大纲。

第一百二十九条 1. 专修学校必须设置校长和相当数量的教师。

2. 专修学校的校长必须具有教育方面的见识，并从事过教育、学术或文化方面的业务。

3. 专修学校的教师必须具有文部科学大臣规定的关于任教的专门知识或技能的资格。

第一百三十条 1. 除国家或都道府县设立的专修学校外，专修学校的设立与停办、设立者的变动和目的变更，市町村办专修学校应取得都道府县教育委员会的许可，私立专修学校应取得都道府县知事的许可。

2. 都道府县教育委员会或都道府县知事接到专修学校设立许可变更的申请时，应在审查其申请内容是否符合第一百二十四条、第一百二十五条和前三条的标准之后，做出相关处理。

3. 前项的规定，适用于有关变更专修学校设立者和办学目的的许可的申请。

4. 都道府县教育委员会或都道府县知事对第一项所指的许可做出否定的处理时，必须将其理由以书面形式通知申请者。

第一百三十一条 除国家或都道府县设置的专修学校之外，专修学校的设立者欲变更其专修学校的名称、位置或校章时，在符合其他政令规定的情况下，市町村设置的专修学校必须向都道府县教育委员会申报，私立专修学校必须向都道府县知事申报。

第一百三十二条 根据文部科学大臣的规定，专修学校的专门课程（仅限学业年限两年以上及其他符合文部科学大臣制定的标准者）毕业者（限第九十条第一项规定者）可编入大学。

第一百三十三条 1. 第五条、第六条、第九条至第十二条、第十三条第一项、第十四条和第四十二条至第四十四条的规定，适用于专修学校；第一百零五条的规定适用于设置专门课程的专修学校。在此情形下，第十条中的“大学及高等专门学校应向文部科学大臣申报，大学及高等专门学校以外的学校应向都道府县知事申报”替换为“向都道府县知事申报”；第十三条第一项中的“第四条第一项各号所列学校”替换为“市町村设置的专修学校或私立专修学校”，“同项各号规定的部门”替换为“都道府县教育委员会或都道府县知事”，同条第二号中的“其”替换为“该都道府县教育委员会或都道府县知事”；第十四条中的“大学和高等专门学校以外的市町村设立的学校由都道府县教育委员会，大学和高等专门学校以外的私立学校由都道府县知事”替换为“市町村设立的专修学校由都道府县教育委员会，私立专修学校由都道府县知事”。

2. 都道府县教育委员会或都道府县知事依前项中适用的第十三条第一项规定做出处理时，必须将其理由以书面形式通知该专修学校的设立者。

第十二章　杂　　则

第一百三十四条　1. 除第一条列出的学校外，施行类似学校教育的学校（施行这种教育在其他法律中有特别规定的学校和施行在第一百二十四条中规定的专修学校教育的学校除外），称为各种学校。

2. 第四条第一项前段、第五条至第七条、第九条至第十一条、第十三条第一项、第十四条和第四十二条至第四十四条的规定，适用于各种学校。

3. 除前项的规定外，有关各种学校的必要事项，由文部科学大臣规定。

第一百三十五条　1. 专修学校、各种学校及其他第一条所列学校以外的教育机构，不得使用第一条所列学校的名称或研究生院的名称。

2. 设置高中课程的专修学校以外的教育机构，不得使用高等专修学校的名称；设置专门课程的专修学校以外的教育机构，不得使用专门学校的名称；专修学校以外的教育机构，不得使用专修学校的名称。

第一百三十六条　1. 在认定学校以外的，或者专修学校和各种学校以外的教育机构实施专修学校或各种学校的教育时，都道府县教育委员会（对于私人经营的教育机构，为都道府县知事）可劝告当事人必须在一定期限内申请设立专修学校或各种学校的许可。但是，该期限不得少于一个月。

2. 当有前项规定的当事人不听从前项规定的劝告而继续实施专修学校或各种学校的教育时，或者虽已申请设立专修学校或各种学校，但未取得许可仍继续实施专修学校或各种学校的教育时，都道府县教育委员会（对于私人经营的教育机构，为都道府县知事）可命令当事人必须停止这种教育。

3. 都道府县知事在根据前项规定发布命令时，必须事先听取私立学校审议会的意见。

第一百三十七条　只要不妨碍学校教育，学校可附设有关社会教育的机构，或利用学校的设施致力于社会教育及其他公共目的。

第一百三十八条　第十七条第三项的政令所指定的事项中，涉及为督促履行同条第一项或第二项义务而进行相应的处分时，不适用于行政手续法第三章的相关规定。

第一百三十九条　对于大学或高等专门学校关于设立许可的相关处分或不作为，文部科学大臣不能提出审查要求。

第一百四十条　本法所指的市，包括东京都的区。

第一百四十一条　本法（第八十五条和第一百条除外）和其他法令覆盖了大

学学部所包括的第八十五条但书规定的组织，大学研究生院的研究科所包括的第一百条但书规定的组织。

第一百四十二条　本法规定之外，为本法的实施所必需的事项，必须由地方公共团体机关处理者以政令规定，其他事项由文部科学大臣规定。

第十三章　罚　　则

第一百四十三条　对根据第十三条第一项规定（包括同条第二项、第一百三十三条第一项和第一百三十四条第二项适用的情形）下达关闭命令者，或违反第一百三十六条第二项规定的命令者，处以六个月以下的徒刑或监禁，或者处以20万日元以下的罚金。

第一百四十四条　1. 对于督促第十七条第一项或第二项规定义务的履行，仍未履行者，处以10万日元以下的罚金。

2. 在法人业务方面，法人代表、代理人、使用人及其他从业者发生违反前项规定的行为时，除处罚行为者外，对其法人给予同等处罚。

第一百四十五条　违反第二十条规定者，处以10万日元以下的罚金。

第一百四十六条　违反第一百三十五条规定者，处以10万日元以下的罚金。

附　　则

（施行日期）

本法自昭和二十二年四月一日起施行。

学校教育法施行令

昭和二十八年（1953 年）十月三十一日政令第三百四十号公布
公布以来共修改 41 次；最近修改：平成三十年（2018 年）十二月二十七日
政令第三百五十五号

内阁根据学校教育法第四条、第二十二条第二项[①]、第四十条、第八十三条第三项及第八十八条的规定，制定此政令。

目录

① 《学校教育法施行令》颁布当时，《学校教育法》第二十二条第二项内容如下：督促前项义务的履行以及其他义务履行的相关必要事项，由政令规定。同现行法律第十七条第三项。

第一章 就学义务

第一节 学 龄 簿

（学龄簿的编制）

第一条 1. 市（包括特别区，下同）町村教育委员会应为居住在该市町村区域内的学龄儿童和学龄生（依学校教育法第十八条的规定，称为“学龄儿童和学龄生”，下同）编制学龄簿。

2. 编制前项规定的学龄簿，应根据该市町村的居民基本户口底册来进行。

3. 市町村教育委员会可以根据文部省的规定，使用磁带（包括使用相当于这一方法的能够准确记录一定事项的手段，下同）制作第一项的学龄簿。

4. 第一项的学龄簿中应记载（适合依据前项规定用磁带制作的学龄簿的情况为“记录”，下同）的事项，由文部科学省令规定。

第二条 市町村教育委员会从每学年初至五月前止，必须按文部科学省令规定的日期，为在该市町村有住所的、从前一学年初至结束期间年满 6 岁的儿童，预先编制前条第一项的学龄簿。在这种场合，适用前条第二项至第四项的规定。

第三条 当发生新事项应该在学龄簿上记载时，或学龄簿上记载的事项发生变化时，或学龄簿上的记载有错误、遗漏时，市町村教育委员会必须进行必要的增删、改正。

（关于儿童、学生等住所变更的申报的通知）

第四条 第二条中规定的学龄儿童或学龄生（以下总称为“儿童、学生等”）出现居民基本户口底册法第二十二条或第二十三条规定的申报情况时，市町村长必须迅速通知该市町村教育委员会。

第二节 小学、初级中学、义务教育学校和中等教育学校

（入学日期等的通知，学校的指定）

第五条 1. 市町村教育委员会在下一学年初至二月之前，应将就读小学、初级中学或义务教育学校的入学日期通知给即将达到学龄的儿童的监护人。市町村认定的需要前往特别支援学校的就学者除外。

2. 市町村设立的小学及义务教育学校有两所以上或该市町村设立的初级中学及义务教育学校有两所以上时，市町村教育委员会必须在前项的通知中指定该学龄儿童应入学的小学、初级中学或义务教育学校。

3. 前两项的规定，不适用于第九条第一项或第十七条申报的学龄儿童。

第六条 前条的规定，适用于下列范围。此时，前条第一项中的“在下一学年初至二月之前”替换为“迅速”。

一、学龄儿童在前条第一项规定的通知期限次日后于该市町村教育委员会制作的学龄簿中更新记载，或学龄儿童、学龄生因其住址变更在该学龄簿上更新记载。

二、收到次条第二项通知的学龄儿童或学龄生。

三、收到第六条之三第二项通知的学龄儿童或学龄生。

四、收到第十条或第十八条通知的学龄儿童或学龄生。

五、收到第十二条第一项通知的学龄儿童或学龄生中，被认定为在特别支援学校就学者以外的人员。

六、收到第十二条之二第一项通知的学龄儿童或学龄生中，被认定为在特别支援学校就学者以外的人员。

七、由于小学、初级中学或义务教育学校的新设、停办等情况，使其就学的小学、初级中学或义务教育学校有了变更必要的儿童、学生等。

第六条之二 1. 若特别支援学校的在校学龄儿童或学龄生不再是视力障碍者等人员时，该学龄儿童或学龄生所在的特别支援学校的校长必须迅速将这一情况通知该学龄儿童或学龄生住所所在的都道府县教育委员会。

2. 都道府县教育委员会必须就收到的前项通知涉及的学龄儿童或学龄生，迅速将其姓名及不再是视力障碍者等情况通知该学龄儿童或学龄生住所所在的市町村教育委员会。

第六条之三 1. 特别支援学校的在校学龄儿童或学龄生，根据其障碍状态、教育上必要的支援内容、地域上教育体制的整备状况及其他事情的变化，经过考量认定其可到该学龄儿童或学龄生（不再是视力障碍者等人员的除外）住所所在的市町村设立的小学、初级中学或义务教育学校就学。此时，该生在读的特别支援学校的校长必须迅速将这一情况通知该学龄儿童或学龄生住所所在的都道府县教育委员会。

2. 都道府县教育委员会必须就收到的前项通知涉及的学龄儿童或学龄生，迅速将其姓名及同项通知内容通知该学龄儿童或学龄生住所所在的市町村教育委员会。

3. 市町村教育委员会收到前项涉及的学龄儿童或学龄生的通知后，当认定其可继续在该特别支援学校就学时，应迅速将这一情况上报都道府县教育委员会。

4. 都道府县教育委员会在收到前项通知后，应迅速通知第一项学校的校长。

第六条之四 学龄儿童或学龄生中若有视力障碍者等时，小学、初级中学、义务教育学校或中等教育学校在读的学生中有不再是视力障碍者等的情况时，其在读学校的校长必须迅速将这一情况通知该学龄儿童或学龄生住所所在的市町村教育委员会。

第七条　市町村教育委员会在发送第五条第一项(包括第六条中适用的情况)通知的同时，必须把该儿童、学生的姓名及入学日期通知该儿童、学生应入学的小学、初级中学或义务教育学校的校长。

第八条　市町村教育委员在处理第五条第二项（包括第六条中适用的场合）时，必要时可根据监护人的申诉改变其指定的小学、初级中学或义务教育学校。在这种场合下，要迅速将其意愿通知该监护人和已发去前条通知的小学、初级中学或义务教育学校的校长，同时必须把前条的通知发给新指定的小学、初级中学或义务教育学校的校长。

（区域外就学等）

第九条　1. 儿童、学生等到其住所所在的市町村设立的小学、初级中学或义务教育学校以外的小学、初级中学或义务教育学校就学时，或其就学的小学、初级中学、义务教育学校或中等教育学校为其他市町村设立的学校时，其监护人必须附上该市町村或都道府县教育委员会准许的书面材料，其他情况下必须附上证明其具有在该小学、初级中学、义务教育学校或中等教育学校就学权限的书面材料，向儿童、学生等住所所在的市町村教育委员会提出申请。

2. 市町村教育委员会在欲批准前项的准许时，要事先与儿童、学生等住所所在的市町村教育委员会进行协商。

第十条　学龄儿童和学龄生中住所所在的市町村设立的小学、初级中学或义务教育学校以外的小学、初级中学或义务教育学校、中等教育学校在学者，当其在修完小学、初级中学或义务教育学校、中等教育学校前期课程的全部课程之前退学时，该小学、初级中学或义务教育学校、中等教育学校的校长必须迅速把这一情况通知该学龄儿童或学龄生住所所在的市町村教育委员会。

第三节　特别支援学校

（关于特别支援学校就学的通知）

第十一条　1. 关于第二条规定中认定的特别支援学校就学者，在下一学年初至三月前，市町村教育委员会应将其姓名及计划到特别支援学校就学的情况通知都道府县教育委员会。

2. 市町村教育委员在进行前项通知时，应向都道府县教育委员会提交该儿童学龄簿的副本。

3. 第二项规定不适用于第九条第一项或按第十七条呈报的人员。

第十一条之二　前条的规定适用于小学或义务教育学校前期课程的学龄儿童

中的视力障碍者等，且认定为应从第二学年初开始到特别支援学校的初级中学部入学的特别支援学校就学者。

第十一条之三　1. 第十一条规定适用于第二条规定的文部科学省令规定之日的次日后，因变更居住地导致该市町村教育委员会制作的学龄簿中更新记载的小学生、初中生等中被认定为特别支援学校就学者。此时第十一条第一项中“下一学年初至三月前”替换为“下一学年开始至三月前（下一学年第一天起至三月前制作学龄簿日期之后记载的，改为‘迅速’）”。

2. 第十二条的规定适用于收到第十条或第十八条通知的学龄儿童或学龄生中被认定的特别支援学校就学者。此时第十一条第一项中的“下一学年初至三月前”应替换为“迅速”。

第十二条　1. 小学、初级中学、义务教育学校或中等教育学校在校学习的学龄儿童或学龄生中有人成为视力障碍者时，该学龄儿童或学龄生在读的小学、初级中学、义务教育学校或中等教育学校校长必须迅速将这一情况通知该学龄儿童或学龄生住所所在的市町村教育委员会。

2. 第十一条规定适用于收到前项通知的学龄儿童或学龄生中被认定为特别支援学校就学者。此时同条第一项中的“在下一学年初至三月前”应替换为“迅速”。

3. 根据第一项规定，收到通知的市町村教育委员会，认定收到同项通知的学龄儿童或学龄生可继续在现在的小学、初级中学、义务教育学校或中等教育学校就读时，必须通知同项学校校长。

第十二条之二　1. 学龄儿童及学龄生中的视力障碍者在小学、初级中学、义务教育学校或中等教育学校就读的，应根据其障碍状态、教育上必要的支援内容、地域上教育体制的整备状况及其他事项的变化，经过考量认定其不再适合到以上小学、初级中学、义务教育学校或中等教育学校就学时，此时该学龄儿童或学龄生在读的小学、初级中学、义务教育学校或中等教育学校的校长必须迅速将这一情况通知该学龄儿童或学龄生住所所在的市町村教育委员会。

2. 第十一条的规定适用于收到前项通知的学龄儿童或学龄生中被认定为特别支援学校就学者。在这种场合下，同条第一项中的“在下一学年初至三月前”应替换为“迅速”。

3. 根据第一项规定，收到通知的市町村教育委员会认定收到同项通知的学龄儿童或学龄生可继续于现在读的小学、初级中学、义务教育学校或中等教育学校就读时，必须通知同项学校校长。

（学龄簿的增删、改正的通知）

第十三条　市町村教育委员会关于与第十一条第一项的通知有关的儿童、学生等的内容，根据第三条的规定进行增删、改正时，必须迅速将这一情况通知都道府县教育委员会。

（区域外就学呈报的通知）

第十三条之二 第十一条第一项通知中相关的儿童、学生等，在该通知之后符合第九条第一项或第十七条的呈报条件的，市町村教育委员会应迅速通知都道府县教育委员会。

（特别支援学校入学日期等的通知，学校的指定）

第十四条 1. 关于收到第十一条通知的儿童和学生、收到第十八条通知的学龄儿童和学龄生，以及由于特别支援学校的新设、停办等，其应就学的特别支援学校发生变更的儿童和学生，都道府县教育委员会必须在下一学年初至二月前将入学日期通知给收到第十一条第一项通知的儿童、学生等的监护人，对于其他儿童和学生的监护人，必须迅速通知其特别支援学校的入学日期。

2. 都道府县设立的特别支援学校有两所以上时，都道府县教育委员会在前项的通知中还必须指定该儿童、学生等应就学的特别支援学校。

3. 对于收到前条通知的儿童、学生等，前两项的规定不适用。

第十五条 1. 都道府县教育委员会在进行前条第一项的通知的同时，还必须向该儿童、学生等应就学的特别支援学校的校长及该儿童、学生等住所所在的市町村教育委员会通知该儿童、学生等的姓名和入学日期。

2. 都道府县教育委员会根据前条第二项的规定指定该儿童、学生等应就学的特别支援学校后，应将该指定学校名称通知市町村教育委员会。

第十六条 都道府县教育委员会在第十四条第二项的场合，认为适合时，可以按照监护人的申诉，变更其所指定的特别支援学校。此时，在把这一情况迅速通知其监护人和发出前条通知的特别支援学校的校长及市町村教育委员会的同时，还必须向新指定的特别支援学校的校长发出同条第一项的通知。

（区域外就学等）

第十七条 儿童、学生等中的视力障碍者等到其住所所在的都道府县设立的特别支援学校以外的特别支援学校就学时，以及其监护人欲让其就学的学校为其他都道府县设立的学校时，其监护人必须附上该都道府县教育委员会准许的书面材料，在其他情况下，必须附上证明具有在该特别支援学校就学权限的准许书面材料，就这一意愿向儿童、学生等住所所在的市町村教育委员会进行申报。

第十八条 学龄儿童和学龄生中的视力障碍者等，且为其住所所在的都道府县设立的特别支援学校以外的特别支援学校的在校学习者，当其在特别支援学校的小学部或初级中学部的全部课程结业之前退学时，该校的校长必须迅速将这一情况通知其住所所在的市町村教育委员会。

第三节之二　向监护人及具有视力障碍者等就学相关专业知识的人员征求意见

第十八条之二　关于儿童、学生等中的视力障碍者等，当市町村教育委员会发出第五条或第十一条第一项的通知时，应听取其监护人及具有教育学、医学、心理学和其他在障碍儿童、学生等就学方面具有相关专业知识的人员的意见。

第四节　督　促　等

（校长的义务）

第十九条　小学、初级中学、义务教育学校及特别支援学校的校长必须经常而明确地掌握其学校在校的学龄儿童或学龄生的出勤情况。

第二十条　小学、初级中学、义务教育学校及特别支援学校的校长在断定该校在校学龄儿童或学龄生除休假日外连续缺勤七天、其他出勤情况也不佳、其监护人对其缺席又提不出正当理由时，必须迅速把这一情况通知该学龄儿童或学龄生住所所在的市町村教育委员会。

（教育委员会履行出勤督促职责等）

第二十一条　市町村教育委员会收到前条的通知时，另外又断定在该市町村有住所的学龄儿童或学龄生的监护人没有履行法第十七条第一项或第二项规定的义务时，必须让其监护人督促该学龄儿童或学龄生出勤。

第五节　就学义务的结束

（全部课程修完者的通知）

第二十二条　每学年结束后，小学、初级中学、义务教育学校、中等教育学校及特别支援学校的校长必须把小学、初级中学、义务教育学校前期课程或后期课程、中等教育学校前期课程或者特别支援学校的小学部或初级中学部的全部课程修完者的姓名，迅速通知其住所所在的市町村教育委员会。

第六节　行政手续法的适用除外

（不适用行政手续法第三章规定的处分）

第二十二条之二　学校教育法第一百三十八条政令规定的处分，为根据第五条第一项和第二项及第十四条第一项和第二项规定的处分。

第二章　视力障碍者等的障碍程度

第二十二条之三　学校教育法第七十五条政令中规定的视力障碍者、听力障碍者、智力障碍者、肢体不便者或病弱者的障碍程度，如下表所示。

类别	障碍的程度
视力障碍者	两眼的视力不足 0.3 或视力以外有高度视力机能障碍，借助于放大镜等也无法正常看到文字、图形等视力有显著困难者
听力障碍者	两耳的听力水平大致在 60 分贝以上者中，借助于助听器也不能理解一般语声或理解有显著困难者
智力障碍者	一、智力发育迟缓、与他人沟通存在困难，日常生活需要频繁求助他人者 二、智力发育的迟缓程度未达到前号所列程度，但适应社会生活有显著困难者
肢体不便者	一、肢体不自由的状态达到即使使用假肢也无法进行步行、笔记等日常生活中的基本动作或完成上述动作有困难者 二、肢体不自由的状态未达到前号所列程度，但需要长时间接受医学观察及指导者
病弱者	一、处于慢性呼吸、肾脏及神经病患、恶性新生物及其他病患状态，需要接受医治或生活受限制者 二、处于身体虚弱状态，需要接受医治或生活受限制者

备注：

一、视力的测定，依据万国式视力表进行，屈光异常者依靠矫正视力测定。

二、听力的测定，使用符合日本工业规格的听力计进行。

第三章　许可、申报等

第一节　许可和申报

（学校教育法第四条第一项的政令规定的事项）

第二十三条　1. 根据学校教育法第四条第一项的政令规定的事项如下。

一、市町村设立的特别支援学校位置的变更。

二、高级中学的学科或市町村设立的特别支援学校高等部学科、专修科或其他科目的设置及废止。

三、特别支援学校的幼儿部、小学部、初级中学部或高等部的设置及废止。

四、市町村设立的特别支援学校的高等部学级的编制及其变更。

五、特别支援学校的高等部通信教育的开设与废除以及大学通信教育的开设。

六、私立大学院系的学科设置。

七、职业技术大学的课程设置及变更。

八、大学研究生院的研究科的专业设置及该专业相关课程的变更。

九、高等专门学校的学科设置。

十、市町村设置的高级中学、中等教育学校或特别支援学校分校的设立及废除。

十一、高级中学的广域通信制课程相关校规的变更。

十二、关于私立学校或私立的各种学校的学生定员的校规的变更。

2. 学校教育法第四条之二规定的幼儿园相关的、第四条第一项的政令规定的事项，为分校的设立与废除。

（学校教育法第四条第二项第三号政令规定的事项）

第二十三条之二　1. 学校教育法第四条第二项第三号政令规定的事项如下。

一、私立大学本科生的学科设置，或公立、私立大学研究生院的研究科专业的设置，或与专业相关的课程变更、不涉及该大学授予的学位种类及领域之变更的。

二、高等专门学校的学科设置中不涉及该高等专门学校设置的学科领域之变更的。

三、大学中开设的通信教育中不涉及该大学授予的通信教育相关学位的种类及领域之变更的。

四、私立大学或高等专门学校的定员相关的校规变更，不涉及该定员总数增加的。

五、私立大学相关的与定员有关校规的变更，不涉及该定员总数增加的。

2. 与前项第一号的学位种类及领域的变更，同项第二号的学科领域变更及同项第三号的通信教育相关学位的种类及领域变更有关的基准，由文部科学大臣规定。

3. 确定前项规定的基准时，文部科学大臣必须咨询中央教育审议会。

（学校教育法第五十四条第三项政令规定的通信制课程）

第二十四条　根据学校教育法第五十四条第三项，需由政令规定（事先向文部科学大臣申报——译者）的高级中学通信制课程，指招生范围除了该高级中学所在地区之外，还在其他两个以上都道府县招生的课程。

（学校教育法第五十四条第三项政令规定的事项）

第二十四条之二　法第五十四条第三项政令规定的事项如下。

一、学校的设立与废止。

二、通信制课程的设置与废止。

三、设立者的变更。

四、校规的记载事项中有关文部科学省令规定事项的变更。

（学校教育法第一百三十一条政令规定的事项）

第二十四条之三　学校教育法第一百三十一条政令规定的场合，即市町村设立的专修学校为第一号所列场合，私立专修学校则为第一号及第二号所列场合。

一、欲设立分校或欲废除时。

二、有关校址、校舍及其他直接用于教育的供地及建筑物权利的取得或处理时，或用途变更、改建等导致的以上土地及建筑物现状有重要变更时。

（市町村立中小学等的设立、废除相关事项的申请）

第二十五条 该市町村或公立大学法人设立的小学、初级中学或义务教育学校有如下事由时，市町村教育委员会、市町村单独设立或和其他市町村共同设立的公立大学法人的理事长必须将之提交至都道府县教育委员会。

一、设立或废止时。

二、新设立者上任，或与设立者相当的人员辞职时。

三、名称或位置变更时。

四、设立或废除分校时。

五、实施二部制课程时。

（关于市町村立高级中学等的名称变更等的申报）

第二十六条 1. 当发生下列情况时，关于市町村或公立大学法人设立的幼儿园、高级中学、中等教育学校及特别支援学校的，市町村教育委员会、市町村单独设立或与其他市町村共同设立的公立大学法人的理事长必须向都道府县教育委员会申报；关于市町村或都道府县设立的高等专门学校的，市町村及都道府县教育委员会必须向文部科学大臣申报；关于市町村或都道府县设立的大学的，市町村长或都道府县知事必须向文部科学大臣申报；关于公立大学法人设立的大学及高等专门学校的，公立大学法人的理事长必须向文部科学大臣申报。

一、变更名称时。

二、变动位置时。

三、改变校规时。

2. 市町村教育委员会、市町村单独设立或与其他市町村共同设立的公立大学法人的理事长在设立或废除该市町村或公立大学法人设置的高级中学专业学科或其他学科时，必须将情况向都道府县教育委员会报备。

3. 都道府县教育委员会在接受市町村教育委员会、市町村单独设立或与其他市町村共同设立的公立大学法人设立的高级中学中的广域的通信制课程相关内容的第一项第一号的申请或同项第二号的申请（仅限与该课程相关的内容）时，必须向文部科学大臣报告。都道府县教育委员会、都道府县单独设立或与其他地方公共团体共同设立公共大学法人的理事长在该都道府县或公立大学法人设立的高级中学中设置广域通信制课程的相关名称或与课程相关的位置变更时，同样也应报告。

（关于市町村设立的各种学校的目的等的变更的申报）

第二十六条之二 在发生下列情况时，市町村教育委员会必须将该市町村设立的各种学校的情况向都道府县申报。

一、变更目的、名称或位置时。

二、设立或废止分校时。

三、变更校规时。

（关于变更通信教育规程的申报）

第二十七条 市町村、市町村单独设立或与其他市町村共同设立的公立大学法人设立的特别支援学校高级中学部，或市町村、都道府县、公立大学法人设立的大学欲变更通信教育相关规程时，关于该市町村或公立大学法人设立的特别支援学校高级中学部的，市町村、市町村单独设立或与其他市町村共同设立的公立大学法人的理事长必须向都道府县教育委员会申报；关于该市町村、都道府县或公立大学法人设立的大学的，市町村长、都道府县知事或者公立大学法人的理事长必须向文部科学大臣申报。

（私立学校目的变更的申请等）

第二十七条之二 1. 私立学校设立者在其设立的学校（大学及高等专门学校除外）有以下事由时，必须向都道府县知事提出申请。

一、变更目的、名称、位置或校规时。

二、设立或废除高级中学的专业、其他课程，或特别支援学校的高级中学部学科、专门学科和其他学科时。

三、设立或废止分校时。

四、变更特别支援学校高级中学部的通信教育相关课程的规程时。

五、变更经费申报及维持方法时。

六、取得关于学校用地、校舍和其他直接用于保育或教育的土地房屋的权利，或者欲处置分配，或由于用途的改变、改建等使该土地、房屋的现状发生重要变化时。

2. 接受关于设置广域的通信制课程的私立高级中学的前项第一号的申报中名称或位置的变更（仅限与该课程相关的内容）后，都道府县知事应将其报告给文部科学大臣。

（私立各类学校目的变更等的申请）

第二十七条之三 关于其设立的各类学校，有如下事由时，私立各类学校的设立者应向都道府县知事提出申请。

一、变更目的、名称、位置或校章（与学校定员相关内容除外）时。

二、设立或废止分校时。

三、取得有关学校用地、校舍和其他直接用于教育的土地、房屋的权利，或者欲处置分配，或由于用途的改变、改建等使该土地、房屋的现状发生重要变化时。

（对文部科学省令的委托）

第二十八条 关于根据学校教育法和本节的规定应批准的申请、申报及报告的手续及其他细则，由文部科学省令规定。

第二节 学期、休假日及学校废止后文件的保存

（学期及休假日）

第二十九条 1. 公立学校（大学除外，以下本条同）的学期及夏季、冬季、学年末、农忙期等的休假日或家庭及地域的体验学习活动及其他学习活动的休假日（次项称“体验性学习活动等休假日”），市町村或都道府县设立的学校，由设立该校的市町村或都道府县教育委员会规定；公立大学法人设立的学校，由该公立大学法人的理事长规定。

2. 市町村或都道府县教育委员会在规定体验性学习活动等休假日时，为了谋求家庭及地区的幼儿、儿童或学生的体验学习活动等及其他学习活动顺利、高效地进行，要努力适当地采取分散休假日的时间等其他必要的措施。

第三十条 删除。

（学校废止后文件的保存）

第三十一条 公立或私立的学校（私立的大学及高等专门学校除外）被废止后，根据文部科学省令的规定，对于这些学校各自的在校学生和毕业学生的学习及健康情况的记录文件，市町村或都道府县设立的学校（大学除外），由设立该学校的市町村或都道府县教育委员会保存；市町村或都道府县设立的大学，由设立该学校的市町村或都道府县的首长保存；公立大学法人设立的学校，由设立该学校的公立大学法人的设立团体（指地方独立行政法人法第六条第三项规定的设立团体）的首长保存；私立学校由该校所在的都道府县知事保存。

第四章 技能教育设施的指定

（指定的申请）

第三十二条 技能教育设施的设置者欲接受根据学校教育法第五十五条规定的指定（除本法第三十三条之二及第三十四条第二项和第三项外，以下称“指定”）时，必须向该设施所在地的都道府县教育委员会申请。

（指定的基准）

第三十三条 指定的基准如下。

一、作为能理解高级中学的教育并遵守本政令和基于本政令制定的文部科学省令的设置者，被认定为是适当者。

二、修业年限为一年以上，一年间的指导时间为680个小时以上。

三、技能教育的担当者（担任实习者除外）中，半数以上为持有担当技能教育的高级中学教谕许可证者，或被认定为具有同等以上学力者；并且担任实习者的人员中，半数以上为持有担任实习的高级中学教谕许可证者，或被认定为具有同等以上学力者，或具有6年以上担任实习相关的实地经验并被认定为技术

优秀者。

四、技能教育的内容包括相当于文部科学大臣规定的高级中学教学科目的内容。

五、技能教育的担当者和技能教育的接受者的人数、设施和设备以及运营的方法，都符合文部科学省令规定的基准。

（联合科目等的指定）

第三十三条之二 都道府县教育委员会依照学校教育法第五十五条的规定进行指定时，必须同时指定联合科目等。

第三十三条之三 都道府县教育委员会在指定之后，必须公示接受该指定的用于技能教育的设施（以下称“指定技能教育设施”）的名称、所在地及联合科目等。

（内容变更的申报）

第三十四条 1. 指定技能教育设施的设置者欲变更该指定技能教育设施的名称、所在地、技能教育的种类及其他文部科学省令规定的事项时，必须预先向指定该指定技能教育设施的都道府县教育委员会（以下称“设施指定教育委员会”）申报。

2. 指定技能教育设施的设置者欲增加、变更或废止联合科目时，必须向设施指定教育委员会提出上述指定、指定的变更或指定的解除等的申请。

3. 有第一项规定的申报（仅限于名称或所在地的变更）时，或按前项规定指定、变更指定或解除指定后，设施指定教育委员会必须对其进行公示。

（废止的申报）

第三十五条 1. 指定技能教育设施的设置者欲废止该指定技能教育设施时，在欲废止之日的三个月前，必须向设施指定教育委员会申报其意图及废止日期。

2. 有前项规定的申报时，设施指定教育委员会必须对其意图进行公示。

（指定的解除）

第三十六条 1. 设施指定教育委员会在其指定的技能教育设施不符合第三十三条各号所列基准时，可以解除其指定。

2. 解除前项规定的指定后，设施指定教育委员会必须对其意图进行公示。

（调查等）

第三十七条 设施指定教育委员会关于其所指定的技能教育设施是否符合第三十三条各号所列的基准，可以进行调查，并可要求该指定技能教育设施的设置者提供有关该指定技能教育设施的技能教育的报告或资料。

（对文部科学省令的委托）

第三十八条 在第三十二条至前条所规定的事项之外，指定的申请手续及其他有关指定的必要事项，由文部科学省令规定。

（中等教育学校后期课程的定时制课程或通信制课程相关的技能教育设施）

第三十九条 从第三十二条至前条的规定，适用于为促进中等教育学校后期课程的定时制课程或通信制课程相关的技能教育开展而设的设施。在此场合中，第三十三条第一号和第四号及第三十三条之二中的“高级中学”替换成“中等教育学校后期课程”。

第五章 认证评价

（认证评价的期间）

第四十条 学校教育法第一百零九条第二项的政令规定的期间为七年以内，第一百零九条第三项政令规定的期间为五年以内。

第六章 审议会

（学校教育法第三十四条第五项的审议会等）

第四十一条 学校教育法第三十四条第五项中规定的审议会，为教学用图书审定调查审议会。

（学校教育法第九十四条由政令规定的审议会等）

第四十二条 学校教育法第九十四条由政令规定的审议会等，为中央教育审议会。

（学校教育法第九十五条由政令规定的审议会等）

第四十三条 学校教育法第九十五条由政令规定的审议会等，为大学设置·学校法人审议会。

附则

本政令自公布之日起施行。

学校教育法施行规则

昭和二十二年（1947 年）五月二十三日文部省令第十一号公布
公布以来共修改 185 次；最近修改：平成三十年（2018 年）三月二十七日
文部科学省令第六号

学校教育法施行规则制定如下。

目录

第一章　总　　则

第一节　开办、关闭等

第一条　1. 学校为了实现其目的，必须具备必要的校地、校舍、校具、运动场、图书馆或图书室、保健室及其他设备。

2. 学校的位置必须选定在适宜进行教育的地方。

第二条　私立学校的开办者，当其开办的大学和高等专门学校涉及下列事由时，应向文部科学大臣申报。

一、变更目的、名称、位置或校则（招生人数相关事宜除外）时。

二、开办或关闭分校时。

三、大学的本科、研究生的研究科、短期大学的学科及其他组织的位置，由我国向国外、国外向我国，或由一个国家向另一个国家变更时。

四、变更大学中有关函授教育的规程时。

五、变更经费的报价及维持方法时。

六、取得或处理有关校地、校舍及其他直接用于教育的土地、房屋的权利时，或由于用途改变、重新修筑等使其现状发生重大变更时。

第三条　关于学校开办许可的申请或申报，许可申请书或申报书应分别附加记载下列事项（市町村立小学、初级中学及义务教育学校相关第四号和第五号的事项除外）的文件和校地、校舍及其他直接用于保育或教育的土地和建筑（以下称“校地校舍等”）的图样。

一、目的。

二、名称。

三、位置。

四、校规。

五、经费预算及维持方法。

六、开设时期。

第四条　1. 前条的校规中必须至少记载下列事项。

一、修学年限、学年、学期和放假停课日（以下称“停课日”）等相关事项。

二、部、科和课程的组织相关事项。

三、有关教育课程和授课日时数的事项。

四、有关学习的评价和课程修完的认定的事项。

五、有关学生定额和职员组织的事项。

六、有关入学、退学、转学、休学和毕业的事项。

七、有关学费、入学手续费及其他费用征收的事项。

八、有关赏罚的事项。

九、有关宿舍的事项。

2. 在前项各号所列事项之外，关于开办函授课程的高级中学，在前条的校规中，必须记载下列事项。

一、函授教育实施区域相关事项。

二、就函授教育展开合作的高级中学相关事项。

3. 除第一项各号所列事项，关于特别支援学校，在前条的校规中应记载学校教育法第七十二条规定的在教育中由该特别支援学校实行的事项。

第五条　1. 关于校规的变更，有前条第一项各号、第二项第一号及第二号、第三项及第一百八十七条第二项第一号及第二号所列事项相关内容的，视作变更。

2. 有关学校的目的、名称、位置、校规或经费报价及维持方法的变更，提出认证申请或报告，必须各自在认证申请书或报告书中附加记载有变更事由及时期的书面内容。

3. 私立学校的招生人数相关校规的变更、认证申请或呈报，除前项书面材料外，必须分别在认证申请书或呈报书中附加记载有经费预算及维持方法的书面材料，并包含对变更后的定员而言必要的校地、校舍等的平面图。

第六条　关于取得或处理有关学校校地、校舍等的权利，或者由于用途改变、重新修筑等使其现状发生重大变更的申报，申报书必须附加记载其理由和日期的文件及该校地、校舍等的图样。

第七条　关于开办分校（包括私立学校的分校，第十五条同）许可的申请或申报，许可申请书或申报书必须分别附加记载下列事项（关于市町村立的小学和初级中学，第四号和第五号规定的事项除外）的文件和校地、校舍等的图样。

一、事由。

二、名称。

三、位置。

四、校规的变更事项。

五、经费预算与维持方法。

六、开设时间。

第八条 与第二条第三号所列事由相关的申报中，应附加记载下述事项的书面材料及校地、校舍等的图样。

一、事由。

二、名称。

三、位置。

四、校规的变更事项。

五、经费预算与维持方法。

六、变更的时间。

第九条 关于实行二部授课的申报，申报书必须附加记载其理由、时间和实施方法的文件。

第十条 1. 关于班级编制许可的申请或申报，许可申请书或申报书必须分别附加记载每一学年各个班的儿童或学生数的文件。

2. 关于变更班级编制许可的申请或申报，许可申请书或申报书必须分别附加记载变更的理由和时间，以及变更前和变更后每一学年各个班的儿童或学生数的文件。

第十一条 高级中学的全日制课程、定时制课程、函授课程、学科、专修科或特设科，特别支援学校的高级中学部学科，大学的学部、学部的学科，研究生院、研究生院的研究科或研究科的专攻方向，短期大学的学科或高等专门学校的学科，或研究生院的研究科相关课程变更许可的申请或申报，许可申请书或申报书必须分别附加记载第六条所列事项的文件和有关其使用部分的校地、校舍等的图样。

第十二条 1. 关于特别支援学校的高级中学部或大学中的函授教育的开设认定申请或申报，必须分别在认定申请书和申报书中附加记载有第七条各号所列事项的书面材料，以及与函授教育相关的规程及其使用相关部分的校地、校舍等的图样。

2. 特别支援学校的高级中学部或大学的函授教育相关规程的变更，其申报书中必须有记载变更事由及时间的书面材料。

3. 特别支援学校的高级中学部或大学中函授教育的关闭认定申请或申报，必须在认定申请书或申报书中附加记载有关闭事由及时间以及对学生的处置方法的书面材料。

第十三条　关于特别支援学校的小学部、初级中学部、高级中学部或幼儿部的开办许可的申请，许可申请书必须附加记载第七条各号所列事项的文件和有关其使用部分的校地、校舍等的图样。

第十四条　有关变更学校开办者的许可的申请或申报，许可申请书或申报书必须分别有与变更该开办者有关的地方公共团体或学校法人的联署，并附加记载变更前和变更后的第三条第一号至第五号所列事项及变更的理由与时间的文件。但是，当新开办者为成立前的地方公共团体时，成立前不必取得该地方公共团体的联署。

第十五条　关于学校或分校的关闭，高级中学的全日制课程、定时制课程、函授课程及学科、专修科或特设科的关闭，特别支援学校的幼儿部、小学部、初级中学部、高级中学部或高级中学部的学科、专修科或其他学科的关闭，大学的学部、学部的学科、研究生院或研究生院的研究科的关闭，短期大学的学科的关闭，高等专门学校的学科的关闭，其许可的申请或申报，许可申请书或申报书必须分别附加记载关闭的理由和时间及对幼儿、儿童或学生（以下称“儿童等”）的安置方法的文件。

第十六条　1. 以学校教育法施行令第二十四条之二第四号文部科学省令规定的校规的记载事项，为第四条第一项第一号和第五号及同条第二项第一号和第二号所列事项。

2. 关于学校教育法施行令第二十四条之二规定的事项的许可的申报，必须附加有关许可申请书的文件的副本。

第十七条　关于根据学校教育法施行令第二十六条第三项的规定，都道府县教育委员会、都道府县单独设立或与其他地方公共团体共同设立的公立大学法人的理事长的报告，报告书中应附加市町村教育委员会、市町村单独设立或与其他市町村共同设立的公立大学法人理事长的申报相关的书面材料的复印件，记载都道府县教育委员会、都道府县单独设立或与其他地方公共团体共同设立的公立大学法人开办的高级中学相关的变更事由及时间。

第十八条　学校教育法施行令第二十七条之二第二项规定，都道府县知事的报告书中必须有与该申报有关的书面材料的复印件。

第十九条　学校教育法、学校教育法施行令及基于本省令规定的认定申请书、申报及报告手续以及其他相关细则，除文部科学省规定之外，与公立或私立大学及高等专门学校相关的由文部科学大臣，与大学及高等专门学校以外的市町村开办的学校相关的由都道府县教育委员会，与大学及高等专门学校以外的私立学校相关的则由都道府县知事规定。

第二节 校长、副校长和教头的资格

第二十条 校长（大学校长和高等专门学校校长除外）的资格为以下任意一项。

一、持有依据教育职员许可法的教谕的专修许可证或一种许可证，并曾任以下各号所列职务五年以上（以下称“教育相关职务”）。

（1）学校教育法第一条规定的学校及同法第一百二十四条规定的专修学校的校长的职务。

（2）学校教育法第一条规定的学校及幼保连携型认定儿童园的教授、副教授、助教、副校长、教头、主管教谕、指导教谕、教谕、助教谕、养护教谕、养护助教谕、营养教谕、主管保育教谕、指导保育教谕、保育教谕、助保育教谕和讲师及同法第一百二十四条规定的专修学校的教员（以下本条中称“教员”）的职务。

（3）学校教育法第一条规定的学校及幼保连携型认定儿童园的事务职员、实习助手、宿舍管理员及学校营养职员的职务。

（4）根据学校教育法等的部分修正法律（平成十九年法律第九十六号）第一条的规定，修改前的学校教育法第九十四条中予以废除的旧制法令涉及的学校以及旧教员养成诸学校官制第一条规定的教员养成诸学校的校长的职务。

（5）相当于前号所列学校和教员养成诸学校的教员与事务职员的职务。

（6）在为侨居外国的日侨子女设立的国外教育设施（以下称“在国外教育设施”）中，文部科学大臣认定为具有和小学、初级中学或高级中学课程程度相当的学校中担任相当于（1）至（3）所列者的职务。

（7）除前号规定的职务外，在外国学校的相当于（1）至（3）所列者的职务。

（8）依据少年院法（平成二十六年法律第五十八号）相关规定担任教育的职务。

（9）除以上各号所列者外，在国家或地方公共团体中从事教育相关事务或担任与教育相关的国家公务员或地方公务员的职务。

（10）在外国政府和公共机关中担任相当于前号所列的职务。

二、从事教育工作 10 年以上。

第二十一条 私立学校开办者若有难以根据前条规定判断的特别情况时，可以任用从事五年以上有关教育的职务或有关教育、学术的业务并在教育方面具有卓越见识者为校长。

第二十二条 国立或公立学校或私立学校的开办者，关于学校运营有特别需要时，除前两条规定的内容外，校长可任命或录用拥有第二十条各号所列资格及同等资质者。

第二十三条 前三条的规定适用于关于副校长及教头的资格的规定。

第三节　管　　理

第二十四条　1. 校长必须编制其学校在校儿童等的指导要录（指记录学校教育法施行令第三十一条规定的儿童等的学习和健康状况的文件的原本，下同）。

2. 校长在儿童等升学的场合，必须制作关于该儿童等的指导要录的抄本或副本，并必须将其交给该儿童升入学校的校长。

3. 校长在儿童等转学的场合，必须制作关于该儿童等的指导要录的副本，并必须将该副本和前项的抄本或副本交给该儿童转入学校的校长、保育所的园长或认定儿童园的园长。

第二十五条　校长（大学校长除外）必须编制本校在校儿童等的出勤簿。

第二十六条　1. 校长和教员惩戒儿童等时，应根据儿童等的身心发展情况在教育上给予必要的留意。

2. 退学、停学和训诫等相关的处分，由校长（大学包括由校长委任的学部长）执行。

3. 前项的退学，公立的小学、初级中学、义务教育学校或特别支援学校的在校学龄儿童或学龄生除外，对符合下列各号之一的儿童等，可以执行。

一、被认为品行不良无改善希望者。

二、被认为学力低劣无学成希望者。

三、无正当理由的经常缺席者。

四、扰乱学校秩序、违反其他学生本分者。

4. 第二项的停学不可对学龄儿童或学龄生执行。

5. 校长对学生进行第二项规定的退学、停学及训诫处分时，必须规定相关程序。

第二十七条　私立学校选定校长后，应向监督机关报备，报备时应附上校长履历表。其中大学及高等专门学校应向文部科学大臣提交，其他学校应向都道府县知事提交。

第二十八条　1. 学校必备的表格、簿册，大致如下。

一、有关学校的法令。

二、校规、每日时间分配表、教学用图书分配表、校医工作记录簿、校牙医工作记录簿、校药剂师工作记录簿和学校日志。

三、职员的名册、履历书、出勤簿和担任班级、担任的教学科目或学科及时间表。

四、指导要录及其副本或抄本、出席簿和有关健康诊断的表格与簿册。

五、有关入学者的选拔及成绩考查的表格与簿册。

六、资产总账、出纳簿、关于经费的预算和决算的账簿以及图书、机械、器具、标本、模型等教具的目录。

七、往来文书处理簿。

2. 前项的表格与簿册，除另有规定外，必须保存五年。但指导要录及其副本中关于入学、毕业等的学籍记录，其保存期为 20 年。

3. 根据学校教育法施行令第三十一条的规定，指导要录及其副本必须保存的，其保存期为前项规定的该类文件的保存时间扣除该类文件在该校已保存时间。

第二章　义 务 教 育

第二十九条　1. 市町村教育委员会在根据学校教育法施行令第一条第三项的规定制作学龄簿时，可使用计算机进行操作。

2. 市町村教育委员会在进行前项操作时，应采取必要措施防止学龄簿相关记录外泄及学龄簿信息丢失或受损。

第三十条　1. 学校教育法施行令第一条第一项规定的学龄簿应记载的事项，为按以下各号的分类所列的事项。

一、有关学龄儿童或学龄生的事项：姓名、现住所、出生年月日和性别。

二、有关监护人的事项：现住所和监护人与学龄儿童或学龄生的关系。

三、有关就学学校的事项。

甲、在该市町村开办的小学或初级中学的就学者：该校的名称，在该校的入学、转学、退学和毕业的年月日。

乙、根据学校教育法施行令第九条规定的手续，在该市町村开办的小学或初级中学以外的小学或初级中学就学者：该校及其开办者的名称，在该校的入学、转学、退学和毕业的年月日。

丙、在特别支援学校的小学部或初级中学部就学者：该校、部及该校开办者的名称，在该校的入学、转学、退学和毕业的年月日。

四、有关督促就学等事项：关于根据学校教育法施行令第二十条或第二十一条的规定，对于就学状况不佳者等，接到校长的通知时，或督促其履行就学义务时，记载或记录其主要内容以及接到通知或督促的年月日。

五、有关就学义务的延缓或免除事项：关于根据学校教育法第二十三条规定延缓或免除监护人让其就学义务者，记载延缓的年月日和理由或免除的年月日和理由，关于被延缓或免除者中的复学者，记载复学的年月日。

六、其他必要事项，以及市町村教育委员会认为有关学龄儿童或学龄生就学的必要事项。

2. 关于学校教育法施行令第二条规定者在制作的学龄簿中应记载的事项，准用前项第一号、第二号和第六号的规定。

第三十一条 根据学校教育法施行令第二条规定编制学龄簿时，以十月一日当天为准。

第三十二条 1. 市町村教育委员会根据学校教育法施行令第五条第二项的规定，就学预定者指定就学的小学、初级中学或义务教育学校（次项称“就学学校”）时，首先应听取其监护人的意见。在此场合下，需制定听取意见的相关手续及必要的事项，并进行公示。

2. 市町村教育委员会根据学校教育法施行令第五条第二项的规定，在学校指定的通知中，应表明对于其指定变更问题，监护人拥有同令第八条规定的申诉机会。

第三十三条 市町村教育委员会根据学校教育法施行令第八条的规定，针对指定的小学、初级中学或义务教育学校的变更问题，应对其变更条件及手续等必要事项做出规定，并予以公示。

第三十四条 学龄儿童出现学校教育法第十八条所列事由时，其监护人必须向市町村教育委员会申请延缓或免除就学义务。在这种场合中，必须附加该市町村教育委员会指定的医师或其他人的证明书等足以证明其事由的文件。

第三十五条 根据学校教育法第十八条的规定，被延缓或免除监护人让其就学义务的子女，该延缓期间结束后，或者该延缓或免除决定被取消时，校长在考虑该学生的年龄和身心的发展状况后，可将其编入适合的学年。

第三章　幼　儿　园

第三十六条 有关幼儿园的设备、编制及其他开办事项，以幼儿园开办标准中的规定为依据。

第三十七条 幼儿园每学年的教育周数，除特别情况外，不得少于 39 周。

第三十八条 关于幼儿园的教育课程，除本章规定外，作为教育课程的标准以文部科学大臣另外公布的幼儿园教育要领为依据。

第三十九条 第四十八条、第四十九条、第五十四条、第五十九条至第六十条的规定，准用于幼儿园。

第四章　小　学

第一节　设 备 编 制

第四十条 小学的开办标准，除本节规定外，由小学开办标准规定。

第四十一条 小学的班级数量以 12 个班以上 18 个班以下为标准。但由于土地状况及其他因素出现特殊情况时，不受此限。

第四十二条 小学分校的班级数量，除有特殊情况外，为 5 个班以上，不计入前条规定的班级数。

第四十三条 为了实现学校运营的和谐，小学应建立相应的校务分担体制。

第四十四条 1. 小学应设教务主任和学年主任。

2. 不论前项规定，设主管教谕负责第四项规定的由教务主任承担的校务整理工作或有其他特殊情况时，可不设教务主任；设主管教谕负责第五项规定的由学年主任承担的校务整理工作或有其他特殊情况时，可不设学年主任。

3. 教务主任及学年主任分别由指导教谕或教谕担任。

4. 教务主任接受校长的监督，承担关于教育计划的制订及其他有关教务事项的联络、调整、指导和建议事宜。

5. 学年主任接受校长的监督，承担关于该学年的有关教育活动事项的联络、调整、指导和建议事宜。

第四十五条 1. 小学应设保健主事。

2. 有特别情况时，不论前项规定，设主管教谕负责第四项规定的由保健主事承担的校务整理工作或有其他特殊情况时，可不设保健主事。

3. 保健主事由指导教谕、教谕或养护教谕担任。

4. 保健主事接受校长的监督，承担有关学校保健事项的管理工作。

第四十六条 1. 小学可设事务长或事务主任。

2. 事务长或事务主任由事务职员担任。

3. 事务长接受校长的监督，掌管事务工作。

4. 事务主任接受校长的监督，承担关于该学年有关教育活动事项的联络、调整、指导和建议事宜。

第四十七条 小学除前三条规定的教务主任、学年主任、保健主事和事务主任外，还可根据需要设分担校务的主任。

第四十八条 1. 根据开办者的规定，为便于促进校长顺利执行职务，可举行职员会议。

2. 职员会议由校长主持。

第四十九条 1. 小学可根据开办者的规定，设学校评议员。

2. 学校评议员可根据校长的需求，针对学校运营情况，提出相关意见。

3. 学校评议员应从该小学职员以外的人员中产生，对于教育应具有相关理解和见识，由校长推荐，由该小学开办者委任。

第二节 教 育 课 程

第五十条 1. 小学的教育课程由国语、社会、算术、理科、音乐、图画手工、家庭和体育等各教学科目（以下本节中称“各教学科目”）、道德、外国语活动、综合学习课以及特别活动组成。

2. 开设私立小学教育课程时，不受前项规定的限制，可增加宗教等课程。此时可用宗教课程替代前项的道德课程。

第五十一条 小学各学年的各教学科目、道德、外国语活动、综合学习课和特别活动的各自的授课时数及各学年上述课程的总授课时数，以附表一规定的授课时数为标准。

第五十二条 关于小学教育课程，除本节规定外，作为教育课程的标准，以文部科学大臣另外公布的小学学习指导要领为依据。

第五十二条之二 1. 为在小学实施与初级中学教育具有一贯性的教育，该小学的开办者应基于与该初级中学开办者的协议，设置相关教育课程。

2. 按照前项规定编成的教育课程，该小学（以下称为“初级中学连携型小学”）与第七十四条之二第一项规定的编成教育课程的初级中学连携（合作）实施相关教育课程。

第五十二条之三 初级中学连携型小学在各学年的各教学科目、道德、外国语活动、综合学习课以及特别活动的各上课时间和各学年中以上课程的总上课时间标准，由附表二之二规定。

第五十二条之四 关于初级中学连携型小学的教育课程，除本章外，文部科学大臣另外制定了教育课程标准特例。

第五十三条 小学可在必要时根据部分教学科目的特点将其合并授课。

第五十四条 对于由于身心状况使儿童学习困难的各教学科目，其教学必须符合儿童的身心状况。

第五十五条 针对小学教育课程，基于科学研究的目的，并且文部科学大臣认为在儿童教育上给予了必要的照顾时，可根据文部科学大臣另外的规定，不执行第五十条第一项、第五十一条或第五十二条的规定。

第五十五条之二 为更加有效地实施教育，文部科学大臣可在小学根据该小学或该小学所在地域的实际情况，实施具有当地特色的特别教育课程体系，同时该教育课程符合教育基本法及学校教育法第三十条第一项的规定等，符合文部科学大臣制定的相关标准的，且充分考虑到儿童的教育状况的，根据文部科学大臣的另行规定，可不遵从第五十条第一项、第五十一条或第五十二条的部分或全部规定。

第五十六条 小学可针对难以适应学校生活长期缺席的儿童实施特别的教育课程，条件需由文部科学大臣认定。根据文部科学大臣的另行规定，可不遵守第五十条第一项、第五十一条或第五十二条的规定。

第五十六条之二 在小学不通日语的儿童当中，根据该儿童对日语的理解和使用能力实施特别的指导。在此情况下，根据文部科学大臣的另行规定，可以不遵从第五十条第一项、第五十一条或第五十二条的规定，实施特别的教育课程。

第五十六条之三 根据前条规定，在实施特别的教育课程的场合，校长可按照开办者的规定，在其他小学、义务教育学校前期课程或特别支援学校小学部的课程视为该儿童在该小学中接受的特别教育相关课程。

第五十六条之四 小学中已过（义务教育阶段）学龄者，按照其年龄、经验及勤劳情况等需进行特别指导时，可利用夜间或其他特别的时间进行教育，此时根据文部科学大臣的另行规定，可不遵从第五十条第一项、第五十一条或第五十二条的规定，实施特别的教育课程。

第五十七条 小学在认定各学年课程修完或毕业时，必须对儿童平时的学习成绩给予评价和认定。

第五十八条 校长必须为被认定为修完小学全部课程者颁发毕业证书。

第三节 学年和授课日

第五十九条 小学的学年，从四月一日开始，翌年三月三十一日结束。

第六十条 授课开始和结束的时间，由校长规定。

第六十一条 公立小学的停课日规定如下。但除第三号所列日期外，特别必要时，不受此限。

一、有关国民节日的法律规定的日期。

二、星期日及星期六。

三、教育委员会根据学校教育法施行令第二十九条的规定确定。

第六十二条 私立小学的停课日，为该校的校规规定的日期。

第六十三条 在遇有灾害及其他紧急情况时，校长可决定临时停课。此时公立小学应将事由向开办该学校的地方公共团体的教育委员会报告。

第四节 职 员

第六十四条 讲师可不从事经常性工作。

第六十五条 学校事务员从事学校环境的维护及其他工作。

第六十五条之二 学校心理辅导员从事小学生心理辅导工作。

第六十五条之三 学校社会辅导员从事小学生福祉相关工作。

第五节 学校评价

第六十六条 1. 小学应根据本校教育活动及其他学校运营状况，自行进行评价，并将其结果进行公示。

2. 实施前项评价时，小学应根据其实情，设定合适的项目。

第六十七条 小学根据前条第一项规定，根据其评价结果，由该校儿童的监护人及其他学校有相关关系者（该校职员除外）进行评价，并尽量公布结果。

第六十八条 小学根据第六十六条第一项的规定，将评价的结果及按照前条规定得出的结果向该校开办者报告。

第五章 初级中学

第六十九条 初级中学的开办标准，除本章规定外，另有规定。

第七十条 1. 初级中学应设学生指导主事。

2. 如有特殊情况，不论前项规定，也可不设学生指导主事。当设主管教谕负责第四项规定的由学生指导主事承担的校务整理工作或有其他特殊情况时，可不设学生指导主事。

3. 学生指导主事可由指导教谕或教谕充任。

4. 学生指导主事接受校长的监督，掌管有关生活指导的事项，负责关于该事项的联络、调整、指导和建议事宜。

第七十一条 1. 初级中学应设升学指导主事。

2. 升学指导主事由教谕担任，接受校长的监督，掌管有关学生职业选择的指导及其他关于学生前途指导的事项，负责相关事项的联络、调整、指导和建议事宜。

第七十二条 初级中学的教育课程由国语、社会、数学、理科、音乐、美术、保健体育和技术・家庭各教学科目（以下本章及第七章称“各教学科目”）以及道德、综合学习课、特别活动组成。

第七十三条 初级中学各学年的教学科目、道德、综合学习课和特别活动的授课时间以及总课时数，以附表二规定的授课时数为标准。

第七十四条 关于初级中学的教育课程，除本章规定外，作为教育课程的标准，以文部科学大臣另外公布的初级中学学习指导要领为依据。

第七十四条之二 1. 初级中学中，为考虑实施与小学教育保持一贯性的教育，该初级中学的开办者根据其与小学开办者的协议，编成教育课程。

2. 根据前项规定编成教育课程的初级中学（以下称“小学连携型初级中学”）与初级中学连携型小学共同协作，实施相关教育课程。

第七十四条之三 小学连携型初级中学各学年的各教学科目、道德、综合学习课及特别活动等各自的课时数及各学年中的课时总数，由附表二之三规定。

第七十四条之四 小学连携型初级中学的教育课程，除本章规定外，作为教育课程标准的特例，由文部科学大臣另行规定。

第七十五条 1. 初级中学中，为考虑实施与高中教育保持一贯性的教育，该初级中学的开办者根据其与高中开办者的协议，可编成教育课程。

2. 根据前项规定编成教育课程的初级中学（以下称“连携型初级中学”）根据第八十七条第一项的规定与高级中学共同协作，实施相关教育课程。

第七十六条 连携型初级中学各学年的各教学科目、道德、综合学习课及特别活动等各自的课时数及各学年中课时总数标准，由附表四规定。

第七十七条 连携型初级中学的教育课程，除本章规定外，作为教育课程标准的特例，由文部科学大臣另行规定。

第七十八条 初中毕业后，欲升入高级中学、高等专门学校及其他学校的学生，校长必须将学生调查书及其他必要文件送交至该生拟升入学校的校长。但是基于第九十条第三项及同条第四项的规定，若入学选拔不需要提供学生调查书，则不需要交送。

第七十八条之二 社团活动指导员从事初级中学的运动、文化、科学等相关教育活动的技术性指导工作。

第七十九条 第四十一条至第四十九条、第五十条第二项、第五十四条至第六十八条的规定适用于初级中学。在此情况下，第四十二条中的“5 个班”应为“两个班”，第五十五条至第五十六条之二及第五十六条之四的规定中“第五十条第一项”应为“第七十二条”，“第五十一条”应为“第七十三条”，“第五十二条”应为“第七十四条”，第五十五条之二中的“第三十条第一项”应为“第四十六条”，第五十六条之三中的“其他小学、义务教育学校前期课程或特别支援学校小学部”应为“其他初级中学、义务教育学校后期课程、中等教育学校前期课程或特别支援学校的初级中学部”。

第五章之二　义务教育学校、初级中学并设型小学及小学并设型初级中学

第一节　义务教育学校

第七十九条之二 1. 义务教育学校前期课程的设备、编制及其他开办相关事项，应准用小学开办标准的规定。

2. 义务教育学校后期课程的设备、编制及其他开办相关事项，应准用初级中学开办标准的规定。

第七十九条之三 义务教育学校的班级数量应以 18 个以上、27 个以下作为标准。但有特殊状况的，不受此限。

第七十九条之四 义务教育学校的分校班级数量，除有特殊情况的，应在 8 个班以下，不计入前条的班级数量。

第七十九条之五 1. 次条第一项中准用的第五十条第一项规定的义务教育学校前期课程，各学年各教学科目、道德、外国语活动、综合学习课及特别活动的各自上课时间数及各学年以上课程的总上课时间数，以附表二之二规定的课时数为标准。

2. 次条第二项中准用的第七十二条规定的义务教育学校后期课程，各学年的各教学科目、道德、综合学习课及特别活动各自的上课时间数及各学年以上课程的总上课时间数，以附表二之三规定的课时数为标准。

第七十九条之六 1. 关于义务教育学校前期课程，基于第五十条、第五十二条的规定，准用文部科学大臣公布的小学学习指导要领及第五十五条至第五十六条之四的规定。

2. 关于义务教育学校后期课程，根据第五十条第二项、第五十五条至第五十六条之四、第七十二条和第七十四条的规定，准用文部科学大臣公开的初级中学学习指导要领的规定。

第七十九条之七 关于义务教育学校的教育课程，除本章规定外，以文部科学大臣另设的特例作为教育课程的标准。

第七十九条之八 1. 第四十三条至第四十九条、第五十三条、第五十四条、第五十七条至第七十一条（除第六十九条外）及第七十八条的规定准用于义务教育学校。

2. 第七十八条之二的规定准用于义务教育学校后期课程。

第二节 初级中学并设型小学及小学并设型初级中学

第七十九条之九 1. 同一开办者开办的小学及初级中学，可参照义务教育学校，实施小学和初级中学的一贯性教育。

2. 根据前项规定，与初级中学保持一贯性教育的小学及同项规定的与小学保持一贯性教育的初级中学，为使小学的教育与初级中学的教育保持一贯性，需整合相应的运营结构。

第七十九条之十 1. 关于初级中学并设型小学的教育课程，除第四章规定外，以文部科学大臣另设的特例作为教育课程的标准。

2. 关于小学并设型初级中学的教育课程，除第五章规定外，以文部科学大臣另设的特例作为教育课程的标准。

第七十九条之十一 为促使小学的教育与初级中学的教育保持一贯性，初级中学并设型小学及小学并设型初级中学应根据开办者的规定开办教育课程。

第七十九条之十二 第七十九条之五第一项的规定准用于初级中学并设型小学；同条第二项规定准用于小学并设型初级中学。

第六章 高 级 中 学

第一节 设备、编制、学科和教育课程

第八十条 高级中学的设备、编制、学科种类及其他设置事项，除本节规定

内容之外，还应遵守高级中学开办标准（平成十六年文部科学省令第二十号）的相关规定。

第八十一条 1. 设有两个以上学科的高级中学，每个以专门教育为主的学科（以下称“专门学科”）设学科主任，设有以有关农业的专门教育为主的学科的高级中学设农场长。但有特殊情况时，可不设学科主任或农场长。

2. 学科主任和农场长由指导教谕或教谕担任。

3. 学科主任接受校长的监督，负责关于该学科教育活动事项的联络、调整、指导和建议事宜。

4. 农场长接受校长的监督，掌管有关农业的实习场所和实习设施的运营事项。

第八十二条 1. 高级中学设事务长。

2. 事务长由事务职员担任。

3. 事务长接受校长的监督，掌管学校事务。

第八十三条 高级中学的教育课程由属于附表三规定的各教学科目的学科和特别活动组成。

第八十四条 关于高级中学的教育课程，除本章规定外，作为教育课程的标准，以文部科学大臣另外公布的高级中学学习指导要领为依据。

第八十五条 关于高级中学的教育课程，文部科学大臣认为有必要进行研究以促使其完善时，根据文部科学大臣另外的规定，可不遵从前两条规定。

第八十五条之二 为更加有效地实施教育，文部科学大臣可在高级中学根据该校或该校所在地域的实际情况，实施具有当地特色的特别教育课程体系，同时该教育课程符合教育基本法及学校教育法第五十一条的规定等，符合文部科学大臣制订的相关标准的，且充分考虑到学生教育状况的，根据文部科学大臣的另行规定，可不遵从第八十三条或第八十四条的部分或全部规定。

第八十六条 因难以适应高级中学学校生活而长期缺席，从高中退学后不能继续学习的学生，或根据学校教育法第五十七条的规定，虽有高中入学资格但一直未入学者，或因病疗养、身有残疾长期缺课后退学且一直未再入学的学生，考虑其实际情况，文部科学大臣认定其需要适用特别教育课程的，根据文部科学大臣另设的规定，可以不遵从第八十三条或第八十四条的规定。

第八十七条 1. 高级中学中，为保障与初中教育的一贯性，可根据该高级中学开办者与该初级中学开办者之间的协议规定，开设教育课程。

2. 根据前项规定，开办教育课程的高级中学与连携型初级中学合作，实施其教育课程。

第八十八条 关于连携型高级中学的教育课程，除本章规定外，以文部科学大臣另设的作为教育课程标准的特例执行。

第八十八条之二　基于瑞士民法典的财团法人国际学士学位事务局提供的国际学士学位课程中被认定为高级中学教育课程的，除本章规定外，以文部科学大臣另设的作为教育课程标准的特例执行。

第八十八条之三　根据文部科学大臣另设的规定，高级中学上课时可高度利用多种媒体，也可在教室以外的场所授课。

第八十九条　高级中学如果没有合适的经由文部科学大臣审定的教学用书或文部科学大臣拥有著作权的教学用书时，可根据该高级中学的开办者的规定，使用其他适当的教学用书。

第二节　入学、退学、转学、留学、休学和毕业

第九十条　1. 高级中学的入学，根据第七十八条的规定送交的学生调查书及其他必要的文件、供选拔用的学力检查（以下本条中称“学力检查”）的成绩等资料进行选拔，由校长批准。

2. 有特殊情况时，可不进行学力检查。

3. 有特殊情况时，可不将学生调查书作为选拔入学者的资料。

4. 连携型高级中学入学者的选拔，可根据第七十五条第一项的规定，针对与课程编制相关的连携型初级中学学生使用学生调查书及学力检查成绩以外的资料进行。

5. 公立高级中学的学力检查，由开办该高级中学的都道府县或市町村教育委员会实施。

第九十一条　第一学年途中或第二学年之后被批准入学者，应具备年龄相当、其学力达到该学年在学者同等以上水平等条件。

第九十二条　1. 学生希望转学至其他高级中学时，校长应将事由书连同在学证明书及其他必要文件送交至转学学校的校长。当教育上无障碍发生时，转学后的校长可批准该生转学。

2. 全日制课程、定时制课程及函授课程相互间的转学或转籍，可以按照修得的学分转入相应学年。

第九十三条　1. 校长认为在教育上有益时，可以批准学生到外国的高级中学留学。

2. 根据前项规定获准留学的学生，在外国高级中学的学习可视为高级中学的学习，校长可在不超过 36 学分的范围内认定其所修学分。

3. 关于根据前项规定被校长认定为修得学分的学生，即使在第一百零四条第一项中准用的第五十九条或第一百零四条第二项规定的学年途中，也可以认定为修完各学年的课程或毕业。

第九十四条　学生休学或退学时，必须获得校长的准许。

第九十五条　根据学校教育法第五十七条的规定，有关入学高级中学的入学资格，可被认定为与初中毕业者具有同等以上学力者，为以下各号之一者。

一、在外国修完学校教育九年课程者。

二、在文部科学大臣认定的具有和初级中学课程同等水平以上课程的学校修完该课程者。

三、文部科学大臣指定者。

四、就学义务推迟免除者等初中毕业程度认定规则规定的具有与初级中学毕业者同等以上学力者。

五、其他高级中学认定为具有与初级中学毕业者同等以上学力者。

第九十六条　1. 校长在认定学生修完高级中学全部课程时，对于修得高级中学学习指导要领规定的 74 学分以上者，必须给予认定。但根据第八十五条、第八十五条之二或第八十六条的规定，在有关高级中学的教育课程在不以第八十三条或第八十四条的规定为依据的场合，根据文部科学大臣另行的规定予以认定。

2. 根据前项前段的规定，修完全部课程的要求之一是在修得的 74 学分当中，按照第八十八条之三规定的上课方法修得的学分数不得超过 36 学分。

第九十七条　1. 校长认定为在教育上有益时，学生可根据该校长的规定，到其他高级中学或通过中等教育学校后期课程中的部分科目修得学分。此时，该生修得的学分数可追加到该生所在的高级中学规定的修完全部课程认定所必需的学分总数中。

2. 根据前项规定，学生在其他高级中学或中等教育学校后期课程中修得部分科目的学分后，该高级中学或中等教育学校的校长可承认该生的履修结果。

3. 同一所高级中学中开办的全日制课程、定时制课程及函授课程的相互履修，应准用第二项的规定。

第九十八条　校长认定在教育上有益时，根据该校长的规定，学生有下列学习行为的，可认定为该生所在高中的必修课，给予该科目相应的学分。

一、大学、高等专门学校或专修学校的高等课程或专门课程中的学习及其他教育设施中文部科学大臣指定的有关学习。

二、在知识及技能相关审查中，满足文部科学大臣另行规定的相关学习。

三、满足文部科学大臣制定的关于志愿者活动及其他持续进行的活动（该生所在高级中学实施的教育活动除外）规定的相关学习。

第九十九条　基于第九十七条的规定，可添加的学分数及基于前条规定可给予学分数的合计数不得超过 36 学分。

第一百条　校长认定在教育上有益时，根据该校长的规定，学生有下列学习行为（包含该生入学前进行的学习）的，可视为该生履修了在学的高级中学相关课程，可给予该科目相应的学分。

一、按照高级中学毕业程度认定测验规则的规定取得合格分数的测验科目的相关学习。

二、在高级中学别科中，按照第八十四条的规定，参照文部科学大臣公布的高级中学学习指导要领规定修得的相关科目。

第一百条之二　1. 学校教育法第五十八条之二规定的文部科学大臣制定的标准为以下各项。

一、修学年限为两年以上。

二、修完课程必需的总学分数及其他事项，需满足另外制定的标准。

2. 修完满足前项标准的高级中学专攻科课程的学生，根据拟编入大学规定，可从该大学修学年限中扣除与修完高级中学专攻科修学年限相当年数以下的时间后作为修学期限，编入该大学学习，但在学时间不得少于一年。

第一百条之三　满足前条第一项标准开办专攻科的高级中学，关于该专攻科，应基于第一百零四条第一项中准用的第六十六条第一项的规定，根据其评价的结果，由对高等教育阶段的教育活动有见识的人员或其他胜任者（该高级中学职员除外）进行评价，并将其结果进行公开。

第三节　定时制课程、函授课程及不以学年区分的教育课程

第一百零一条　1. 有关函授课程的设备、编制及其他必要事项，除本章规定外，以高级中学函授教育规程的规定为准。

2. 第八十条（限设施、设备及编制相关规定）、第一百零四条中准用的第五十九条、第六十一条和第六十三条的规定，不适用于函授课程。

第一百零二条　规定高级中学定时制课程或函授课程的修学年限，在教育上，要尽量给予劳动青年适当照顾。

第一百零三条　1. 高级中学的定时制课程或函授课程，不受第一百零四条第一项中准用的第五十七条规定的限制，可以不设按学年区分的教育课程。

2. 有关根据前项规定不设按学年区分的教育课程的定时制课程或函授课程的入学等的特例及其他必要事项，以学分制高级中学教育规程的规定为准。

第一百零四条　1. 第四十三条至第四十九条（第四十六条除外）、第五十四条、第五十七条至第七十一条（第六十九条除外）的规定，准用于高级中学。

2. 开办修学年限超过三年的定时制课程时，不受前项规定中准用的第四十四条规定的限制，其最终学年可以从四月一日开始，至九月三十日结束。

3. 有特别需要且无教育上的障碍时，即便在第一项中准用的第五十九条规定的学年的中间，校长亦可按学期的划分准许入学（第九十一条规定的入学除外）及认定其修完各学年的课程和毕业。

第七章 中等教育学校、并设型初级中学及并设型高级中学

第一节 中等教育学校

第一百零五条 中等教育学校的开办标准，除本章规定外，另有其他规定。

第一百零六条 1. 中等教育学校前期课程的设备、编制及其他开办相关事项，准用初级中学开办标准的规定。

2. 中等教育学校后期课程的设备、编制及其他开办相关事项，准用高级学校开办标准的规定。

第一百零七条 次条第一项中准用的第七十二条规定的中等教育学校前期课程各学年的各教学科目、道德、综合学习课及特别活动各自的上课时间数及各学年以上课程的总上课时间数，以附表四规定的课时数为标准。

第一百零八条 1. 关于中等教育学校前期课程，参照第五十条第二项、第五十五条至第五十六条之四、第七十二条的规定以及根据第七十四条规定的由文部科学大臣公布的小学学习指导要领等相关规定。

2. 关于中等教育学校后期课程，参照第八十三条、第八十五条至第八十六条、第八十八条之二以及根据第八十四条由文部科学大臣公布的高级中学学习指导要领等相关规定。

第一百零九条 关于中等教育学校的教育课程，除本章规定外，作为教育课程的标准，以文部科学大臣另外公布的高级中学学习指导要领为依据。

第一百一十条 1. 中等教育学校的入学，根据开办者的规定，由校长许可入学。

2. 在前项场合中，公立的中等教育学校不进行学力检查。

第一百一十一条 中等教育学校后期课程的函授课程设备、编制及其他相关必要事项，除本章规定外，准用高级中学函授教育规程的规定。

第一百一十二条 次条第三项中准用的第一百零三条第一项规定，不按学年区分教育课程时，有关入学等的特例及其他必要事项，准用单位制高级中学教育规程的规定。

第一百一十三条 1. 第四十三条至第四十九条（第四十六条除外）、第五十四条、第五十七条、第五十八条、第五十九条至第七十一条（第六十九条除外）、第七十八条之二、第八十二条、第九十一条、第九十四条及第一百条之三的规定，准用于中等教育学校。

2. 第七十八条的规定准用于中等教育学校前期课程。

3. 第八十一条、第八十八条之三、第八十九条、第九十二条、第九十三条、第九十六条至第一百条之二、第一百零一条第二项、第一百零二条、第一百零

三条第一项及第一百零四条第二项的规定准用于中等教育学校后期课程。

第二节　并设型初级中学及并设型高级中学

第一百一十四条　1. 关于并设型初级中学的教育课程，除第五章规定外，作为教育课程的标准，以文部科学大臣另行公布的标准为准。

2. 关于并设型高级中学的教育课程，除第六章规定外，作为教育课程的标准，以文部科学大臣另行公布的标准为准。

第一百一十五条　为保持初级中学教育与高级中学教育的一致性，并设型初级中学及并设型高级中学应根据开办者的规定编制教育课程。

第一百一十六条　不论第九十条第一项的规定，对于并设型高级中学中与该高级中学有关的并设型初级中学的学生，不需进行入学者选拔。

第一百一十七条　第一百零七条及第一百一十条的规定准用于并设型初级中学。

第八章　特别支援教育

第一百一十八条　特别支援学校的开办标准及其设备、编制，除本章规定外，另有规定。

第一百一十九条　1. 特别支援学校中针对学校教育法第七十二条规定的人员的教育，应在校规及其他开办者制定的规则（次项称“学则等”）中规定该特别支援学校实施的内容，同时应积极向学生的监护人提供相关信息。

2. 制定前项校规时，必须考虑该特别支援学校的设施及设备的状况以及该校所在地区残障儿童等的状况。

第一百二十条　1. 特别支援学校的幼儿部中，每名主管教谕、指导教谕或教谕（以下称“教谕等”）所看管的幼儿人数，以不超过 8 人为标准。

2. 特别支援学校的小学部或初级中学部的一年级儿童或学生人数，除法令特别规定外，针对视力障碍者或听力障碍者的教育，以 10 人以下为标准；针对知识障碍者、身体不自由者或病弱者（含身体虚弱者，下同）的教育，以 15 人以下为标准；高级中学部同时上课的一个班的学生数，以 15 人以下为标准。

第一百二十一条　1. 特别支援学校的小学部、初级中学部或高级中学部的班级，由同学年的儿童或学生编制而成。但若有特别情况，可将不同学年的儿童或学生编入同一班级。

2. 特别支援学校的幼儿部保育，除特殊场合外，应根据视力障碍者、听力障碍者、知识障碍者、身体不自由者及病弱者的不同情况给予不同照顾。

3. 特别支援学校的小学部、初级中学部或高级中学部的班级，除特殊场合外，应将视力障碍者、听力障碍者、知识障碍者、身体不自由者及病弱者分别编制到不同班级。

第一百二十二条 1. 特别支援学校的幼儿部中，每 8 名幼儿需配备 1 名教谕。

2. 在特别支援学校的小学部中，除校长外，每一班级必须设 1 人以上教谕。

3. 在特别支援学校的初级中学部中，每班以设教谕 2 人为标准。

4. 针对视力障碍学生及听力障碍学生的教育，特别支援学校高级中学部中，自立教科（指理疗、理学疗法、理发及其他职业相关的知识技能相关教科）应设足够人数的相关教学人员。

5. 在前四项规定的场合中，若有特殊情况，且在教育上无障碍的，校长、副校长或教头可兼任教谕，或者由助教谕或讲师代任教谕。

第一百二十三条 宿舍管理员的人数，以寄宿儿童等的人数除以 6 的得数以上为标准。

第一百二十四条 1. 设有宿舍的特别支援学校，必须配备宿务主任和舍监。

2. 虽有前项规定，但第四项规定的宿务主任承担的宿务整理工作由主管教谕完成，或有其他特殊情况时，可不设宿务主任，第五项规定的舍监承担的宿务整理工作由主管教谕完成时，可不设舍监。

3. 宿务主任及舍监可由指导教谕或教谕担任。

4. 宿务主任接受校长的监督，承担有关宿舍事务的联络、调整、指导和建议事宜。

5. 舍监接受校长的监督，承担宿舍的管理和宿舍内儿童等的教育事宜。

第一百二十五条 1. 特别支援学校可在各部设主事。

2. 主事由其所属部的教谕担任，接受校长的监督，掌管有关部的校务。

第一百二十六条 1. 特别支援学校小学部的教育课程，由国语、社会、算术、理科、生活、音乐、图画手工、家庭和体育各种教学科目以及道德、外国语活动、综合学习课、特别活动及自立活动组成。

2. 除前项规定外，知识障碍者的教育课程，由生活、国语、算术、音乐、图画手工和体育各种教学科目以及道德、特别活动及自立活动组成。

第一百二十七条 1. 特别支援学校初级中学部的教育课程，由国语、社会、数学、理科、音乐、美术、保健体育、技术·家庭及外国语的各种教学科目及道德、综合学习课、特别活动及自立活动组成。

2. 除前项规定外，知识障碍者的教育课程，为由国语、社会、数学、理科、音乐、美术、保健体育及职业·家庭的各种教学科目以及道德、综合学习课、特别活动及自立活动组成。但在必要的场合，可增加外国语学科作为教育课程。

第一百二十八条 1. 特别支援学校高级中学部的教育课程，由附表三、附表五规定的各教学科目所属的学科、综合学习课、特别活动及自立活动组成。

2. 除前项规定外，知识障碍者的教育课程，由国语、社会、数学、理科、音乐、美术、保健体育、职业、家庭、外国语、信息、家政、农业、工业、流通、服务及福祉各教学科目，以及第一百二十九条规定的特别支援学校高级中学部学习指导要领中规定的其他教学科目、道德、综合学习课、特别活动及自立活动组成。

第一百二十九条 特别支援学校的幼儿部的教育课程、其他保育内容及小学、初中、高级中学部的教育课程，除本章规定外，作为教育课程的标准，为文部科学大臣另外公布的特别支援学校幼儿部教育要领，特别支援学校小学部与初级中学部的学习指导要领及特别支援学校高级中学部的学习指导要领。

第一百三十条 1. 特别支援学校的小学部、初级中学部或高级中学部，有特别必要时，第一百二十六条至第一百二十八条规定的各教学科目（次项中称“各教学科目”）或附表三及附表五规定的各教学科目所属学科的全部或部分，可以合并授课。

2. 在特别支援学校的小学部、初级中学部或高级中学部，在对知识障碍儿童或学生，以及有多种障碍的儿童或学生进行教育时，有特别必要时，各教学科目、道德、外国语活动、特别活动和自立活动的全部或部分，可以合并授课。

第一百三十一条 1. 特别支援学校的小学部、初级中学部或高级中学部，在对兼有多种身心障碍的儿童或学生进行教育的场合或派遣教员进行教育时，有特别必要时，不受第一百二十六条至第一百二十九条的规定的限制，可以采用特别教育课程。

2. 在根据前项规定采用特别教育课程时，使用文部科学大臣审定的教学用图书，或在文部科学大臣拥有著作权的教学用图书不适合时，可以根据该校开办者的决定使用其他适合的教学用图书。

第一百三十二条 关于特别支援学校的小学部、初级中学部或高级中学部的教育课程，在文部科学大臣认为特别有必要进行促进其改善的研究，并对儿童或学生的教育给予适当关照的场合，根据文部科学大臣另外的规定，可以不遵从第一百二十六条至第一百二十九条的规定。

第一百三十二条之二 在特别支援学校的小学部、初级中学部或高级中学部，为实施更具效果的教育，文部科学大臣必须根据该特别支援学校或该校所在地域的实际情况，发挥该校或当地的特色，开办特别的教育课程。同时，关于该特别的教育课程，根据教育基本法及学校教育法第七十二条的规定，必须考虑儿童或学生教育的实际情况，符合文部科学大臣制定的标准。根据文部科学大臣另外的规定，可以不遵从第一百二十六条至第一百二十九条的部分或全部规定。

第一百三十二条之三 在特别支援学校的小学部或初级中学部，对于不通日语的儿童或学生，针对该生对日语的理解、使用能力进行特殊的指导教育。根据文部科学大臣另外的规定，可以不拘泥于第一百二十六条、第一百二十七条及第一百二十九条的规定，实施特别的教育课程。

第一百三十二条之四　根据前条规定，实施特别的教育课程时，根据开办者的规定，针对儿童或学生在其他小学、初级中学、义务教育学校、中等教育学校前期课程或特别支援学校的小学部或初级中学部中学习的课程，校长可以对该生在学的特别支援学校的小学部或初级中学部的该特别教育课程相关的课程进行认定。

第一百三十三条　1. 校长对学生修完特别支援学校的高级中学部的全部课程予以认定时，要根据其高级中学部学习指导要领的规定进行。但是，根据第一百三十二条或第一百三十二条之二的规定，特别支援学校高级中学部的教育课程不以第一百二十八条和第一百二十九条的规定为依据时，根据文部科学大臣另外的规定进行认定。

2. 根据前项前段规定，作为修完全部课程的要素之一，特别支援学校的高级中学部学习指导要领规定及校长规定的学分数或课时数中，按照第一百三十五条第五项中准用的第八十八条之三规定的上课方法，各课程不得超过学分数或课时数的1/2。

第一百三十四条　有关特别支援学校的高级中学部的函授教育的事项，另有规定。

第一百三十五条　1. 第四十三条至第四十九条（第四十六条除外）、第五十四条、第五十九条至第六十三条、第六十五条至第六十八条、第八十二条至第一百条之三的规定，准用于特别支援学校。

2. 第五十七条、第五十八条、第六十四条及第八十九条的规定，准用于特别支援学校的小学部、初级中学部和高级中学部。

3. 第三十五条、第五十条第二项及第五十三条的规定，准用于特别支援学校的小学部。

4. 第三十五条、第五十条第二项、第七十条、第七十一条、第七十八条之二的规定，准用于特别支援学校的初级中学部。

5. 第七十条、第七十一条、第八十一条、第八十八条之三、第九十条第一项至第三项、第九十一条至第九十五条、第九十七条第一项及第二项、第九十八条至第一百条之二及第一百零四条第三项的规定，准用于特别支援学校的高级中学部。

第一百三十六条　小学或初级中学的特殊班的一个班的儿童或学生数，除法令特别规定者外，以15人以下为标准。

第一百三十七条　除有特别情况外，特别支援学校的特殊班按照学校教育法

第八十一条第二项各号所列的开办。

第一百三十八条 关于小学或初级中学特殊班的教育课程，有特别必要时，不受第五十条第一项（含第七十九条之六第一项准用场合）、第五十一条、第五十二条（含第七十九条之六第一项准用场合）、第五十二条之三、第七十二条（含第七十九条之六第二项及第一百零八条第一项准用场合）、第七十三条、第七十四条、第七十四条之三、第七十六条、第七十九条之五（含第七十九条之十二准用场合）及第一百零七条（含第一百一十七条准用场合）的规定的限制，可以采用特别教育课程。

第一百三十九条 根据前条第一项的规定采用特别教育课程的特殊班，文部科学大臣审定的教学用图书不适合时，可以根据设该特殊班的学校的开办者的决定，使用其他适合的教学用图书。

第一百四十条 小学、初级中学、义务教育学校或中等教育学校前期课程中，对于满足下列各号之一的儿童或学生（特别支援班级的儿童及学生除外），需根据其障碍进行特别指导教育的，根据文部科学大臣的另行规定，可不按照第五十条第一项（含第七十九条之六第一项准用场合）、第五十一条、第五十二条（含第七十九条之六第一项准用场合）、第五十二条之三、第七十二条（含第七十九条之六第二项及第一百零八条第一项准用场合）、第七十三条、第七十四条、第七十四条之三、第七十六条、第七十九条之五（含第七十九条之十二准用场合）及第一百零七条（含第一百一十七条准用场合）规定的限制，采用特别教育课程。

一、言语障碍者。

二、自闭症患者。

三、情绪障碍者。

四、弱视者。

五、听力障碍者。

六、学习障碍者。

七、注意力缺陷多动性障碍者。

八、有其他障碍者，根据本条规定采用特别教育课程为佳者。

第一百四十一条 根据前条规定，在实施特别教育课程时，根据该小学、初级中学、义务教育学校、中等教育学校前期课程或特别支援学校开办者制定的规则，儿童或学生在其他小学、初级中学、义务教育学校、中等教育学校前期课程或特别支援学校的小学部或初级中学部上课时，校长可认定为是在该小学、初级中学、义务教育学校、中等教育学校前期课程接受的该特别教育课程相关的课业学习。

第九章　大　　学

第一节　设备、编制、学部和学科

第一百四十二条　1. 有关大学（包括研究生院，短期大学除外。以下本项同）的设备、编制、学部和学科的事项，有关教员资格的事项，有关函授教育的事项及有关其他大学开办的事项，以大学开办标准、大学函授教育开办标准和研究生院开办标准及专门研究生院开办标准的规定为依据。

2. 有关短期大学的设备、编制、学科、教员的资格、函授教育的相关事项及有关其他短期大学开办的事项，以短期大学开办标准和短期大学函授教育开办标准的规定为依据。

第一百四十三条　1. 教授会根据其规定，开办由教授会所属职员中的部分人员构成的代议员会、专门委员会等（次项称“代议员会等”）。

2. 教授会根据其规定，可将代议员会的决议视为教授会的决议。

第一百四十三条之二　1. 大学中的教育设施，如果被认定为对教育没有妨碍时，可供其他大学使用。

2. 前项的设施供其他大学使用时，如果该设施对大学教育具有特别的作用，可以受文部大臣认定，作为教育共同利用基地。

第一百四十三条之三　1. 根据学校教育法第九十六条的规定，大学附设的研究设施，与该研究设施的研究方向一致的相关领域的大学教员及其他从业人员可加以利用。

2. 前项的研究设施当中，对学术研究的发展有特别帮助的，可由文部科学大臣认定，将其建立成为共同利用、共同研究的据点。

第二节　入学及毕业等

第一百四十四条　删除。

第一百四十五条　与学位相关的事项，遵从学位规则的规定。

第一百四十六条　学校教育法第八十八条规定的有关修学年限的换算方法，由各大学规定。根据大学开办标准第三十一条第一项或短期大学开办标准第十七条第一项的规定，以科目等履修生的身份在某所大学修得一定学分后，可根据大学开办标准第三十一条第一项或短期大学开办标准第十六条第一项的相关规定，视其所获学分的数量及所费时间等有关因素进行认定。

第一百四十七条　按照学校教育法第八十九条关于毕业认定的规定，毕业者需满足以下各号要求。

一、大学应公开发表与学习成果相关的评价标准及学校教育法第八十九条规定的其他毕业认定标准的规定。

二、大学应切实遵从大学开办标准第二十七条之二规定的履修科目的学分上限规则。

三、履修学校教育法第八十七条第一项规定的本科生课程的学生，毕业前必须修得相应学分，并且在该学科取得优秀成绩。

四、学生具有根据学校教育法第八十九条的规定希望毕业的意愿。

第一百四十八条 根据学校教育法第八十七条第一项的规定，修学年限超过四年的在读本科生，按照同法第八十九条规定，在学期间认定为四年。

第一百四十九条 根据学校教育法第八十九条的规定，某一大学（除短期大学外，以下各条同）在学三年以上的学生，满足下列各号之一者，规定为在学期间算作三年以上。

一、满足第一百四十七条第一号及第二号的条件，即从一所大学转学到其他满足各号条件的大学。

二、从满足第一百四十七条第一号及第二号的条件的大学退学者，在该大学的在学期间满足其他各号条件。

三、从满足第一百四十七条第一号及第二号的条件的大学毕业者，在该大学的修学年限满足其他各号条件的大学修学年限。

第一百五十条 根据学校教育法第九十条第一项的规定，关于大学入学满足下列各项之一的，即可认定为高级中学毕业生或具有同等以上学力者。

一、在外国修完学校教育十二年课程者或相当者，并为文部科学大臣的指定者。

二、文部科学大臣认定的在具有和高级中学课程相当的国外教育机构修完该课程者。

三、专修学校的高级课程由文部科学大臣另外指定，于文部科学大臣规定的日期之后修完者。

四、文部科学大臣指定者。

五、根据大学入学资格审定规程，由文部科学大臣举办的大学入学资格审定的合格者。

六、学校教育法第九十条第二项规定的大学入学者，在其后入学的学校中，可认定为具有与接受大学教育相应的学力。

七、大学中根据个别入学资格审查，从高级中学毕业者及认定为具有同等以上学力者，需年满 18 岁。

第一百五十一条 根据学校教育法第九十条第二项的规定，允许学生入学的大学，针对具有特别优秀资质的学生，可通过要求入学者所在学校校长进行推荐等方式，切实运用同项的入学相关的制度。

第一百五十二条 根据学校教育法第九十条第二项的规定，允许学生入学的大学，针对同项的入学相关的制度运用的状况，必须将同法第一百零九条第一项规定的抽查及评价结果公开发布。

第一百五十三条 学校教育法第九十条第二项规定的由文部科学大臣规定的年限为两年。

第一百五十四条 根据学校教育法第九十条第二项的规定，高级中学中满足下列各号之一的，即认定为在学年数为文部科学大臣规定的年数以上的学生。

一、中等教育学校后期课程、特别支援学校的高级中学部或高级专门学校中在学两年以上的学生。

二、在国外完成九年学校教育课程后，继续接受两年以上学校教育课程者。

三、在文部科学大臣认定的具有与高级中学课程同等课程的在外教育设施[①]中接受该课程教育两年以上者。

四、按照第一百五十条第三号的规定，在文部科学大臣特别指定的专修学校高等课程中完成两年以上课程者。

五、文部科学大臣指定者。

六、高级中学毕业程度认定测验规则第四条规定的测试科目的全部科目都合格且年龄达到17岁者。

第一百五十五条 1. 根据学校教育法第九十一条第二项或第一百零二条第一项的规定，凡符合下列情况之一，可视为与大学（短期大学除外，下同）本科毕业具有同等或以上学力。但第七号及第八号则仅限于研究生入学相关的规定。

一、根据学校教育法第一百零四条第四项的规定，被授予学士学位者。

二、在国外完成十六年课程者。

三、在我国履修由国外学校实施的函授教育课程，完成该国学校教育十六年课程者。

四、在我国履修由国外正规大学提供的课程，文部科学大臣指定的课程修了者。

四之二、国外的大学及其他国外学校中，修完修学年限为三年以上的课程可授予与学士学位相当的学位。

五、专修学校的专门课程中文部科学大臣另外指定的、自文部科学大臣制定的日期之后修完者。

六、文部科学大臣指定者。

七、学校教育法第一百零二条第二项规定的研究生入学者中，在其研究生院中接受研究生教育且被认定为具有相应学力者。

---

① 特指在日本以外的国家专门为日本学生开办的驻外学校。

八、研究生院根据个别入学资格的审查，认定为具有与获得大学毕业生同等以上学力且年龄达到 22 岁者。

2. 根据学校教育法第九十一条第二项的规定，关于短期大学专攻科的入学，满足下列各号任意一号的，即可认定为从短期大学毕业者及具有同等以上学力者。

一、高级中学专攻科课程毕业者中按照学校教育法第五十八条之二的规定得以编入大学学习者。

二、从高等专门学校毕业者（仅限于学习年限为两年的短期大学的专业）。

三、修完专修学校专门课程者中符合学校教育法第一百三十二条规定的大学在编可入学者。

四、在国外修完学校教育十四年（学习年限为三年的短期大学的专业，为十五年）课程者。

五、通过在我国学习外国学校进行的函授教育中的授课科目，完成了在外国学校教育十四年课程者。

六、在我国履修由国外正规短期大学提供的课程，文部科学大臣指定的课程修了者。

七、在其他短期大学专攻科中，被认定为具有与短期大学毕业同等以上学力者。

第一百五十六条 根据学校教育法第一百零二条第一项的规定，满足下列各号之一的，即认定为与研究生入学相关的硕士学位或同法第一百零四条第一项规定的文部科学大臣制定的学位具有同等学力者。

一、在国外被授予硕士学位或与专门职业学位相当的学位者。

二、在我国履修国外学校开设的函授教育课程，被授予与硕士学位或专业学位相当的学位者。

三、在我国境内的设有外国研究生院课程并在该国学校教育制度中具有相应地位的教育设施中修完文部科学大臣另外指定课程者，且被授予硕士学位或与专业学位相当的学位者。

四、在根据 1972 年 12 月 11 日联合国大会决议设立的国际联合大学修完相应课程并被授予相当于硕士学位者。

五、在外国的学校、满足第三号指定的教育设施或者国际联合大学的教育课程，通过与研究生院开办标准第十六条之二所规定的考试和审查合格的，被认定为与获得硕士学位者具有同等以上的学习能力者。

六、文部科学大臣指定者。

七、研究生院中，通过个别的入学资格审查，具有硕士学位或专门职业学位者及被认定具有同等以上学力且年满 24 岁者。

第一百五十七条 根据学校教育法第一百零二条第二项的规定，允许学生入学的大学，应预先公布同项规定的大学规定的其他必要事项等，为使得该项入学相关的制度得到适当运用，做充分考虑。

第一百五十八条 根据学校教育法第一百零二条第二项的规定，允许学生入学的大学，就同项入学制度的运用情况，进行该法第一百零九条第一项规定的检查和评价，并公布其结果。

第一百五十九条 学校教育法第一百零二条第二项规定的文部科学大臣所规定的在学年数是三年。

第一百六十条 根据学校教育法第一百零二条第二项的规定，满足下列各号之一的，被认定为大学在学年数超过了文部科学大臣规定的年数。

一、国外修完学校教育十五年课程者。

二、国外学校开办的函授教育授课科目在我国履修的，修完该国外学校教育十五年课程者。

三、在我国修完国外大学课程的，其大学课程为该国外学校制度认可且得到文部科学大臣指定的。

第一百六十一条 1. 在短期大学毕业后转入大学学习时，根据转入大学规定，可从应修学年限中减去短期大学已修年限，作为其应修学之年限。

2. 前项规定准用于在外国短期大学毕业者，以及设有外国短期大学课程，并在该国学校教育制度上具有相应地位的教育设施中修完文部科学大臣另外指定课程者。

第一百六十二条 在我国境内设有外国大学、研究生院或者短期大学课程，并在该国学校教育制度上具有相应地位的教育设施中履修文部科学大臣另外指定课程者以及履修国际联合大学课程者，可根据其打算转入的大学、研究生院或者短期大学的规定，分别转学到该大学、研究生院或短期大学。

第一百六十三条 1. 大学学年的起始日期和终结日期由校长规定。

2. 大学在前项规定的学年途中，可按照学期划分，使学生入学和毕业。

第三节 授予履修证书的特别课程

第一百六十四条 1. 大学（包括研究生院和短期大学，下同）根据学校教育法第一百零五条的规定设置特别课程（以下称“特别课程”）时，应根据该大学开设的全部或部分讲习或者授课科目进行系统编排。

2. 特别课程的总时间数应在 120 个小时以上。

3. 特别课程的履修资格由大学制定。但具有该资格者，必须是学校教育法第九十条第一项规定的大学入学者。

4. 特别课程的讲习或授课方法，必须根据大学开办标准、大学函授教育开办标准、研究生院开办标准、专业研究生院开办标准、短期大学开办标准等制定。

5. 大学针对特别课程的制定，必须事先公布该特别课程的名称、目的、总时间数、履修资格、定员、内容、讲习或授课的方法、修完要素及其他该大学认定为必要的事项。

6. 大学必须在学校教育法第一百零五条规定的结业证书（次项称“履修证明书”）中记载特别课程的名称、内容概要、总时间数及其他该大学认定为必要的事项。

7. 大学必须完善特别课程的开办及该特别课程的实施状况评价及履修证明书的交付所必需的制度。

第四节　认证评估及其他

第一百六十五条　公开讲座相关事项，另行规定。

第一百六十五条之二　1. 大学需根据不同教育目的，分别按照以下方针，制定该大学、学部或学科的课程。

一、毕业认定相关方针。

二、教育课程开办及实施相关方针。

三、接受入学者相关方针。

2. 前项第二号所列方针规定的内容，必须确保与同项第一号所列方针具有一贯性。

第一百六十六条　大学在实行根据学校教育法第一百零九条第一项规定的检查与评估时，在开办与同项主旨相符的合适项目的同时，应完善其相应体制。

第一百六十七条　学校教育法第一百零九条第三项但书规定的由文部科学大臣制定的措施，指开办专门职研究生院的大学，可由国外法人团体对该专业研究生院的课程相关领域进行评价。该法人的评价工作应得到国际认可，由文部科学大臣指定后对该专业研究生院的教育课程、教员组织及其他教育研究活动的状况进行定期评估，并公布结果，同时向文部科学大臣报告。

第一百六十八条　1. 与学校教育法第一百零九条第二项认证评价相关的同法第一百一十条第一项的申请，应根据大学或短期大学的种类分别进行。

2. 与学校教育法第一百零九条第二项的认证评价相关的同法第一百一十条第一项的申请，大学或短期大学应分别进行。

第一百六十九条　1. 关于学校教育法第一百一十条第一项的申请，需将记载有下列事项的申请书提交至文部科学大臣处。

一、名称及事务所所在地。

二、职员（申请者为非人格化社团或财团时，在代表或管理人规定的情况下为该代表或管理人）的姓名。

三、评价对象。

四、大学评价标准及评价方法。

五、评价的实施体制。

六、评价结果的公示方法。

七、评价周期。

八、评价相关的手续费的金额。

九、其他评价实施相关事项。

2. 前项的申请书中需附加下列文件。

一、章程或捐赠行为及登记事项证明书，或相当于以上所列的文件。

二、申请日所属事业年度的前一事业年度的财产目录和贷款对照表。

三、在申请日所属的营业年度内的大学的教育研究活动等状况，记载有评估工作的实施状况的书面材料。

四、在从事认证评价业务以外的业务时，记载有该业务种类及其概要的书面材料。

第一百七十条 学校教育法第一百一十条第三项中提到的细则，由省令（平成十六年文部科学省令第七号）决定。

第一百七十一条 学校教育法第一百一十条第四项中提到的结果公开，可通过纸媒、网络或其他能让大众周知的方式进行。

第一百七十二条 学校教育法第一百一十条第五项提到的文部科学大臣规定的事项，指第一百六十九条第一项第一号至第三号及第五号至第八号所列事项。

第一百七十二条之二 1. 大学应就关于下列教育研究活动等状况进行信息公开。

一、大学的教育研究目的及与第一百六十五条之二第一项规定的方针相关的事项。

二、教育研究的基本组织相关事项。

三、教员组织、教员人数及各教员的学位及业绩相关事项。

四、入学者人数、收纳定员及在学学生人数、毕业或修完者人数及进学人数、就职者人数及其他进学及就职等状况相关事项。

五、授课科目、授课方法及内容以及每年授课计划相关事项。

六、学习成果相关评价及毕业或修完认定标准相关事项。

七、校园用地、校舍等设施及设备和其他与学生的教育研究环境相关的事项。

八、授课费用、入学费用及其他大学收取的费用相关事项。

九、大学施行的学生修学、前程选择及身心健康等相关的支援事项。

2. 大学在前项各号所列事项之外，应根据教育目的，积极对学生应学习的知识及能力有关的信息进行公开。

3. 根据第一项规定的信息公开，应在整顿好体制的基础上，通过刊发物的刊登、互联网的利用及其他周知方式进行。

第一百七十三条　第五十八条的规定准用于大学。

第十章　高等专门学校

第一百七十四条　高等专门学校的设备、编制、学科、教育课程、教员的资格相关的事项及其他高等专门学校开办相关的事项，由高等专门学校开办标准规定。

第一百七十五条　1. 高等专门学校须设教务主事及学生主事。

2. 高等专门学校可设宿务主事。

3. 教务主事受校长之命，掌管有关教育计划的制订及其他教务事项。

4. 学生主事受校长之命，掌管有关学生的生活辅导事项。

5. 宿务主事受校长之命，掌管有关寄宿生的生活辅导事项。

第一百七十六条　1. 校长认为在教育上有益时，可批准学生到外国的高级中学或大学留学。

2. 关于根据前项的规定被校长批准留学的学生，在根据高等专门学校开办标准第二十条第三项准用的同条第一项的规定认定为修得学分的场合，即便在第一百七十九条中准用的第五十九条规定的学年中间，也可认定为修完各学年的课程或毕业。

第一百七十七条　根据学校教育法第一百一十九条第二项的规定，有关入学高等专门学校专修科可被认为具有与高等专门学校毕业者同等以上学力者，为以下各号所列之一。

一、修完高级中学的专攻科课程者，根据学校教育法第五十八条之二的规定可编入大学。

二、短期大学毕业生。

三、修完专修学校的专门课程者中，学校教育法第一百三十二条规定的可编入大学者。

四、在国外修完学校教育十四年课程者。

五、外国的学校开办的函授教育中的授课科目在我国履修，修完该外国学校教育十四年课程者。

六、在我国修完国外大学短期课程，其课程为该国家学校教育制度认可且得到文部科学大臣指定的。

七、其他高等专门学校专修科认定为具有与高等专门学校毕业者同等以上学力者。

第一百七十八条　从高等专门学校毕业的毕业生，根据其编入大学的规定，从该校修学年限中扣除两年后作为应在学期间，编入该大学。

第一百七十九条 第五十七条至第六十二条、第九十条第一项及第二项、第九十一条、第九十二条第一项、第九十四条、第九十五条、第一百零四条第三项、第一百六十四条至第一百六十六条及第一百六十九条至第一百七十二条之二的规定，准用于高等专门学校。在该情况下，第一百六十四条第一项中的“第一百零五条”应作“第一百二十三条中准用的第一百零五条”，同条第三项中的“第九十条第一项规定的大学”应作“第一百一十八条规定的高等专门学校”，同条第四项中的“大学开办标准、大学函授教育开办标准、研究生院开办标准、专业研究生院开办标准、短期大学开办标准等”应作“第一百三十二条中准用的第一百零五条”。

第十一章 专修学校

第一百八十条 有关专修学校的设备、编制、授课、教员的资格及其他专修学校开办的事项，以专修学校开办标准的规定为依据。

第一百八十一条 关于专修学校学生的入学、退学、休学等事宜，由校长规定。

第一百八十二条 学校教育法第一百二十五条第二项规定的专修学校高中课程入学资格中，被认定为具有与初级中学毕业者同等以上学力者，为符合第九十五条各号之一者。在这种场合，同条第五号中的“高级中学”替换为“专修学校”。

第一百八十三条 学校教育法第一百二十五条第三项规定的专修学校专门课程的入学资格，可视为与高级中学毕业具有同等学力，为同法第九十条第一项规定的修完普通课程即完成十二年学校教育者，或符合第一百五十条第一号、第二号、第四号或第五号的各号之一者，或符合以下各号之一者。

一、修完修学年限为三年的专修学校的高中课程者。

二、其他专修学校认定为具有与高级中学毕业具有同等学力者。

三、专修学校中，根据个别的入学资格审查，与高级中学毕业具有同等学力且年龄在 18 岁以上者。

第一百八十三条之二 1. 根据专修学校开办标准第三条第一项的规定设立的专修学校学科中，同令第四条第一项规定的白天学科及夜间学科应根据学年分设教育课程，各学年分别对该学年中学生的平时成绩进行评价，进行该学年课程修了认定。

2. 除前项规定外，同项规定的学科被认定在教育上有益时，可不根据学年分设教育课程。

第一百八十三条之三　前条第一项规定的学科中，认定修完全部课程时，必须满足专修学校开办标准第十七条规定的要求。

第一百八十四条　专修学校学年的起始日期和终结日期，由校长规定。

第一百八十五条　专修学校除校长和教员外，可以设助手、事务职员及其他必要的职员。

第一百八十六条　1. 学校教育法第一百三十二条规定的文部科学大臣制定的标准为以下所列各项。

一、修学年限在两年以上。

二、修完课程所需最低课时数，另行规定。但第一百八十三条之二第二项规定的不按学年区分教育课程的学科以及专修学校开办标准第五条第一项规定的函授学科，其修完课程所需最低学分数，另行规定。

2. 修完满足前项标准的专修学校专门课程者，根据欲编入大学的规定，在该大学修学年限中扣除已修专修学校专门课程的修学年限数后作为应修学年限，但是修学时间不得少于一年。

第一百八十七条　1. 第三条和第四条第一项的规定，准用于关于专修学校的开办许可的申请。

2. 专修学校开办标准第五条第一项规定的关于开办有函授学科的专修学校，前项准用的第三条学则中，前项准用的第四条第一项各号所列事项外，必须记载下列事项。

一、施行函授教育的区域相关事项。

二、实施面授指导的相关体制事项。

第一百八十八条　第十五条的规定准用于关于专修学校的关闭（包括高中课程、专门课程或一般课程的取消）许可的申请、专修学校分校的关闭的申报和有关专修学校的学科关闭和校规变更的申报。

第一百八十九条　第五条规定适用于专修学校名称、位置或学则变更的备案；第十一条规定适用于专修学校目的的变更认定申请及专修学校的学科开办相关校规变更的备案；第六条、第七条、第十四条、第十九条、第二十五条至第二十八条、第五十八条、第六十条及第六十六条至第六十八条的规定适用于专修学校；第一百六十四条的规定适用于开设专门课程的专修学校。在此情况下，第十九条中的“公立或私立大学及高等专门学校相关的由文部科学大臣，与大学及高等专门学校以外的市町村开办的学校相关的由都道府县教育委员会，与大学及高等专门学校以外的私立学校相关的则由都道府县知事”应作“与市町村开办的专修学校相关的由都道府县教育委员会，与私立的专修学校相关的由都道府县知事”，第二十七条中的“其中大学及高等专门学校应向文部科学大臣提交，其他学校应向都道府县知事提交”应作“应向都道府县知事提交”，第一百六十四条第一项中的“第一百零五条”应作“第一百三十三条第一项准用第一百零五条”，同条第三项中的“第九十条第一项规定的大学”应作“第一百二十五条第三项规定的专修学校的专门课程”，同条第四项中的“大学开办标准、大学函授教育开办标准、研究生院开办标准、专业研究生院开办标准、短期大学开办标准等”应作“专修学校开办标准”，同条第六项中的“第一百零五条”应作“第一百三十三条第一项准用第一百零五条”。

第十二章 杂　　则

第一百九十条 第三条至第七条、第十四条、第十五条、第十九条、第二十六条至第二十八条及第六十六条至第六十八条的规定，准用于各种学校。在该情况下，第十九条中的“与公立或私立大学及高等专门学校相关的由文部科学大臣，与大学及高等专门学校以外的市町村开办的学校相关的由都道府县的教育委员会，与大学及高等专门学校以外的私立学校相关的则由都道府县知事”应为“与市町村开办的各种学校相关的由都道府县教育委员会，与私立各种学校相关的由都道府县知事”，第二十七条中的“其中大学及高等专门学校应向文部科学大臣提交，其他学校应向都道府县知事提交”应为“应向都道府县知事提交”。

第一百九十一条 除前条规定外，各种学校相关的事项，由各种学校规程规定。

附　　则

（实施日期）

本省令自昭和二十二年四月一日起适用。

附表一 第五十一条相关

区分		第一学年	第二学年	第三学年	第四学年	第五学年	第六学年
各教学科目的课时	国语	306	315	245	245	175	175
	社会			70	90	100	105
	算数	136	175	175	175	175	175
	理科			90	105	105	105
	生活	102	105				
各教学科目的课时	音乐	68	70	60	60	50	50
	图画手工	68	70	60	60	50	50
	家庭					60	55
	体育	102	105	105	105	90	90

续表

区分	第一学年	第二学年	第三学年	第四学年	第五学年	第六学年
道德的课时	34	35	35	35	35	35
外国语活动的课时					35	35
综合学习课的课时			70	70	70	70
特别活动的课时	34	35	35	35	35	35
总课时数	850	910	945	980	980	980

备注：

一、本表中的课时数每单位时间为45分钟。

二、特别活动的课时数，可由根据小学学习指导要领规定的班级活动（除学校供给饮食外）的课时数充当。

三、在第五十条第二项的情况下，道德之外追加宗教时，宗教课程的课时数可代替部分本表中的道德课程课时数（附表二、附表二之三及附表四的情况相同）。

附表二　第七十三条相关

区分		第一学年	第二学年	第三学年
各教学科目的课时数	国语	140	140	105
	社会	105	105	140
	数学	140	105	140
	理科	105	140	140
	音乐	45	35	35
	美术	45	35	35
	保健体育	105	105	105
	技术·家庭	70	70	35
	外国语	140	140	140
道德的课时数		35	35	35
综合学习课的课时数		50	70	70
特别活动的课时数		35	35	35
总课时数		1015	1015	1015

备注：

一、本表中的课时数每单位时间为50分钟。

二、特别活动的课时数可由根据初级中学指导要领规定的班级活动（学校供给饮食相关活动除外）的课时数充当。

附表二之二 第五十二条之三、第七十九条之五第一项、第七十九条之十二相关

区分		第一学年	第二学年	第三学年	第四学年	第五学年	第六学年
各教学科目的课时数	国语	306	315	245	245	175	175
	社会			70	90	100	105
	算数	136	175	175	175	175	175
	理科			90	105	105	105
	生活	102	105				
	音乐	68	70	60	60	50	50
	图画手工	68	70	60	60	50	50
	家庭					60	55
	体育	102	105	105	105	90	90
道德的课时数		34	35	35	35	35	35
外国语活动的课时数						35	35
综合学习课的课时数				70	70	70	70
特别活动的课时数		34	35	35	35	35	35
总课时数		850	910	945	980	980	980

备注：

一、本表中的课时数每单位时间为45分钟。

二、特别活动的课时数，可由根据小学学习指导要领规定的班级活动（除学校供给饮食相关活动外）的课时数充当。

三、各学年中，各教学科目、道德、外国语活动、综合学习课及特别活动的课时数，为开办根据文部科学大臣另外规定的义务教育学校、初级中学连携型小学、小学连携型初级中学、初级中学并设型小学及小学并设型初级中学的教育课程，可由特别需要的教学科目等（附表二之三中“小中一贯教学科目”）的课时数充当。

附表二之三 第七十四条之三、第七十九条之五第二项、第七十九条之十二相关

区分		第七学年	第八学年	第九学年
各教学科目的课时数	国语	140	140	105
	社会	105	105	140
	数学	140	105	140
	理科	105	140	140
	音乐	45	35	35
	美术	45	35	35
	保健体育	105	105	105
	技术·家庭	70	70	35
	外国语	140	140	140

续表

区分	第七学年	第八学年	第九学年
道德的课时数	35	35	35
综合学习课的课时数	50	70	70
特别活动的课时数	35	35	35
总课时数	1015	1015	1015

备注：

一、本表中的课时数每单位时间为 50 分钟。

二、特别活动的课时数可由根据初级中学指导要领规定的班级活动（学校供给饮食相关活动除外）的课时数充当。

三、各学年中，各教学科目、道德、综合学习课及特别活动的课时数，可根据文部科学大臣另外规定，充当为小中一贯教学科目的课时数。

附表三　第八十三条、第一百零八条、第一百二十八条相关

各教学科目		各教学科目所属科目
（一）各学科共通的教学科目	国语	国语综合、国语表现、现代文 A、现代文 B、古典 A、古典 B
	地理历史	世界史 A、世界史 B、日本史 A、日本史 B、地理 A、地理 B
	公民	现代社会、伦理、政治・经济
	数学	数学 I、数学 Ⅱ、数学 Ⅲ、数学 A、数学 B、数学活用
	理科	科学与人类生活、物理基础、物理、化学基础、化学、生物基础、生物、地学基础、地学、理科课题研究
	保健体育	体育、保健
	艺术	音乐 I、音乐 Ⅱ、音乐 Ⅲ、美术 I、美术 Ⅱ、美术 Ⅲ、工艺 I、工艺 Ⅱ、工艺 Ⅲ、书道 I、书道 Ⅱ、书道 Ⅲ
	外国语	沟通交流英语基础、沟通交流英语 I、沟通交流英语 Ⅱ、沟通交流英语 Ⅲ、英语表达 I、英语表达 Ⅱ、英语对话
	家庭	家庭基础、家庭综合、生活设计
	信息	社会与信息、信息科学
（二）主要专业学科中开设的各教学科目	农业	农业和环境、课题研究、综合实习、农业信息处理、作物、蔬菜、果树、花草、牲畜、农业经营、农业机械、食品制造、食品化学、微生物利用、植物生物、动物生物、农业经济、食品流通、森林科学、森林经营、林产物利用、农业土木设计、农业土木施工、水循环、造园计划、造园技术、环境绿化材料、测量、生物活用、绿色生活
	工业	工业技术基础、课题研究、实习、制图、工业数理基础、信息技术基础、材料技术基础、生产系统技术、工业技术英语、工业管理技术、环境工学基础、机械工作、机械设计、原动机、电子机械、电子机械应用、汽车工学、汽车整备、电气基础、电气机器、电力技术、电子技术、电子回路、电子计测控制、函授技术、电子信息技术、编程技术、硬件技术、软件技术、电脑系统技术、建筑构造、建筑计划、建筑构造设计、建筑施工、建筑法规、设备计划、

续表

各教学科目		各教学科目所属科目
（二）主要专业学科中开设的各教学科目	工业	空气调和设备、卫生·防灾设备、测量、土木基础力学、土木构造设计、土木施工、社会基盘工学、工业化学、化学工学、地球环境化学、材料制造技术、工业材料、材料加工、陶瓷化学、陶瓷技术、陶瓷工业、纤维制品、纤维·染色技术、染织设计、室内装饰计划、室内装饰装备、室内装饰要素生产、设计技术、设计材料、设计史
	商业	商务基础、课题研究、综合实践、商务实务、市场营销、商品开发、广告及促销、商务经济、商务经济应用、经济活动及法律、簿记、财务会计Ⅰ、财务会计Ⅱ、原价计算、管理会计、信息处理、商务信息、电子商务、编程、商务信息管理
	水产	水产海洋基础、课题研究、综合实习、海洋信息技术、水产海洋科学、渔业、航海·计器、船舶运用、船用机关、机械设计工作、电器理论、移动通信工学、海洋函授技术、资源增殖、海洋生物、海洋环境、小型船舶、食品制造、海洋通信技术、水产流通、潜水、海上运动
	家庭	生活产业基础、课题研究、生活产业信息、消费生活、儿童培养及保育、儿童文化、生活及福祉、客厅设计、服饰文化、时尚造型基础、时尚造型、时尚设计、服饰手工、食物设计、食文化、调理、营养、食品、食品卫生、公共卫生
	看护	基础看护、人体与看护、疾病与看护、生活与看护、成人看护、老年看护、精神看护、居家看护、母性看护、小儿看护、看护综合和实践、看护临地实习、看护信息活用
	信息	信息产业与社会、课题研究、信息表达与管理、信息与问题解决、信息技术、算法与程序、网络系统、数据库、信息系统实习、信息媒体、信息设计、媒体编集与表达、信息内容实习
	福祉	社会福祉基础、看护福祉基础、沟通交流技术、生活支援技术、看护过程、看护综合演习、看护实习、身心理解、福祉信息活用
	理数	理数数学Ⅰ、理数数学Ⅱ、理数数学特论、理数物理、理数化学、理数生物、理数地学、课题研究
	体育	体育概论、体育Ⅰ、体育Ⅱ、体育Ⅲ、体育Ⅳ、体育Ⅴ、体育Ⅵ、体育综合演习
	音乐	音乐理论、音乐史、演奏研究、声乐练习法、声乐、乐器、作曲、鉴赏研究
	美术	美术概论、美术史、素描、构成、绘画、版画、雕刻、图像化设计、手工艺品设计、信息媒体设计、映像表达、环境造型、鉴赏研究
	英语	综合英语、英语理解、英语表达、异文化理解、时事英语

备注：

一、（一）及（二）的表上栏所列各教学科目，可分别设计为该表下栏所列各教学科目所属科目以外的科目。

二、可开设（一）及（二）的表上栏所列的各教学科目以外的教学科目及与该教学科目相关的科目。

附表四　第七十六条、第一百零七条、第一百一十七条相关

区分		第一学年	第二学年	第三学年
各教学科目的课时数	国语	140	140	105
	社会	105	105	140
	数学	140	105	140
	理科	105	140	140
	音乐	45	35	35
	美术	45	35	35
	保健体育	105	105	105
	技术 · 家庭	70	70	35
	外国语	140	140	140
道德的课时数		35	35	35
综合学习课的课时数		50	70	70
特别活动的课时数		35	35	35
总课时数		1015	1015	1015

备注：

一、本表中的课时数每单位时间为 50 分钟。

二、特别活动的课时数可由根据初级中学指导要领规定的班级活动（学校供给饮食相关活动除外）的课时数充当。

三、各学年中，各教学科目的课时数可由根据文部科学大臣另外制定的初级中学学习指导要领规定的选修教学科目课时数充当，以 70 课时为限。但各学年中，从各教学科目课时数中减少的课时数，应以每教学科目 35 课时为限。

附表五　第一百二十八条相关

各教学科目		各教学科目所属科目
（一）视力障碍学生的教育，以特别支援学校为主导，并在专门学科中开设各教学科目	保健理疗	医疗与社会、人体构造与机能、疾病成因与预防、生活与疾病、基础保健理疗、临床保健理疗、地域保健理疗与保健理疗经营、保健理疗基础实习、保健理疗临床实习、保健理疗信息活用、课题研究
	理疗	医疗与社会、人体构造与机能、疾病成因与预防、生活与疾病、基础理疗学、临床理疗学、地域理疗与理疗经营、理疗基础实习、理疗临床实习、理疗信息活用、课题研究
	理学疗法	人体构造与机能、疾病与残疾、保健 · 医疗 · 福祉与复原、基础理学疗法学、理学疗法评价学、理学疗法治疗学、地域理学疗法学、临床实习、理学疗法信息活用、课题研究

续表

各教学科目		各教学科目所属科目
（二）听力障碍学生的教育，以特别支援学校为主导，并辅助以在专门学科中开设的各教学科目	印刷	印刷概论、写真制版、印刷机械·材料、印刷设计、写真化学·光学、文件处理·管理、印刷信息技术基础、画像技术、印刷综合实习、课题研究
	美发·美容	美发·美容相关法规、卫生管理、美发·美容保健、美发·美容的物理·化学、美发·美容文化论、美发·美容技术理论、美发·美容运营管理、美发·美容实习、美发·美容信息活用、课题研究
	清理	清理相关法规、公众卫生、清理理论、纤维、清理机器·装置、清理实习、课题研究
	牙科技工	牙科技工相关法规、牙科技工学概论、牙科理工学、牙的解剖学、腭口腔机能学、有床假牙技工学、牙冠修复技工学、矫正牙齿科技工学、小儿牙科技工学、牙科技工实习、牙科技工信息活用、课题研究

备注：

一、（一）及（二）表上栏所列各教学科目，可分别开办表下栏所列的各教学科目所属科目以外的科目。

二、可开设（一）及（二）表上栏所列的各教学科目以外的教学科目及与该教学科目相关的科目。

关于公立义务教育诸学校的班级编制和教职员定员标准的法律

昭和三十三年（1958 年）五月一日法律第一百一十六号公布
公布以来共修改 39 次；最近修改：平成二十九年（2017 年）五月十七日法律第二十九号

（本法的目的）

第一条　本法的目的是为谋求公立义务教育诸学校班级规模和教职员定额配置的适当化，规定关于班级编制和教职员定额的标准，以促进义务教育水平的提高。

（定义）

第二条　1. 本法所称“义务教育诸学校”是指学校教育法规定的小学、初级中学、义务教育学校、中等教育学校前期课程或者特别支援学校的小学部或初级中学部。

2. 本法所称“特别支援学校”是指学校教育法规定的特别支援学校开设的小学部或初级中学部。

3. 本法所称“教职员”是指校长、副校长及教头、主管教谕、指导教谕、教谕、养护教谕、营养教谕、助教谕、养护助教谕、讲师、宿舍管理员、学校营养职员及事务职员（仅限于专职者。第十七条除外，下同）。

（班级编制的标准）

第三条　1. 公立义务教育诸学校的班级由同一学年的儿童或学生编制而成。但是，若义务教育诸学校的儿童或学生人数极少或有其他特殊情况时，可根据政令规定将几个学年的儿童或学生编制到一个班。

2. 各都道府县中，都道府县或市町村设置的小学或初级中学的一个班儿童或学生人数的基准，以下表左栏所列学校的种类、中栏所列班级编制分类对应的右栏所列人数为标准，由都道府县教育委员会规定。但都道府县教育委员会可根据当地儿童或学生的实际情况，在必要时以该情况下一个班的儿童或学生数量为基准，设定人数低于本项规定人数的班额。

学校的种类	班级编制分类	各班级儿童或学生数
小学（含义务教育学校前期课程）	同学年的儿童编成的班级	40 人（小学一年级班级编制则为 35 人）
	两个学年的儿童编成的班级	16 人（包含小学一年级儿童的班级为 8 人）

续表

学校的种类	班级编制分类	各班级儿童或学生数
小学（含义务教育学校前期课程）	学校教育法第八十一条第二项和第三项规定的特殊班级（在本表及第七条第一项第五号中简称为“特别支援班级”）	8 人
初级中学（含义务教育学校后期课程及中等教育学校前期课程）	同学年的学生编成的班级	40 人
	两个学年的学生编成的班级	8 人
	特别支援班级	8 人

3. 各都道府县中，都道府县或市町村开设的特别支援学校的小学部或初级中学部的一个班级的儿童或学生数量的基准为 6 人（根据文部科学大臣的规定，有两种以上身心障碍的儿童或学生编制的班级为 3 人），由都道府县教育委员会规定。但是都道府县教育委员会可根据当地儿童或学生的实际情况，在必要时以该情况下一个班的儿童或学生的数量为基准，设置低于本项中规定的数量。

（班级编制）

第四条　1. 都道府县或市町村设置的义务教育诸学校的班级编制，根据前条第二项或第三项的规定，按照都道府县教育委员会制定的标准，由设立该校的地方公共团体的教育委员会根据该校儿童或学生的实际情况施行。

2. 关于指定城市设置的义务教育诸学校的班级编制，小学或初级中学以前条第二项表格左栏所列学校的种类、中栏所列班级编制分类对应的右栏所列人数为标准；特别支援学校的小学部或初级中学部以每班 6 人（根据文部科学大臣的规定，有两种以上身心障碍的儿童或学生编制的班级为 3 人）为标准，各指定城市的教育委员会可根据该校儿童或学生的实际情况施行。

（班级编制情况向都道府县教育委员会报备）

第五条　市町村教育委员会每学年对该市町村开设的义务教育诸学校依据前条第一项进行班级编制时，必须立即向都道府县教育委员会报备。备案后的班级编制发生变更时，亦同样处理。

（都道府县小学、初级中学等教职员编制等的标准）

第六条　1. 各都道府县、市町村及各指定城市所开办的小学、初级中学、义务教育学校及中等教育学校前期课程应配置职员的总数，以次条、第七条第一项和第二项及第八条至第九条规定人数的合计数为标准。此时，各都道府县及各指定城市规定的指定城市小学、初级中学教职员定员必须分别以各条规定人数为标准，确定不同类别职务的教职员的总数。

2. 对都道府县小学、初级中学等教职员定员进行测算时，第七条第一项第一号至第三号及第三项、第八条第一号及第九条第一号至第三号规定的班级数，由都道府县教育委员会根据第三条第二项规定的标准予以确定。

第六条之二　校长人数应为小学、初级中学、义务教育学校及中等教育学校前期课程的合计数量乘 1 所得数。

第七条　1. 副校长、教头、主管教谕（负责养护或营养指导及管理的主管教谕除外）、指导教谕、教谕、助教谕及讲师（以下称“教头及教谕等”）的人数，为下列规定推算数的合计数。

一、下表左栏所列的每一学校的种类和中栏所列每一学校规模的学校的班级总数与该学校规模对应的右栏所列的数相乘的得数（出现未满 1 时进为 1，下同）的合计数。

学校的种类	学校规模	乘数
小学（含义务教育学校前期课程）	1 个班和 2 个班的学校	1.000
	3 个班和 4 个班的学校	1.250
	5 个班的学校	1.200
	6 个班的学校	1.292
	7 个班的学校	1.264
	8 个班和 9 个班的学校	1.249
	10 个班和 11 个班的学校	1.234
	12—15 个班的学校	1.210
	16—18 个班的学校	1.200
	19—21 个班的学校	1.170
	22—24 个班的学校	1.165
	25—27 个班的学校	1.155
	28—30 个班的学校	1.150
	31—33 个班的学校	1.140
	34—36 个班的学校	1.137
	37—39 个班的学校	1.133
	40 个及超过 40 个班的学校	1.130
初级中学（含义务教育学校后期课程及中等教育学校前期课程）	1 个班的学校	4.000
	2 个班的学校	3.000
	3 个班的学校	2.667

续表

学校的种类	学校规模	乘数
初级中学（含义务教育学校后期课程及中等教育学校前期课程）	4个班的学校	2.000
	5个班的学校	1.660
	6个班的学校	1.750
	7个班和8个班的学校	1.725
	9—11个班的学校	1.720
	12—14个班的学校	1.570
	15—17个班的学校	1.560
	18—20个班的学校	1.557
	21—23个班的学校	1.550
	24—26个班的学校	1.520
	27—32个班的学校	1.517
	33—35个班的学校	1.515
	36个及超过36个班的学校	1.483

二、27个班以上的小学的学校数、24个班以上的初级中学的学校数以及义务教育学校的学校数合计数乘1所得数。

三、30个班以上小学的学校数乘1/2所得数、18—29个班的初级中学的学校数乘1所得数以及30个班以上的初级中学的学校数乘3/2所得数的合计数。

四、下表左栏所列的儿童或学生数的每一分类的小学或初级中学的学校数与该分类对应的右栏所列数据相乘所得数的合计数。

儿童或学生数	乘数
200—299人	0.25
300—599人	0.50
600—799人	0.75
800—1199人	1.00
1200人及以上	1.25

五、小学或初级中学中，依据政令规定需要视其身心障碍情况进行特别指导的儿童或学生（特别支援班级的儿童或学生除外）人数分别乘1/13所得数的合计数。

六、小学或初级中学中，依据政令规定需要视其理解、使用日语能力进行特别指导的儿童或学生人数分别乘 1/18 所得数的合计数。

七、小学或初级中学的教谕、助教谕及讲师中，根据教育公务员特例法第二十三条第一项规定的初任者进修的人数分别乘 1/6 所得数的合计数。

八、小学分校的学校数、初级中学分校的学校数及义务教育学校的分校数量为总数乘 1 所得数。

九、下表左栏所列的寄宿儿童或学生数的每一分类的寄宿制小学、初级中学、义务教育学校及中等教育学校前期课程数与该分类对应的同表右栏所列数据相乘所得数的合计数。

寄宿儿童或学生数	乘数
40 人及以下	1
41—80 人	2
81—120 人	3
121 人及以上	4

2. 小学、初级中学、义务教育学校或中等教育学校前期课程中，为促进儿童或学生的身心发展对其进行个性化教育，需要教头及教谕等多名教师进行共同指导时，或需要对以少数儿童或学生组成的集体为单位进行指导时，或教育课程的构成中开设了多种教学科目以及与专门知识或技能相关的教学科目等需要进行专业指导时，根据前项规定的推算数加政令规定的数量所得数即为教头和教谕人数。此时，针对该政令规定的人数，必须采纳该校校长及设立该校的地方公共团体的教育委员会的意见，为该校儿童或学生实施必要且充分的与其身心发展相适应的个性化教育。

3. 根据前项规定所推算出的人数中，副校长及教头数为 27 个班以上的小学学校数和 24 个班以上的初级中学学校数的合计数乘 2 所得数，9—26 个班的小学学校数、6—23 个班的初级中学学校数及义务教育学校的学校数合计数乘 1 所得数，以及 6—8 个班的小学学校数乘 3/4 的得数及 3—5 个班的初级中学学校数乘 1/2 的得数的合计数（以下在本项中称“小初级中学等教头等标准定员”），主管教谕、指导教谕、教谕、助教谕和讲师数为从小初级中学等教头和教谕等标准定员中减去小初级中学等教头等标准定员数所得数。

第八条　负责养护的主管教谕、养护教谕及养护助教谕（以下称“养护教谕等”）的人数，为根据下列规定推算得数的合计数。

一、3 个班以上的小学、初级中学及中等教育学校前期课程的学校数的合计数乘 1 的得数。

二、儿童数为 851 人以上的小学学校数与学生数为 801 人以上的初级中学学校数的合计数乘 1 的得数。

三、根据未设医疗机关的市町村的数量以及根据政令规定推算的得数。

第八条之二 负责营养指导及管理的主管教谕、营养教谕及学校营养职员（以下称“营养教谕等”）的人数为根据以下规定推算得数的合计数。

一、实施饮食供给的小学、初级中学或中等教育学校前期课程等学校中，拥有专为该校实施饮食供给设置必要设施（以下在本号中称“单独实施校”）且在校儿童或学生人数为 550 人以上的学校（在次号中称“550 人以上单独实施校”）数的合计数乘 1 的得数，以及单独实施校中儿童或学生数在 549 人以下的学校（以下在本号和次号中称“549 人以下单独实施校”）数的合计数减去市町村设置的相当于同号的 549 人以下单独实施校数的合计数乘 1/4 的得数的合计数。

二、550 人以上单独实施校或设置共同烹调场的市町村以外的市町村设立的 549 人以下的单独实施校数的合计数为 1 以上 3 以下的市町村数乘 1 的得数。

三、下表左栏所列共同烹调场相关的小学、初级中学、义务教育学校及中等教育学校前期课程的儿童及学生数的每个类别的共同烹调场数量乘对应该类别的同表右栏所列乘数的得数的合计数。

共同烹调场相关的小学、初级中学、义务教育学校及中等教育学校前期课程的儿童及学生数	乘数
1500 人及以下	1
1501—6000 人	2
6001 人及以上	3

第九条 事务职员数为根据以下规定推算得数的合计数。

一、4 个班以上的小学、初级中学及中等教育学校前期课程等学校数的合计数乘 1 的得数。

二、3 个班的小学、初级中学及中等教育学校前期课程等学校数的合计数乘 3/4 的得数。

三、27 个班以上的小学的学校数乘 1 的得数和 21 个班以上的初级中学的学校数乘 1 的得数的合计数。

四、国家援助就学困难儿童和学生的助学奖励的法律第二条规定的监护人及认定与此相当的生活贫困的儿童或学生人数极多的小学、初级中学或中等教育学校前期课程由政令规定的学校数的合计数乘 1 的得数。

（都道府县特别支援学校教职员定员等标准）

第十条 1. 各都道府县及市町村开办的特别支援学校小学部和初级中学部应配备的教职员的总数（以下称“都道府县特别支援学校教职员定员”）及各指定城市开办的特别支援学校的小学部和初级中学部应配备的教职员的总数（以下

称“指定城市特别支援学校教职员定员”）分别为以次条、第十一条第一项及第十二条至第十四条规定的合计总数为标准。

2. 都道府县特别支援学校教职员定员由第十一条第一项第一号、第二号、第四号及第二项规定的班级数、第三条第三项规定的都道府县教育委员会指定标准推算。

第十条之二　校长人数应为特别支援学校的校数乘 1 所得数。

第十一条　1. 教头及教谕等的人数为根据以下规定推算得数的合计数。

一、下表左栏所列学校的类别、中栏所列班级规模的班级总数与对应右栏所列乘数相乘得数的合计数。

学校的类别	班级规模	乘数
小学	1 个班	2.000
	2 个班	1.500
	3 个班	1.583
	4 个班	1.500
	5 个班	1.400
	6 个班	1.292
	7 个班	1.264
	8 或 9 个班	1.249
	10 或 11 个班	1.234
	12—15 个班	1.210
	16—18 个班	1.200
	19—21 个班	1.170
	22—24 个班	1.165
	25—27 个班	1.155
	28—30 个班	1.150
	31—33 个班	1.140
	34—36 个班	1.137
	37—39 个班	1.133
	40 个或超过 40 个班	1.130
初级中学	1 个班	4.000
	2 个班	3.000

续表

学校的类别	班级规模	乘数
初级中学	3 个班	2.666
	4 个班	2.000
	5 个班	1.666
	6 个班	1.750
	7—8 个班	1.725
	9—11 个班	1.720
	12—14 个班	1.570
	15—17 个班	1.557
	18—20 个班	1.550
	21—23 个班	1.520
	24—26 个班	1.520
	27—32 个班	1.517
	33—35 个班	1.515
	36 个或超过 36 个班	1.483

二、小学及初级中学部的班级数在 27 个以上的特别支援学校的学校数乘 2 所得数与初级中学部的班级数在 18 个以上的特别支援学校的学校数乘 1 所得数的合计数。

三、小学及初级中学部的儿童及学生人数在 101—150 人的特别支援学校的学校数乘 1 所得数、小学及初级中学部的儿童及学生人数在 151—200 人的特别支援学校的学校数乘 2 所得数以及小学和中初级学部的儿童和学生数在 201 人以上的特别支援学校的学校数乘 3 所得数的合计数。

四、下表左栏所列特别支援学校的每一类别学校（未设置小学和初级中学部的除外）的学校数乘其所对应的右栏所列乘数的合计数和从每一小学部与初级中学部班级数为 7 个以上的特别支援学校的小学部与初级中学部班级数减 6 的得数乘 1/4（教育肢体不自由的儿童或学生的养护学校为 1/3）的得数的合计数相加的总数。

特别支援学校区分	乘数
视力障碍者特别支援学校	4
听力障碍者特别支援学校	4
智力障碍者特别支援学校	5
身体残疾者特别支援学校	7
病弱者（含身体虚弱者）特别支援学校	5

五、小学及初级中学部中根据政令规定对日语的理解和使用能力需要进行特别指导的儿童和学生人数乘 1/18 所得之数。

六、小学及初级中学部的教谕、助教谕及讲师中接受新入职进修的人数乘 1/6 所得之数。

七、特别支援学校的分校数量乘 1 所得之数。

八、下表左栏所列寄宿制小学及初级中学部的儿童及学生数的每一区分设置宿舍的特别支援教育诸学校数乘右栏所列数的乘数的合计数。

寄宿制小学及初级中学部的儿童及学生数	乘数
80 人及以下	2
81—200 人	3
201 人及以上	4

2. 根据前项规定推算的得数（以下本项中称“特别支援学校校长教谕等标准定员”）中，副校长及教头人数为小学和初级中学部班级数为 6—26 个的特别支援学校数乘 1 的得数与小学和初级中学部班级数为 27 个以上的特别支援学校数乘 2 的得数之和（以下本项中称“特别支援学校教头等标准定员”），主管教谕、指导教谕、教谕、助教谕和讲师人数为特别支援学校教头、教谕等标准定员减去特别支援学校教头等标准定员的所得数。

第十二条　养护教谕等的人数为特别支援学校数乘 1（小学及初级中学部儿童和学生数为 61 人以上的特别支援学校则乘 2）的得数。

第十三条　宿舍管理员人数为每一设置宿舍的特别支援教育诸学校根据下列规定推算得数的合计数（未满 12 时为 12）的总和数。

一、在小学和初级中学部寄宿的儿童与学生（肢体不自由的儿童与学生除外）数的合计数乘 1/5 的得数。

二、在小学和初级中学部寄宿的儿童与学生中身体不自由者的合计数乘 1/3 的得数。

第十三条之二　学校营养职员的人数为实施学校供给饮食的特别支援学校数

乘 1 的得数。

第十四条 事务职员的人数为特别支援学校小学与初级中学部的合计数乘 1 的得数。

（教职员定员推算的特例）

第十五条 根据第七条至第九条以及第十一条至第十四条的规定推算教头和教谕、养护教谕、营养教谕、宿舍管理员及事务人员等的人数时，若出现下列情况，应在上述规定推算数的基础上，分别加上政令规定的数值。同时，该政令确定人数时，应听取公办义务教育诸学校校长及设立该校的地方公共团体的教育委员会的意见，采取必要且充分的措施加以应对。

一、鉴于小学、初级中学、义务教育学校或中等教育学校前期课程所在地区的社会条件，依据政令规定，需要在教育上予以特别照顾的情况。

二、根据政令规定，需要在教育上对小学、初级中学、义务教育学校或中等教育学校前期课程的儿童或学生进行特别指导的情况。

三、政令规定的从健全指导体制角度出发，需要针对身心存在障碍的儿童或学生加以特别照顾的情况。

四、在设有主管教谕的小学、初级中学、义务教育学校或中等教育学校前期课程中，根据政令规定，为了健全运营体制，需要特别考虑的情况。

五、根据政令规定，由两所以上的小学、初级中学、义务教育学校或中等教育学校前期课程设立共同学校事务室，共同处理学校事务，在该类学校开展其他的多样教育等，为顺利实施上述内容，需要在事务处理上予以特别照顾的情况。

六、该校教职员根据教育公务员特例法第二十二条第三项的规定接受长期研究，或在该校进行有关教育指导评价的特别研究等政令规定的特别情况。

（关于分校等的适用情况）

第十六条 1. 关于第七条至第九条及第十一条至前条的规定的适用，将本校和分校视为一所学校。

2. 由于义务教育诸学校的合并所需要的校舍建筑未完成，仍在合并前的校舍授课之时，在合并所需的校舍建成前，关于第七条至第九条及第十一条至前条规定的适用，将合并前的学校视为一所学校。

3. 关于第八条第一号及第九条第一号规定的适用，同一开办者开办的小学和初级中学（含中等教育学校前期课程，以下本项同）在同一用地办学或用地在政令规定的距离范围之内的时候，将该小学及初级中学视为一所学校。

（短期工作职位者人数与教职员定员人数的换算方法）

第十七条 1. 根据第六条之二至第九条或第十条之二至第十四条的规定推算教职员人数时，根据政令规定，公立义务教育诸学校（包含共同烹调场）中设校长、副校长、教头、主管教谕、指导教谕、教谕、养护教谕、营养教谕、助教谕、养护助教谕、讲师、宿舍管理员、学校营养职员或事务职员等时，可参考地方公务员法第二十八条之五第一项的规定换算为短期劳务者的人数。

2. 根据第七条或第十一条规定推算的教头及教谕等人数，根据政令规定，可换算为公立义务教育诸学校中设非全职讲师的人数。

（不包括在教职员定员中的人数）

第十八条　根据第六条第一项及第十条第一项规定的都道府县小初级中学等教职员定员、指定城市小初级中学等教职员定员、都道府县特别支援学校教职员定员及指定都市特别支援学校教职员定员，不包括以下所列人员。

一、休职在家者。

二、教育公务员特例法第二十六条第一项规定的同项规定研究生休学者。

三、地方公务员法第二十六条之五第一项规定的同项规定自主开发休业者。

四、地方公务员法第二十六条之六第七项规定的按任期录用者及临时工。

五、关于女性教职员产假期间确保代课教育职员的法律第三条第一项（包括同条第三项中适用的场合）规定的临时任用者。

六、关于地方公务员的育儿休业等的法律第六条第一项规定的按任期录用者、临时任用者。

（报告及指导或建议）

第十九条　文部科学大臣认为有必要时，可从谋求公立义务教育诸学校班级规模和教职员配备的适当化角度出发，要求都道府县或指定城市就班级编制的基准或义务教育诸学校配备教职员总数提出报告，并事先告知总务大臣，进行指导或提出建议。

（对政令的委托）

第二十条　除本法规定者外，关于本法的实施程序及其他执行的必要事项，由政令规定。

附　　则

（施行日期）

本法自公布之日起施行。

关于公立义务教育诸学校的班级编制和教职员定员标准的法律施行令

昭和三十三年（1958 年）六月三十日政令第二百零二号公布

公布以来共修改 74 次；最近修改：平成二十九年（2017 年）三月三十一日政令第一百二十八号

内阁根据关于公立义务教育诸学校的班级编制和教职员定员标准的法律第三条第二项但书、第四条、第七条第一项第三号、第十二条等的规定，制定本政令。

（几个学年的儿童或学生编为一个班时的标准）

第一条 根据关于公立义务教育诸学校的班级编制和教职员定员标准的法律（以下称“法”）第三条第一项但书规定，复式班级的编制，按照下表左栏所列儿童或学生数的区分分别对应同表右栏所列儿童或学生数。

儿童或学生数	各班级儿童或学生数
小学（含义务教育学校前期课程，以下本条同）第一学年儿童数与该学年相邻学年班级儿童数相加不到 8 人的情况	同左儿童数
小学相邻的两个学年（含第一学年的除外）的儿童人数相加不到 16 人的情况	同左儿童数
初级中学（含义务教育学校后期课程及中等教育学校前期课程，以下本条同）相邻两个学年的学生数相加不到 8 人的情况	同左学生数
小学或初级中学特别支援班级中两个以上学年的儿童或学生数相加不到 8 人的情况	同左儿童或学生数
特别支援学校小学或初级中学部的多重残疾班级中两个以上学年的儿童或学生数相加不到 3 人的情况	同左儿童或学生数

（法第七条第一项第五号及第六号由政令规定的特别指导）

第二条 1. 根据该法第七条第一项第五号由政令所规定的特别指导，是指为了克服因残疾而导致的学习或生活困难而进行的特殊指导，由文部科学大臣规定的作为课程的一部分，需要向小学或初级中学的儿童或学生提供的指导。

2. 法第七条第一项第六号由政令所规定的特别指导，是指为克服因不通日语导致的学习或生活上的困难，根据其日语理解与使用的能力而实施的特别指导，由文部科学大臣规定的作为课程的一部分，需要向小学或初级中学的儿童或学生提供的指导。

（需要教头及教谕多人合作指导时的人数计算）

第三条　法第七条第二项规定的数量是指由都道府县或地方自治法的教育委员会对小学、初级中学、义务教育学校或中等教育学校前期课程中实施的由多位教头及教谕等进行合作指导的课时数及儿童或学生人数，小学、初级中学、义务教育学校或中等教育学校前期课程中由少数儿童或学生组成的以团体为单位学习的课时数及其人数，初级中学、义务教育学校后期课程或中等教育学校前期课程开设的选修课的课时数及该选修课的上课学生人数，小学或义务教育学校前期课程中的专门知识和技能的专门指导课时数和儿童人数及考虑其他事项应设置的教头及教谕的学校数。上述数量由文部科学大臣规定。

（养护教谕等的人数推算）

第四条　1. 根据法第八条第三号的规定推算的数量，为根据以下规定推算的数的合计数。

一、未设医疗机构的市町村中班级数量不到两个的小学、初级中学或中等教育学校前期课程的学校数乘 1 的得数。

二、未设医疗机构的孤岛地区内班级数量不到两个的小学、初级中学或中等教育学校前期课程的学校数乘 1 的得数。

2. 都道府县或市町村设立的小学、初级中学或中等教育学校前期课程相关的前项各号规定的班级数，根据法第三条第二项的规定，由都道府县教育委员会制定的标准计算。

3. 指定城市设立的小学、初级中学或中等教育学校前期课程关于第一项各号规定的班级数，根据法第四条第二项的规定，由指定城市的教育委员会编制班级数。

（事务职员人数的推算）

第五条　1. 法第九条第四号由政令规定的人员，为市町村教育委员会根据学校教育法第十六条规定的监护人中，适用生活保护法第六条第二项规定的应予以保护的生活穷困者。

2. 法第九条第四号由政令规定的小学、初级中学或中等教育学校前期课程，为同号规定的儿童或学生人数在 100 人以上的小学、初级中学或中等教育学校前期课程中穷困儿童或学生占学生总数 25%以上的学校。

（法第十一条第一项第五号政令规定的特别指导）

第六条　法第十一条第一项第五号由政令所规定的特别指导，是指对被认为是为了克服由于不懂日语而导致的学习或生活上的困难，根据理解和使用的能力进行的特别指导，由文部科学大臣规定的作为课程的一部分，需要向特别支援学校的小学部或初级中学部的儿童或学生提供的指导。

（关于教职员定员推算的特例）

第七条 1. 法第十五条第一号由政令规定的特别情况为以下各号所列情况，依照同条规定增加教职员人数时，根据法第七条的规定，需要考虑合并前的各学校计算的教职人员数的合计数与按照同项规定合并后的学校的教职人员数的合计数的差异，将文部科学大臣认定的数量加上根据同条规定计算的得数。

一、根据地方自治法第七条第一项或第三项的规定，于平成十七年三月三十一日之前申请，并于平成十八年三月三十一日之前实施的市町村合并，且基于旧合并特例法第五条第一项的规定，制订合并町村建设计划时，因合并需要在教育上特别照顾的小学、初级中学或中等教育学校前期课程，自合并之日起不超过5年。

二、根据地方自治法第七条第一项或第三项的规定，于平成十七年四月一日之后申请，并于平成三十二年三月三十一日之前实施的市町村合并，且基于市町村合并特例法第六条第一项的规定，制订合并市町村建设计划时，因合并需要在教育上特别照顾的小学、初级中学或中等教育学校前期课程，自合并之日起不超过5年。

2. 法第十五条第二号政令规定的特别指导，为下列各号所列指导，根据同条规定增加教职员人数时，应将下列各号所列数与对应法规推定数相加。

一、在小学、初级中学、义务教育学校或中等教育学校前期课程中，针对在学习指导、学生指导或未来出路指导上有特别需要关照的儿童或学生，由文部科学大臣根据需要实施特别指导的学校数量等因素决定。参见法第七条。

二、在小学、初级中学、义务教育学校或中等教育学校前期课程中，针对有身心健康障碍的儿童或学生，需要对其康复进行特别指导。由文部科学大臣根据需要进行该指导的学校数量等因素决定。参见法第八条。

三、在小学、初级中学、义务教育学校或中等教育学校前期课程中，针对明显肥胖的儿童或学生及其他饮食方面需要特别关照的儿童或学生，为改善其饮食生活，应进行特别指导。由文部科学大臣根据需要进行该指导的学校数量等因素决定。参见法第八条之二。

3. 法第十五条第一号的政令规定的特别情况为以下各号所列有整备需要的情况。根据同条的规定，在增加教职员人数的场合，应分别将该号所列数与对应法规推定数相加。

一、在小学、初级中学、义务教育学校或中等教育学校前期课程中，该学校为应对身心障碍进行的特别指导为必要时，应调查该儿童或学生的障碍种类及该校所在地区的地理条件，为保障该校能够进行合适指导，认定有必要对该学校的人事体制进行调整时，由文部科学大臣根据该类学校数量等因素决定。参见法第七条。

二、针对特别支援学校小学部或初级中学部，根据学校教育法第七十四条的规定，对该学校的规模、教职员的配置情况及其他组织运营状况进行调查，为保障该校能够履行同条的职责与义务，认定有必要对该学校的人事体制进行调整时，由文部科学大臣根据该类学校数量等因素决定。参见法第十一条。

4. 法第十五条第四号的政令所规定的情况，为设置了主管教谕的小学、初级中学、义务教育学校或中等教育学校前期课程等学校中，考虑到该主管教谕的工作内容以及该学校的规模、教职员的配置情况和其他的组织及运营状况，为保障该校高效运营，充分履行主管教谕在其校务整理方面的职责，在认定有必要对该学校的人事体制进行调整时，文部科学大臣根据做出相关调整的学校数量等因素，参考法第七条的规定算出。

5. 法第十五条第五号政令规定的情况，小学、初级中学、义务教育学校或中等教育学校等前期课程等学校中，针对包括该学校在内的多所义务教育诸学校，为促进多样人才的活用、促进信息化等，需要实施更加多样的教育。因此，该学校成为事务处理的据点，根据该条规定，在需要增加教职员工数的场合，其数量以同号规定的设置有共同学校事务室的学校及该据点的学校数量为依据，由文部科学大臣考虑决定，并将其与法第九条规定的数值相加。

6. 法第十五条第六号政令规定的特殊情况，具体是指该学校的教职员接受训练，该学校（含共同烹调场）中按文部科学大臣规定的有关教育指导改善或事务处理效率的特别的研究，或该学校的教职员接受教育公务员特例法第二十条第一项规定的指导、改善、训练等事项。按法第十五条的规定，在需增加教职员工数量的情况下，考虑该类学校（含共同烹调场）数量，由文部科学大臣规定，并将其数值与法第七条至第九条或第十一条规定的数值相加。

（并设校的规模等）

第八条　1. 法第十六条第三项的政令规定的小学和初级中学，适用于法第八条第一号规定的场合为 3 个班的小学及 3 个班的初级中学；适用于法第九条第一号规定的场合为 4—6 个班的小学和 4—5 个班的初级中学。

2. 都道府县或市（除指定城市）町村所设立的小学及初级中学关于前项规定的班级数量，根据法第三条第二项的规定，根据都道府县教育委员会所制定的基准来计算。

3. 指定城市设立的小学和初级中学关于第一项规定的班级数量，是根据法第四条第二项的规定，由指定城市教育委员会编制的班级的数量。

4. 法第十六条第三项的政令规定的距离为 500 米。

（教职员编制换算为短期劳务人员的方法）

第九条　1. 法第十七条第一项规定的教职员人数，校长、副校长、教头、主管教谕、指导教谕、教谕、养护教谕、营养教谕、助教谕、养护助教谕、讲师、宿舍管理员、学校营养职员或事务职员参考地方公务员法第二十八条之五的第一项关于短期劳务者人数换算的规定，与公立小学、中学、义务教育学校及中等教育学校前期课程（含共同烹调场）的教职员人数相关的有校长、教头及教谕、养护教谕或事务管理员等；与公立的特别支援学校的小学部和初级中学部的教职员人数相关的有校长、教头、教谕、养护教谕、营养教谕、宿舍管理员或事务职员等。在第一号所列数值与第二号所列数值相等的情况下，换算为满足该条件的短期劳务人员。

一、欲换算的教职员人数。

二、根据短期劳务人员每周实际的总劳动时间（以下本条称“周劳动时间”）不同，该周平均劳动时间乘该类短期劳务人员人数所得的乘积除以 40 所得数值（若有余数，则四舍五入。下同）。

2. 根据法第十七条第二项的规定，用同项规定的非全职讲师人数换算教头和教谕等人数时，以第一号中的数量与第二号所示数量相等为准，将其换算成满足该条件的非全职讲师的人数。

一、欲换算成教头及教谕等的数量。

二、根据非全职讲师每周的劳动时间，每周劳动时间与该类非常勤讲师人数的乘积除以 40 所得数。

（法第十七条第二项政令规定的非全职讲师）

第十条 法第十七条第二项政令规定的非全职讲师包含下列条款。

一、有关地方教育行政组织与运营的法律第四十七条之四第一项规定的非全职讲师，以及其他教育公务员特例法第二十三条第一项规定的为实施新入职进修而配置的非全职讲师。

二、除前号所列之外，以振兴市（除指定城市）町村的学校教育为目的配置的非全职讲师中除去为实现该都道府县教职员配置的适当化而配置的讲师。

三、除前两号所列，文部科学大臣出于其配置目的等考虑设置的非全职讲师。

（对文部科学省令的委托）

第十一条 除本政令规定者外，关于法和本政令实施的必要事项，由文部科学省令规定。

附 则

（施行日期）

本政令自公布之日起施行。

关于公立义务教育诸学校的班级编制和教职员定员标准的法律施行规则

昭和三十三年（1958 年）七月三十一日文部省令第十九号公布

公布以来共修改 24 次；最近修改：平成二十九年（2017 年）一月十日文部科学省令第一号

根据关于公立义务教育诸学校的班级编制和教职员定员标准的法律施行令第二条和第六条的规定，制定如下的关于公立义务教育诸学校的班级编制和教职员定员标准的法律施行规则。

第一条　都道府县及地方自治法第二百五十二条之十九第一项的指定城市（以下称“指定城市”）的教育委员会每年必须根据另行制定的规定，向文部科学大臣提交关于班级编制和教职人员分配基准的报告书。

第二条　都道府县及指定城市的教育委员会每年必须根据另外制定的规定，向文部科学大臣提交关于五月一日当时的教职员定员和标准班数的报告书。

（班级编制或其变更的许可的申请）

第三条　1. 都道府县教育委员会可对市（除指定城市，含特别区。以下本条同）町村设置的义务教育诸学校提出要求，根据关于公立义务教育诸学校的班级编制和教职员定员标准的法律第五条规定的班级编制许可的申请，记载每所学校的班级数和一个班的基准儿童或学生数的申请书，必须附加记载以下各号所列事项的文件。

一、各学校的班级数。

二、不同年级和班级的儿童或学生的数量。

三、普通教室数。

四、基于法第三条第二项、第四条的规定，未按照都道府县教育委员会制定的基准实行班级编制的，需给出其理由。

五、都道府县教育委员会认为必要的其他事项。

2. 根据法第五条规定的班级编制的变更许可的申请，记载变更的每所学校的班级数和每一个班的基准儿童或学生数及变更的理由和时间的申请书，除了附加记载前项各号所列事项的文件外，还必须附加记载变更前不同学年和不同班级的儿童或学生数的文件。

附　则

本省令自公布之日起施行。

幼儿园设置标准

昭和三十一年（1956年）十二月十三日文部省令第三十二号公布
公布以来共修改14次；最近修改：平成二十六年（2014年）七月三十一日文部科学省令第二十三号

根据学校教育法第三条规定，幼儿园设置标准制定如下。

目录

第一章　总　　则

（主旨）

第一条　除了学校教育法实施条例的规定外，幼儿园设置标准应符合本条例规定。

（提高标准）

第二条　本条例规定的设置标准表明了设立幼儿园所必须达到的最低标准，幼儿园设立者应当努力提高幼儿园的办学水平。

第二章　编　　制

（班级人数）

第三条　一个班级的幼儿人数原则上不得超过35人。

（班级的编制）

第四条　班级原则上由该学年开学前一天的同龄幼儿组成。

（教职员）

第五条　1. 除园长外，每班至少应设有一位专职的主管教师、指导教师或教师（以下简称“教师等”）。

2. 有特殊情况时，教师等可由专职的副园长或教导主任兼任，或者在幼儿园班级数的1/3范围内，可由专职的助教或讲师替代。

3. 在没有设置专职园长的幼儿园，除了根据前两项规定设置的主管教师、指导教师、教师、助教或讲师之外，原则上还应设置一名副园长、教导主任、主管教师、指导教师、教师、助教或讲师。

4. 从教育上认为有必要时，教师可兼任其他学校的教师。

第六条 幼儿园必须努力设置主管养护的主管教师、护理教师或护理助教和负责护理的行政人员。

第三章 设施和设备

（一般标准）

第七条 1. 幼儿园的位置必须设立在适合进行幼儿教育，并且上学安全的环境中。

2. 幼儿园的设施和设备必须在指导、保健卫生、安全和管理方面均合适妥当。

（园地、园舍和运动场）

第八条 1. 园舍原则上应为两层以下。园舍为两层或因其他原因为三层及以上建筑时，保育室、游戏室和厕所的设施必须设于一楼。但是，如果该园舍是耐火建筑物并且具有疏散幼儿所需的设施时，这些设施也可放置于二楼。

2. 园舍和运动场原则上应位于同一处所或相邻位置。

3. 园地、园舍和运动场的面积另行规定。

（设施和设备等）

第九条 1. 幼儿园应当具备下列设施和设备。但是，在特殊情况下，保育室和游戏室以及职员室和保健室可两者兼用。

一、职员室。

二、保育室。

三、游戏室。

四、保健室。

五、卫生间。

六、饮用水设备、洗手设备、洗脚设备。

2. 保育室的数量不得低于班级数量。

3. 饮用水设备必须与洗手设备或洗脚设备区分开。

4. 必须证明饮用水的水质是卫生、无害的。

第十条 1. 根据班级数量和幼儿人数，幼儿园必须配备有教育、保健卫生以及安全方面必要种类和数量的教具。

2. 对于前项规定的园具和教具，必须经常完善和补充。

第十一条 幼儿园应当努力提供以下设施和设备。

一、广播收听设备。

二、投影设备。

三、嬉水场所。

四、幼儿清洁设备。

五、餐饮设施。

六、图书室。

七、会议室。

（其他设施和设备的使用）

第十二条　幼儿园有特殊情况，且不影响教育和安全的情况下，可以使用其他学校的设施和设备。

第四章　其他规定

（与保育所等共同开展活动相关的特例）

第十三条　1. 在下列情况下，幼儿园可以一起照顾各班级幼儿和未入读该幼儿园的人。

一、该幼儿园和保育所等各自使用的建筑物及其附属设备是一体设置的情况下，在该保育所对满 3 岁以上的儿童实施为达成学校教育法第二十三条各号所列的保育目标时，且认为有必要确保与幼儿园密切合作的情况。

二、除前项所列的情况，由于经济社会条件的变化，造成婴幼儿数量减少，或是幼儿和其他幼儿共同活动的机会减少时，学校教育法第二十三条第二号提出的目标很难实现时，为了幼儿的身心发展，认为特别有必要的情况。

2. 根据前项规定，在对各班儿童及未入读幼儿园的幼儿进行共同保育的情况下，第三条中的“一个班级的幼儿人数”也可称为“一个班级的幼儿人数（应包含和该幼儿园儿童共同保育的未在籍儿童数量）”。第五条第四项中的“其他学校的教师”也可称为“其他学校的教师、保育所的保育士等”。第十条第一项中的“幼儿人数”也可称为“幼儿数（包含该幼儿园未在籍且和该幼儿园的幼儿共同保育的幼儿数量）”。

附　则

本省令自昭和三十二年二月一日起实施。

附表一　园舍面积　　单位：平方米

班级数	一个班级	两个班级及以上
面积	180	320+100×（班级数–2）

附表二　运动场面积　　单位：平方米

班级数	两个班级及以下	三个班级及以上
面积	330+30×（班级数–1）	400+80×（班级数–3）

小学设置标准

平成十四年（2002 年）三月二十九日文部科学省令第十四号公布
公布以来共修改 3 次；平成十九年（2007 年）十二月二十五日文部科学省令第四十号

根据学校教育法第三条规定，小学设置标准制定如下。

目录

第一章　总　　则

（宗旨）

第一条　1. 除根据学校教育法及其他法令规定外，小学设置应符合本条例规定。

2. 本省令规定的设置标准是设置小学所需要达到的最低标准。

3. 小学的编制、设施、设备等不得低于本省令所定设置标准，开办者应努力提高小学的办学水平。

第二条　删除。

第三条　删除。

第二章　编　　制

（班级的儿童数）

第四条　除了法令有特殊规定的情况之外，一个班级的儿童数应在 40 人以下。但是有特殊情况且对教育没有阻碍的情况下，可不受此限。

（班级的编制）

第五条　小学的班级由同年级儿童组成。但是在特殊情况下，可以将多个年级的儿童编成一个班级。

（教师的数量等）

第六条　1. 小学的主干教师、指导教师及教师（以下称“教师等”）的数量为每班级至少一人。

2. 有特殊情况且在对教育没有阻碍的情况下，校长、副校长或主任可兼任教师，或者代替助教或讲师。

3. 从教育角度认为有必要时，小学教师等可以兼任其他学校的教师。

第三章　设施和设备

（一般的标准）

第七条　小学的设施和设备必须在指导、保健卫生、安全和管理方面合适妥当。

（校舍和运动场的面积等）

第八条　1. 除了法令有特殊规定的情况外，校舍和运动场的面积应大于附表规定的面积。但是因地区实际情况或其他特殊原因且不妨碍教育的情况下，可不受此限。

2. 校舍和运动场应设置在同一区域或相邻的位置。但是由于地区的实际情况或其他特殊原因且不妨碍教育的情况下，可以设置在其他适当的位置。

（校舍应该具备的设施）

第九条　1. 校舍至少应该具备以下设施。

一、教室（作为普通教室、特别教室等）。

二、图书室、保健室。

三、职员室。

2. 对于校舍，除了前面所列的设施之外，还应根据需要为特别支援班级提供教室。

第十条　除了校舍和运动场以外，小学还应设有体育馆。但是，由于地域的实际情况或其他特殊原因且不妨碍教育的情况下，可不受此限。

（校具和教具）

第十一条　1. 小学必须根据班级数和儿童数，在指导、保健卫生及安全上配有必要种类及数量的校具和教具。

2. 对于前项的校具和教具，必须经常完善和补充。

（其他学校等设施和设备的使用）

第十二条　小学在有特殊原因且不妨碍教育的情况下，可以使用其他学校等的设施和设备。

附　　则

（生效日期等）

本省令自平成十四年四月一日起实施。

附表 第八条相关

	儿童数	面积/平方米
（一）校舍的面积	1—40人	500
	41—480人	500＋5×（儿童数–40）
	481人及以上	2700＋3×（儿童数–480）
（二）运动场面积	1—240人	2400
	241—720人	2400＋10×（儿童数–240）
	721人及以上	7200

偏僻地区教育振兴法

昭和二十九年（1954 年）六月一日法律第一百四十三号公布
公布以来共修改 19 次；最近修改：平成二十七年（2015 年）七月十五日
法律第五十六号

（目的）

第一条 本法基于教育机会均等的原则，并结合偏僻地区教育的特殊情况，明确国家和地方公共团体在振兴偏僻地区教育过程中应当采取的各项措施，以达到提升偏僻地区教育水平的目的。

（定义）

第二条 本法所称的“偏僻地区学校”，是指位于交通不便或自然、经济、文化等条件相对落后的山区、孤岛及其他地区的公立小学、初级中学以及中等教育学校前期课程和学校供给饮食法第六条规定的设施（以下称“共同烹调场”）。

（市町村的任务）

第三条 为振兴偏僻地区教育，市町村要根据该地方的实际情况，做好以下所列事务。

一、为偏僻地区学校配备教材与教具等、服务于偏僻地区学校的教师的进修以及丰富偏僻地方教育内容而采取必要的措施。

二、为在偏僻地区学校工作的教师与职员修建住宅、提供其他的生活福利而采取必要的措施。

三、为偏僻地区学校建设供体育、音乐等学校教育和社会教育使用的设施。

四、为偏僻地区学校的教师与职员以及儿童与学生的健康管理采取必要的措施。

五、为方便偏僻地区学校的儿童和学生上学而采取必要的措施。

（都道府县的任务）

第四条 1. 为振兴偏僻地区教育，都道府县要根据该地方的实际情况，做好以下所列事务。

一、对适合偏僻地区教育特殊情况的教材、教具等进行必要的调查与研究，并做好资料统计工作。

二、设置培养服务于偏僻地区学校的教师的设施。

三、就市町村执行前条规定的事务，对市町村进行适当的指导、建议和援助。

四、对其所设立的偏僻地区学校，要做好前面各条所列举的事务。

2. 都道府县在确定偏僻地区学校教师与职员编制时，应该予以特别的考虑。

3. 都道府县应该为偏僻地区学校教师提供进修机会，并且为其提供进修所需旅费及其他必要经费。

（文部科学大臣的任务）

第五条 文部科学大臣对偏僻地区的教育应进行必要的调查和研究，并做好资料统计工作，还应就地方公共团体执行前两条规定的任务，对其进行适当的指导、建议或必要协助。

（偏僻地区补贴等）

第五条之二 1. 都道府县必须根据条例的规定，参照文部科学省规定的基准，对就职于条例指定的偏僻地区学校和与其相当的学校及共同烹调场（以下称“偏远地区学校等”）的教师和职员发放偏僻地区津贴。

2. 偏僻地区津贴的每月发放水平，参照文部科学省令的基准，由条例规定。

3. 在偏僻地区学校等为在该学校工作的教师和职员支付所在地域地方津贴的情况下，当调整有关偏僻地区津贴和地区津贴及其他津贴等必要事项时，要参照文部科学省规定的基准，由条例规定。

第五条之三 1. 教师或职员调动工作地点并随调动而迁居时，或者教职员工作的学校或共同烹调场（以下在本条称“学校等”）搬迁并随搬迁而迁居时，当调动后工作的学校等或搬迁的学校等是搬迁地方学校等或是位于特别地区的学校等，并且按文部科学省令规定的基准，相当于条例中指定的学校等时，都道府县必须参照文部科学省令规定的基准，根据条例的规定，对该教职员发放与偏僻地区相当的津贴。

2. 在新到偏僻地区学校等或根据前项规定相当于条例中指定的学校等的学校等工作的教职员中，与根据同项规定获得津贴的教职员进行权衡之后，有特殊情况（需要同等对待——译者）的教职员，都道府县必须参照文部科学省令规定的基准，根据条例的规定，并参照同项的规定，为其发放与偏僻地区津贴相当的津贴。

（国家的补助等）

第六条 1. 对于市町村从事第三条第一、二、四、五号或第四条第一项第四号所列事务需要的经费，国家补助一半。

2. 对于都道府县从事的第四条第一项第二号所列事务需要的经费，国家补助一半。

3. 根据前两项的规定，国家补助的经费范围和计算标准，由政令规定。

4. 根据关于义务教育诸学校等的设施费用国家负担的法律第十二条第一项的规定，地方公共团体在从事同条第二项与设施整备计划相关的改建等事业过程中，偏僻地区学校的设立者为建设第三条第二号规定的住宅以及同条第三号规定的设施而产生的经费，国家将提供不低于一半的补助。

（补助金的退还）

第七条　接受国库发给的补助金的地方公共团体发生下列各号所列情形之一时，国家在停止发给该年度及以后的全部或部分补助金的同时，还可以令其退还已领取的该年度的全部或部分补助金。

一、补助金用于补助目的之外的目的时。

二、在无正当理由的情况下，在接受发给的补助金的年度内没有设置有关补助的设施时。

三、在无正当理由的情况下，将有关补助的设施用于补助目的以外的事项或未经文部科学大臣许可加以处理时。

四、违反补助金的发放条件时。

五、被查明靠不正当的方法接受补助金时。

（对政令的委托）

第八条　除本法规定之外，补助金发给和退还的手续及其他有关国家补助金的必要事项，由政令规定。

（负担金、补助金的分配）

第九条　关于学校设施的修建或修复、教材与教具等的配备及其他教育事务所需经费，国家和都道府县在对发给市町村的负担金、补助金等进行分配时，必须要考虑到偏僻地区教育具有特殊性的情况。

附　　则

（施行日期）

本法自公布之日起施行。

偏僻地区教育振兴法施行令

昭和二十九年（1954 年）七月二十一日政令第二百一十号
公布以来共修改 21 次；最近修改：平成二十一年（2009 年）三月二十五日
政令第五十三号

内阁根据偏僻地区教育振兴法第六条第三项和第八条的规定，制定本政令。

（法第三条第四号所列事务所需经费的范围和推算基准）

第一条 1. 关于偏僻地区教育振兴法（以下称“法”）第三条第四号所列事务所需经费，根据法第六条第一项的规定进行补助时的经费范围是：基于学校保健安全法第八条规定的健康咨询以及基于同法第十三条第一项的规定进行健康诊断时，医生及牙科医生和基于同法第六条第二项、第三项的规定环境卫生的维持改善及基于学校供给饮食法第九条第二项、第三项规定的为学校供给饮食的卫生管理而进行必要检查时，派遣药剂师所必需的经费。

2. 前项的经费，为文部科学大臣对派遣医生、牙科医生和药剂师所需酬金和旅费规定的数额合计推算的结果。

（法第三条第五号所列事务所需经费的范围和推算基准）

第二条 1. 关于法第三条第五号所列事务所需的经费，根据法第六条第一项的规定进行补助时的经费范围是：为偏僻地区学校（法第二条规定的偏僻地区学校）的儿童和学生走读所用汽车和船舶的费用。

2. 前项的购入费，为根据文部科学大臣规定（每台或每只）的价格推算的结果。

（法第四条第一项第二号所列事务所需经费的范围和推算基准）

第三条 1. 对于法第四条第一项第二号所列事务需要的经费，根据法第六条第二项的规定进行补助时的经费的范围是：根据教育职员许可法第五条附表一备考二的规定，以文部科学大臣指定的教师培养机构为主，培养服务于偏僻地区学校的教师所需的运营费。

2. 前项的运营费，是指为了取得教育职员许可法第五条附表一规定的小学或初级中学的教谕的两种资格证而产生的讲师及其他职员的酬金、工资和旅费以及设备品费、消耗品费等费用，根据文部科学大臣规定的金额合计推算而得出。

第四条 1. 文部科学大臣欲采取法第七条规定的措施时，对该地方公共团体的领导，应事先向该地方公共团体的首长通报，告知其有陈述申辩意见以及提交有利于自己的证据的机会。

2. 根据法第七条的规定，被命令退还法第六条第一项或第二项规定的补助金（下条称“补助金”）的地方公共团体，必须立即将其被命令退还的金额按时退还给国家。

（文件的配备）

第五条 地方公共团体必须配备有关实施补助事业必需的账簿及其他文件。

附　　则

本政令自公布之日起施行，自昭和二十九年六月一日起适用。

偏僻地区教育振兴法实施规则

昭和三十四年（1959年）七月三十一日文部省令第二十一号
发布以来共修改25次；最近修改：平成二十九年（2017年）三月十五日
文部科学省令第六号

偏僻地区教育振兴法实施规则制定如下。

（宗旨）

第一条 依据偏僻地区教育振兴法第五条之二和第五条之三的规定，都道府县或地方自治法第二百五十二条之十九第一项的指定都市制定偏僻地区津贴和相当于偏僻地区津贴的津贴条例的参照基准及其他有关法的施行的必要事项，以本省令的规定为依据。

（用语的意义）

第二条 以下各号所列的本省令中的用语的意义，以各号的规定为依据。

一、基准分数：指为了测定该学校的所在地的偏僻程度的轻重，根据第四条和第五条的规定推算的分数。

二、附加分数：指为了测定按照基准分数的推算方法难以测算的特别的偏僻地区条件，根据第六条或第六条之二的规定推算的分数。

三、总分：指在基准分数的基础上加上根据第六条的规定推算的附加分数，或减去根据第六条之二的规定所推算的附加分数后所得的分数。

四、火车站或公共汽车站：指距离该校最近的火车站或公共汽车站。

五、旧综合医院：指距离该校最近的医疗法第一条之五规定的医院、根据医疗法部分修正后的法律和修正前的医疗法第四条第一项规定的符合综合医院条件的医院。

六、医院：指距离该校最近的医疗法第一条之五规定的医院（旧综合医院除外）。

七、诊疗所：指距离该校最近的医疗法第一条之五规定的诊疗所（无常驻医生者和仅进行牙科医疗除外）。

八、高级中学：指距离该校最近的设置全日制课程中普通科的高级中学或中等教育学校。

九、邮局：指距离该校最近的依据有关邮政窗口业务委托等的相关法律第二条规定的进行邮政窗口业务的邮局。

十、市町村教育委员会：指距离该校最近的管辖该校的市町村教育委员会的事务局。

十一、金融机关：指在处理从事公共费用的收缴及相关业务的金融机关中距离该校最近的所在地点。

十二、超市：指距离该校最近的为日常生活的需要贩卖生鲜食品及其他衣食住等相关的各种商品的店铺。

十三、市中心：指距离该校最近的市办公机构的所在地点。

十四、县行政机构所在地或相当于县的城市的中心地：指包括设立该校的市町村的都道府县行政机构的所在地点，或者该都道府县内人口在30万以上的市或人口在20万以上的市里设有两所以上大学（短期大学除外）的市或设有机场的市的办公机构的所在地中距离该校最近的地方。

十五、交通工具：指收取旅客运费的供交通用的铁道、轨道和索道及一般公共汽车。

十六、定期航行：指海上运输法第二条第四项规定的从事旅客定期航路事业的交通航线。

十七、码头：指距离该校最近的定期航船的码头。

十八、距离：指常用的交通途径中路途最短的长度。

十九、本土：指本州、北海道、四国、九州和冲绳的本岛。

（偏僻地区学校等的指定）

第三条 1. 基于法第五条之二第一项规定，对小学、初级中学或中等教育学校前期课程进行偏僻地区学校指定，总分达到45分以上的学校，根据其分值，进行如下分级指定。

一、45—79分的学校（一级）。

二、80—119分的学校（二级）。

三、120—159分的学校（三级）。

四、160—199分的学校（四级）。

五、200分以上的学校（五级）。

2. 基于法第五条之二第一项规定的与其相当的学校，指推算的总分为35—44分的学校。

3. 关于基于有关共同烹调场的法第五条之二第一项规定的偏僻地区学校及与其相当的共同烹调场的指定，要将对距离该共同烹调场最近的小学、初级中学或中等教育学校前期课程推算的总分视为有关该共同烹调场的总分，并适用前两项的规定。

（基准分数的推算）

第四条 1. 基准分数的计算方法如下：坐落在本土内的学校，依据附表一，坐落在本土以外的岛屿的学校，依据附表二，将该校各条件要素的相应分数进行叠加，所得之和为其分数。

2. 前项规定的各要素的相应分数，不可超过该要素的没有交通工具部分的最高分数。

3. 在各要素的相应分数的推算中，没有交通工具部分的全部或一部分符合以下各号之一时，该部分的距离应按照各号的规定调整后的距离进行计算。

一、由于陡坡或狭窄等自然条件发生交通困难的部分的情形，为该部分的距离乘 1.5 所得的距离。

二、由于陡坡且狭窄等自然条件发生交通困难的部分的情形，为该部分的距离乘 2 所得的距离。

4. 在各要素的相应分数的推算中，交通工具部分的全部或一部分是利用铁道、轨道或索道时，该部分的距离为依据该部分距离乘 1/2 所得的距离进行推算。但是，根据次条第一项第二号与第三号的规定推算分数时，不受此限。

5. 从该学校到医疗机关的距离要素的分数推算，在以下各号所定的相应情形下，可不受第一项规定的限制，根据相应各项所规定的方法推算。

一、距离学校最近的医疗机关是旧综合医院时，以至旧综合医院距离的相关点数乘 3 所得分数为准，至医院及诊疗所的距离不作为推算基准分数的要素。此时可不受第二项规定的限制，至旧综合医院的距离要素的符合分数，为不可超过该要素的没有交通工具的部分的最高分数乘 3 所得的分数。

二、距离学校最近的医疗机关是医院时，其分数为学校至该医院距离对应的分数乘 2 所得的分数，再加上至旧综合医院距离的分数的所得分数之和，至诊疗所的距离不作为推算基准分数的要素。此时可不受第二项规定的限制，至医院的距离要素的符合分数，为不可超过该要素的没有交通工具的部分的最高分数乘 2 所得的分数。

三、当距离学校最近的医疗机关是诊疗所，且从学校至该诊疗所距离最短的医疗机关是旧综合医院时，至该诊疗所的距离要素的符合分数为至该诊疗所距离的分数加上至该旧综合医院距离的分数乘 2 所得的分数，至医院的距离不作为推算基准分数的要素。此时可不受第二项规定的限制，至旧综合医院的距离要素的符合分数，为不超过该要素的没有交通工具的部分的最高分数乘 2 所得的分数。

（每一要素的分数的补充修正）

第五条 1. 在各要素的符合分数的推算中，道路或交通工具的交通条件符合以下各号之一时，为在该各要素相应的分数加上根据各号的规定推算的分数。

一、没有交通工具的部分道路由于积雪、雪崩、泥泞、地滑等自然条件而造成 40 天以上交通困难的情况下，按照该交通困难实际发生的天数区分，分别乘同表下栏所列比例所得分数（出现未满 1 分的小数时，当作 1 分加上）。

期间	40 日以上 59 日以下	60 日以上 79 日以下	80 日以上 99 日以下	100 日以上 119 日以下	120 日以上 139 日以下	140 日以上
比例	1/6	2/6	3/6	4/6	5/6	6/6

二、交通工具一日的运行次数为往返 8 次以下时，按照下表上栏所列该运行次数的区分，以该运行次数在 8 次以下部分的距离为准，用附表一和附表二所示到码头的距离要素中没有交通工具时的分数分别乘同表下栏所列比例所得分数（出现未满 1 分的小数时，当作 1 分加上）。

一日的运行次数	往返 6—8 次	往返 4—5 次	往返 2—3 次	往返 1 次以下
比例	2/10	3/10	4/10	5/10

三、在由于积雪、雪崩、泥泞、地滑等自然条件造成交通工具停运 60 天以上的情况下，按照下表上栏所列该交通工具停运期间的区分，以该运交通工具停运部分的距离为准，用附表一和附表二所示到码头的距离要素中没有交通工具时的分数分别乘同表下栏所列比例所得分数（出现未满 1 分的小数时，当作 1 分加上）。

期间	60 日以上 89 日以下	90 日以上 119 日以下	120 日以上 149 日以下	150 日以上 179 日以下	180 日以上 209 日以下	210 日以上
比例	1/6	2/6	3/6	4/6	5/6	6/6

2. 在到火车站或汽车站的距离要素的符合分数的推算中，当距离该校最近的火车站或汽车站由于积雪、雪崩、泥泞、地滑等自然条件造成 60 天以上封闭时，可以离该封闭火车站或汽车站最近的运转正常的火车站或汽车站为准，将按前项第三号规定的推算方法推算的分数算作为该封闭的火车站或汽车站距离的分数。

（附加分数）

第六条 1. 当该校的饮用水必须从雨水或河水中寻求，且被认定为由于符合以下各号的情况而带来学校教育运营上的困难时，将该号规定的分数作为附加分数。

一、没有抽水设施和供水设施的情形为 10 分。

二、有抽水设施或供水设施的情形（限于没有净化装置的情形）为 5 分。

2. 在被认定为由于该校所在地区的各种自然的、经济的、文化的条件符合以下各号之一的情况而带来学校教育运营上的困难时，将该号规定的分数作为附加分数。

一、在发生有害瓦斯等地带、地区病地带、湿润地带、极寒地带、多雪地带等有害健康地区，为都道府县教育委员会或人事委员会在 20 分以内规定的分数。

二、占该校在学儿童或学生总数的 3/10 以上者的住所位于离该校 6 千米以上的情形为 10 分，位于离该校 4 千米以上的情形为 5 分。

三、图书馆法第二条规定的图书馆、博物馆法第二条规定的博物馆及其他类似设施中离学校最近的设施与该校的距离（有交通工具可以利用部分的距离，按该距离乘 1/2 计算）超过 25 千米时附加 10 分，12.5 千米至 25 千米时附加 5 分。

四、在该学校，未提供根据电气通信事业报告规则第一条第二项第七号至第十号规定的服务及与此相当的服务的情形为 5 分。

五、在该学校，不能使用通话用的手机的情形为 5 分。

3. 在该校工作的教师数在 3 人以下的可附加 20 分，教师数为 4 人或 5 人的可附加 10 分。

4. 该校为分校时，与本校的距离（有交通工具可以利用部分的距离，按该距离乘 1/2 计算）在 12 千米以上时可附加 10 分，8 千米至 12 千米时可附加 5 分。

第六条之二　当该学校至人口在 3 万人以上的市町村的市政府或町村机关所在地的距离在 40 千米以下时，根据该校所在地域的实际情况，都道府县教育委员会或人事委员会可在 30 分以内的范围内规定附加分数。

（级别指定的特例）

第七条　如果相邻设立的小学、初级中学和中等教育学校前期课程各校推算的总分不同，这些学校不受第三条规定的限制，可以按照总分多的学校的分数进行级别的指定。

（偏僻地区津贴的数额）

第八条　1. 根据第三条第一项或第三项的规定向指定偏僻地区学校工作的教师或职员（以下称“教职员”）支付的偏僻地区津贴的每月金额，以工资和抚养津贴的每月金额的合计额为标准，依据上述规定属于被指定的偏僻地区学校的级别的，在不超过 25%的范围内按照规定的比例相乘计算金额。

2. 根据第三条第二项或第三项的规定，向与指定偏僻地区学校相当的学校或共同烹调场工作的教职员支付偏僻地区津贴的每月金额，以工资和抚养津贴的每月金额的合计额为标准，在不超过依据第三条第一项或第三项规定被指定为一级的偏僻地区学校工作的教职员支付的偏僻地区津贴的范围内，按规定比例相乘计算金额。

（偏僻地区津贴和地区津贴的调整）

第九条　对于在该地域的所在学校或共同烹调场工作的教职员，若能领取地区津贴，该津贴额度以内的偏僻地区津贴，不得重复领取。

（相当于偏僻地区津贴的津贴的支付）

第十条　1. 法第五条之三第一项提到的小学、初级中学或中等教育学校前期课程，指相关评估合计分数为 30—34 分的学校。

2. 法第五条之三第一项提到的共同烹调场的认定方法，参照第三条第三项的有关规定。

第十一条 1. 相当于法第五条之三第一项规定的偏僻地区津贴的支付，从教职员因异地调动工作，或工作的学校、共同烹调场搬迁（以下称“调动等”）造成住所搬迁之日起，到该调动等发生三年后止。但在该教职员发生以下各号所列情形时，以该各号规定之日为其支付结束之日。

一、教职员调到偏僻地区学校、相当于偏僻地区学校的学校、共同烹调场或根据法第五条之三的规定被指定的学校（以下称“偏僻地区等学校”）以外的学校或共同烹调场，或者教职员工作的学校、共同烹调场由于搬迁等而不符合偏僻地区等学校的条件时，为该调动或搬迁等之日的前一日。

二、教职员调到其他偏僻地区等学校并随调动而迁居的情形，或者因教职员工作的学校或共同烹调场搬迁，而教职员随搬迁而迁居的情形，为迁居之日的前一日。

2. 根据法第五条之三第一项规定的相当于偏僻地区津贴的每月金额，为工资与抚养津贴的每月金额的合计额乘在不超过 4%范围内规定的支付比例所得的数额。

第十二条 1. 根据法第五条之三第二项的规定，新晋成为偏僻地区等学校的学校或共同烹调场的教职员，在获得认定的日期（以下本条中称“指定日”）之前调动到该学校或共同烹调场，且因此搬迁住所之日起未满三年者，可领取偏僻地区津贴。

2. 前项偏僻地区津贴的支付，若该教职员在学校被认定为偏僻地区学校或共同烹调场之前便调动到该校，根据前条规定，指定日之后为其支付期间。

（重新指定等）

第十三条 1. 根据第三条和第十条规定进行的指定工作，通常每六年依据对该学校或共同烹调场推算的总分进行一次。但是当学校或共同烹调场发生新设、合并、搬迁的情形，或者偏僻地区条件发生明显改变时，可随时对该学校或共同烹调场进行上述指定。

2. 根据前项规定进行指定的条例实施之日（以下称“实施日”）以前已在领取偏僻地区津贴的教职员，且新条例实施后可领取金额未能达到实施前的额度，若该教职员继续在条例实施前的学校或共同烹调场工作，其可领取的偏僻地区津贴仍按条例实施前计算，直至条例实施后规定的津贴高于条例实施前为止。

3. 条例实施日以前，在被指定为偏僻地区学校的学校或共同烹调场工作的教职员，实施日开始后，其学校未能获得指定，若该教职员继续在条例实施前的学校或共同烹调场工作，其相当于偏僻地区津贴的领取，与偏僻地区学校相同。对于其津贴发放额度，以条例实施日以前的工资及抚养津贴的月额的合计金额为准予以算出。

（本校和分校）

第十四条 关于本省令的适用，本校和分校视为一所学校。

附 则

本省令自公布之日起施行，自昭和三十四年四月一日起适用。

附表一　陆地用标准分数表

单位：分

项目	细分	2—4	4—6	6—8	8—10	10—12	12—14	14—16	16—20	20—24	24—28	28—32	32—36	36—40	40—44	44—48	48—54	54—60	60—66	66—72	72—80	80—90	90—100	100—120	>120
距火车站或公共汽车站的距离	无交通工具	2	4	6	8	10	12	14	16	20	24	28	32	36	40	40	40	40	40	40	40	40	40	40	40
距旧综合医院的距离	无交通工具	1	1	1	2	3	4	5	6	8	10	12	12	12	12	12	12	12	12	12	12	12	12	12	12
	有交通工具	0	1	1	1	1	1	2	2	3	4	5	6	7	8	9	10	11	12	12	12	12	12	12	12
距医院的距离	无交通工具	1	2	3	4	5	6	8	10	12	12	12	12	12	12	12	12	12	12	12	12	12	12	12	12
	有交通工具	0	1	1	1	2	2	3	3	4	5	6	8	10	12	12	12	12	12	12	12	12	12	12	12
距诊疗所的距离	无交通工具	1	2	4	6	8	10	12	12	12	12	12	12	12	12	12	12	12	12	12	12	12	12	12	12
	有交通工具	0	1	1	2	3	4	5	6	8	10	12	12	12	12	12	12	12	12	12	12	12	12	12	12

续表

项目	细分	2—4	4—6	6—8	8—10	10—12	12—14	14—16	16—20	20—24	24—28	28—32	32—36	36—40	40—44	44—48	48—54	54—60	60—66	66—72	72—80	80—90	90—100	100—120	>120
距高级中学的距离	无交通工具	2	4	7	10	13	16	20	22	24	24	24	24	24	24	24	24	24	24	24	24	24	24	24	24
	有交通工具	0	2	2	3	5	6	8	9	12	15	18	20	22	24	24	24	24	24	24	24	24	24	24	24
距邮局的距离	无交通工具	1	2	3	4	5	6	8	10	12	12	12	12	12	12	12	12	12	12	12	12	12	12	12	12
	有交通工具	0	1	1	1	2	2	3	3	4	5	6	8	10	12	12	12	12	12	12	12	12	12	12	12
距市町村教育委员会的距离	无交通工具	2	4	6	10	13	16	20	22	24	24	24	24	24	24	24	24	24	24	24	24	24	24	24	24
	有交通工具	0	2	2	3	5	6	8	9	12	15	18	20	22	24	24	24	24	24	24	24	24	24	24	24
距金融机关的距离	无交通工具	1	2	3	4	5	6	8	10	12	12	12	12	12	12	12	12	12	12	12	12	12	12	12	12
	有交通工具	0	1	1	1	2	2	3	3	4	5	6	8	10	12	12	12	12	12	12	12	12	12	12	12

续表

项目	细分	2—4	4—6	6—8	8—10	10—12	12—14	14—16	16—20	20—24	24—28	28—32	32—36	36—40	40—44	44—48	48—54	54—60	60—66	66—72	72—80	80—90	90—100	100—120	>120
距超市的距离	无交通工具	1	2	3	4	5	6	8	10	12	12	12	12	12	12	12	12	12	12	12	12	12	12	12	12
	有交通工具	0	1	1	1	2	2	3	3	4	5	6	8	10	12	12	12	12	12	12	12	12	12	12	12
距市中心的距离	无交通工具	1	1	1	2	3	4	5	6	8	10	12	12	12	12	12	12	12	12	12	12	12	12	12	12
	有交通工具	0	1	1	1	1	1	2	2	3	4	5	6	7	8	9	10	11	12	12	12	12	12	12	12
距县行政机构所在地或相当于县的城市的中心地的距离	无交通工具	0	1	1	1	1	1	2	2	3	4	5	6	7	8	9	10	11	12	12	12	12	12	12	12
	有交通工具	0	0	0	0	0	0	1	1	1	2	2	3	3	4	4									

注：“细分”部分的单位为“千米”。

附表二　岛屿用标准分数表

单位：分

从本土出发每月定期航行次数		241—300次	181—240次	151—180次	121—150次	91—120次	61—90次	51—60次	41—50次	31—40次	21—30次	17—20次	13—16次	9—12次	<8次				
		5	15	20	25	30	40	50	60	70	80	100	120	160	200				
距本土的海上距离		2—10千米	10—15千米	15—25千米	25—40千米	40—60千米	60—100千米	100—140千米	140—190千米	190—250千米	250—350千米	350—500千米	>500千米						
		5	10	15	20	25	30	40	50	60	70	80	90						
距码头的距离	细分	2—4千米	4—6千米	6—8千米	8—10千米	10—12千米	12—14千米	14—16千米	16—20千米	20—24千米	24—28千米	28—32千米	32—36千米	36—40千米	40—44千米	44—48千米	48—54千米	54—60千米	>60千米
	无交通工具	2	4	6	8	10	12	14	16	20	24	28	32	36	40	40	40	4	40
	有交通工具	0	1	1	1	1	1	2	2	3	4	5	6	7	8	9	10	11分	12

要素	分数			
	在岛外的情况	海上交通部分（每日定期航行次数）4次或5次	海上交通部分（每日定期航行次数）2次或3次	海上交通部分（每日定期航行次数）1次以下	陆地交通部分
距旧综合医院的距离	6	2	4	6	根据附表一计算
距医院的距离	6	2	4	6	根据附表一计算
距诊疗所的距离	6	2	4	6	根据附表一计算

续表

距高级中学的距离	12	4	8	12	根据附表一计算
距邮局的距离	6	2	4	6	根据附表一计算
距市町村教育委员会的距离	12	4	8	12	根据附表一计算
距金融机关的距离	6	2	4	6	根据附表一计算
距超市的距离	6	2	4	6	根据附表一计算
距市中心的距离等	0	0	0	0	根据附表一计算
距县行政机构所在地或相当于县的城市的中心地的距离等	0	0	0	0	根据附表一计算

备注：

一、从本土出发每月的定期航行次数为每年实际航行次数的平均值。但关于季节更替导致的次数变更，定期航行次数最少的季节中以实际平均航行次数计算。

二、附属岛屿与本土之间无定期直航航线，而主要岛屿与本土之间存在定期航线时，附属岛屿的本土出发每月定期航行次数要素的相应分数的计算方式如下：本土与主要岛屿之间的定期航行次数按规定计算分数，主要岛屿与附属岛屿之间的定期航行次数按本土与主要岛屿之间的航行方式计算，两者相加即为最终分数。

三、距离主要岛屿十分近且不需定期航行即可实现与主要岛屿的交通的附属岛，应当视作该主要岛屿的一部分，而后适用本表的计分规则。

四、每月定期航行的次数以航空法第 2 条第 18 项规定的定期航空运送事业的运输次数为准，每日定期航行的次数以该交通工具每日航行次数为准，分别除以 8 后所得数值相加。

私立学校法

昭和二十四年（1949 年）十二月十五日法律第二百七十号公布
公布以来共修改 42 次；最近修改：平成二十六年（2014 年）六月十三日
法律第六十九号

目录

第一章　总　　则

（本法的目的）

第一条　鉴于私立学校的特殊性，为促进私立学校的持续健康发展，尊重其自主性、提高其公共性，制定本法。

（定义）

第二条　1. 本法中的“学校”，是指学校教育法第一条所规定的学校以及关于推进向学前儿童提供综合性教育保育的法律第二条第七项规定的幼保联合型认定幼儿园（以下称“幼保联合型幼儿园”）。

2. 本法中的“专修学校”，是指学校教育法第一百二十四条规定的专修学校；“各种学校”，是指同法第一百三十四条第一项所规定的各种学校。

3. 本法中的“私立学校”，是指学校法人设立的学校。

第三条　本法中的“学校法人”，是指以设立私立学校为目的，根据本法的规定而设立的法人。

（主管机关）

第四条　本法中的“主管机关”，属于第一号、第三号及第五号所列者，为文部科学大臣，属于第二号及第四号所列者，为都道府县知事[属于第二号中地方自治法第二百五十条之十九第一项的指定城市或同法第二百五十二条之二十二第一项的核心城市（以下本条称“指定城市”）中的地区内幼保联合型幼儿园，为该指定城市等的市长]。

一、私立大学及私立高等专门学校。

二、前号所列的私立学校以外的私立学校以及私立专修学校、私立各种学校。

三、设立第一号所列的私立学校的学校法人。

四、设立第二号所列的私立学校的学校法人及第六十四条第四项的法人。

五、合并设立第一号所列的私立学校和第二号所列的私立学校、私立专修学校或私立各种学校的学校法人。

第二章　私立学校的教育行政

（学校教育法的特例）

第五条　学校教育法第十四条规定不适用于私立学校（幼保联合型幼儿园除外，第八条第一项同）。

（报告书的提交）

第六条　主管机关可要求私立学校提交关于教育调查、统计及其他必要情况的报告书。

第七条　删除。

（对私立学校审议会等的咨询）

第八条　1. 都道府县知事在对私立大学及私立高等专门学校以外的私立学校行使学校教育法第四条第一项或第十三条第一项规定的事项时，必须事先听取私立学校审议会的意见。

2. 文部科学大臣在对私立大学或私立高等专门学校行使批准学校教育法第四条第一项或第十三条第一项规定的事项（根据同法第九十五条规定应该咨询的事项除外）时，必须事先听取同法第九十五条规定的审议会等的意见。

（私立学校审议会）

第九条　1. 为审议本法规定属于私立学校权限的事项，在都道府县设私立学校审议会。

2. 私立学校审议会可就私立大学及私立高等专门学校以外的私立学校、私立专修学校及私立各种学校的重要事项，向都道府县知事提出建议。

（委员）

第十条 1. 私立学校审议会以都道府县知事规定的委员组成。

2. 委员由都道府县知事从与教育相关的具有学识和经验者中任命。

（委员候选人的推荐）

第十一条 删除。

（委员的任期）

第十二条 1. 私立学校审议会委员的任期为4年。但是，出现缺额时的补缺委员的任期为前任者的剩余任期。

2. 委员可以连任。

（会长）

第十三条 1. 私立学校审议会设会长。

2. 会长由委员相互选举产生，并由都道府县知事任命。

3. 会长主管私立学校审议会的会务。

（委员的免职）

第十四条 都道府县知事认为私立学校审议会的委员因身心障碍不能履行职务及不具备其他作为委员的必要资格时，经私立学校审议会讨论，可免除其职务。

（议事参与的限制）

第十五条 私立学校审议会的委员对自己、配偶或三等亲以内的亲属的事情或与自己有关的学校、专修学校、各种学校、学校法人或者第六十四条第四项所列的法人的事项，不得参加议事的表决，但不妨碍其出席会议和发言。

（委员的费用补贴）

第十六条 1. 私立学校审议会的委员可接受履行职务所需的费用补贴。

2. 前项费用由都道府县负担。

3. 费用补贴额及其支付方法，须依都道府县的条例规定。

（运营的细则）

第十七条 除本法规定者外，关于私立学校审议会的议事手续及其他运营的必要事项，经都道府县知事承认，由私立学校审议会规定。

第十八条 删除。

第十九条 删除。

第二十条 删除。

第二十一条 删除。

第二十二条 删除。

第二十三条 删除。

第二十四条 删除。

第三章　学校法人

第一节　通　　则

（资产）

第二十五条　1. 学校法人必须拥有设立私立学校的必要设施及设备或购置这些设施及设备所需的资金，以及经营私立学校的必要的财产。

2. 对前项规定的私立学校的必要设施及设备的基准，依其他法律规定。

（营利事业）

第二十六条　1. 学校法人只要不妨碍其设立的私立学校的教育，可以从事以营利为目的的事业，并将其盈利用来经营私立学校。

2. 前项事业的种类，在听取私立学校审议会或学校教育法第九十五条规定的审议会等（以下称“私立学校审议会等”）的意见后，由主管机关规定。主管机关必须公布其事业的种类。

3. 关于第一项事业的会计，必须与该学校法人设立的私立学校经营的会计分开，作为特别会计进行管理。

（住所）

第二十七条　学校法人的住所，应在其主要事务所在地。

（登记）

第二十八条　1. 学校法人必须依政令规定进行登记。

2. 必须依前项进行登记的事项，未经登记，不得以此向第三方提出法律主张。

（适用规定）

第二十九条　关于一般社团法人及一般财团法人的法律第七十八条规定，适用于学校法人。

第二节　设　　立

（申请）

第三十条　1. 欲设立学校法人者，必须按照文部科学省令规定的手续，以其设立为目的的捐赠行为，至少明确下列事项，向主管机关申请批准该捐赠行为。

一、目的。

二、名称。

三、其设立的私立学校的名称及在该私立学校设置的课程、学部、大学院、大学院的研究科、学科或部的名称或种类。

四、住所。

五、关于负责人人数、任期、选任和免职的方法及关于其他职员的规定。

六、关于理事会的规定。

七、关于评议会及评议员的规定。

八、关于资产及会计的规定。

九、关于从事以营利为目的的事业的，其事业的种类及其他事业的规定。

十、关于解散的规定。

十一、关于捐赠行为变更的规定。

十二、公布的方法。

2. 学校法人设立时的理事，必须在捐赠行为中予以规定。

3. 在制定关于第一项第十号所列事项中有关剩余财产之归属者的相关规定时，其归属者必须从学校法人或其他从事教育事业者中选定。

（批准）

第三十一条 1. 主管机关在接到前条第一项规定的申请时，必须在审查与该申请有关的学校法人的资产是否符合第二十五条的条件、其捐赠行为的内容是否违反法令的规定等基础上，决定是否批准该捐赠行为。

2. 主管机关在依前项规定批准该捐赠行为时，必须事先听取私立学校审议会等的意见。

（捐赠行为的补充）

第三十二条 1. 欲设立学校法人者，除了应对目的及资产等相关事项做出规定外，在未确定第三十条第一项各号所列的事项而死亡时，主管机关应必须根据利害关系人的请求，规定此类事项。

2. 前条第二项规定，对前项的情形适用。

（设立的时期）

第三十三条 学校法人应根据其主要事务所在地的政令规定，登记成立。

（财产目录的制成和保存）

第三十三条之二 学校法人在设立时，应制成财产目录，必须由主要事务所来保存。

（适用规定）

第三十四条 关于一般社团法人和一般财团法人的法律第一百五十八条及第一百六十四条规定，对设立学校法人适用。在这种情形下，规定中的“财产捐赠”以“捐赠行为”代替，同条中的“该财产”以“捐赠财产”代替。

第三节 管 理

（负责人）

第三十五条 1. 在学校法人中，作为负责人必须设理事5人以上及监事2人以上。

2. 依捐赠行为规定，理事中的一人担任理事长。

（理事会）

第三十六条 1. 学校法人设置由理事组成的理事会。

2. 理事会决定学校法人的业务，监督理事职务的执行。

3. 理事会由理事长召集。理事（理事长除外）根据捐赠行为的相关规定提请召开理事会时，理事长应予以召集。

4. 理事会设置议长，由理事长担任。

5. 如果理事会无过半数的理事出席，不能对该议事进行决议。

6. 理事会的议事，除去捐赠行为另当别论，由出席的过半数理事决定，当赞成票票数和反对票票数相同时，由议长决定。

（负责人的职责）

第三十七条 1. 理事长代表学校法人主要负责学校业务。

2. 理事（理事长除外）根据捐赠行为确定，代表学校法人，辅佐理事长管理学校法人业务，理事长有事时，代理其职责，理事长缺席时，行使其权力。

3. 监事的职责如下：

一、监察学校法人的财产状况。

二、监察理事执行业务的状况。

三、对于学校法人的财产状况，在每个核算年度做成监察报告书，在该核算年度结束后两个月以内向理事会和评议会提出。

四、根据第一号或第二号规定做出的监察结果，如果发现了学校法人在业务或财产方面有不正当行为或有违反法令规定的捐赠行为等重大事实，应报告主管机关或理事会、评议会。

五、为进行前号的报告，必要时应请求理事长召集评议会。

六、应向理事会陈述关于学校法人的业务或财产状况的意见。

（理事的选任）

第三十八条 1. 担任理事者，为以下各号所列者。

一、该学校法人所设立的私立学校的校长（包括校长及园长，下同）。

二、依捐赠行为规定，从该学校法人评议员中选任者（包括以捐赠行为所规定者，以下本项及第四十四条第一项同）。

三、除前两号规定者外，依捐赠行为规定选任者。

2. 当学校法人设立两所以上私立学校时，不受前项第一号规定的限制，依捐赠行为规定，可从校长中选一人或数人为理事。

3. 第一项第一号及第二号规定的理事，在辞去校长或评议员之职时，随即失去理事的职务。

4. 监事选任理事长，要取得评议会的同意。

5. 理事或监事人选应包含该学校法人管理人员及职员以外的人员（包含该学校法人设立的私立学校的校长、教师及其他职员，下同）。

6. 负责人再次担任该职务时，如果适用于前项规定的该理事在最初选任时非该学校法人的负责人或职员，再次担任时被视为非该学校法人的负责人或职员。

7. 在负责人中，各负责人包括其配偶或三等亲以内的亲属不得超过一人。

8. 学校教育法第九条（校长及教师不够资格的事由）的规定，对负责人适用。

（禁止负责人兼职）

第三十九条 监事不得兼任理事、评议员或学校法人的职员。

（理事的增补）

第四十条 理事或监事中，空缺超过其定额的 1/5 时，必须在一个月内进行补选。

（忠实义务）

第四十条之二 理事必须遵守法令和捐赠行为，忠实地为学校法人履行职务。

（理事代理行为的委任）

第四十条之三 除非捐赠行为被禁止，否则理事可将特定行为代理委任给他人。

（临时理事）

第四十条之四 理事未达规定人数，事务延迟可能会造成损失时，主管机关必须根据利害关系人的请求或者职权，选任临时理事。

（利益相悖行为）

第四十条之五 关于学校法人和理事利益相悖的事项，理事无代理权。在这种情形下，主管机关必须根据利害关系人的请求，选任特别代理人。

（评议会）

第四十一条 1. 学校法人设置评议会。

2. 评议会由超过理事定额 2 倍人数的评议员组成。

3. 评议会由理事长召集。

4. 评议会设议长。

5. 在有 1/3 以上的评议员提出应在会议中讨论的事项并请求召集评议会时，理事长必须在接到其请求之日起 20 日以内召集会议。

6. 评议会若无过半数评议员出席，不得开始审议、做出决议。

7. 评议会的审议由出席过半数的评议员决定，支持与反对的票数相等时，由议长决定。

8. 在前项的情形下，议长不得作为评议员参加表决。

第四十二条　1. 对于下列事项，理事长事先必须听取评议会的意见。

一、关于预算、借款（以该会计年度内的收入偿还暂时借款的除外）及重要资产处理的事项。

二、事业计划。

三、捐赠行为的变更。

四、合并。

五、根据第五十条第一项第一号（需要评议会决议的情形除外）及第三号所列事由的解散。

六、关于以营利为目的的事业的重要事项。

七、其他关于学校法人业务的重要事项且由捐赠行为规定者。

2. 可以捐赠行为要求评议会对前项各号所列的事项做出决议。

第四十三条　评议会可就学校法人的业务、财产状况或者负责人的业务执行状况，向负责人陈述意见，或者对其咨询做出回答，或者要求负责人提交报告。

（评议员的选任）

第四十四条　1. 担任评议员者，为以下各号所列者。

一、依捐赠行为规定，从该学校法人职员中选任者。

二、依捐赠行为规定，从该学校法人设立的私立学校毕业者且年龄在25岁以上者中选任者。

三、除前面各号规定者外，依捐赠行为规定选任者。

2. 前项第一号规定的评议员，在辞去职员的职务时，随即失去评议员的职务。

（捐赠行为变更的批准等）

第四十五条　1. 未经主管机关批准，捐赠行为的变更（文部科学省令规定的相关事项除外）不能生效。

2. 学校法人就前项文部科学省令规定的相关事项对捐赠行为进行变更后，应立即向主管机关报告。

（向评议会提交决算报告）

第四十六条　在每个会计年度结束后两个月内，理事长必须向评议会提交决算报告，并征求其意见。

（财产目录等的制作及阅览）

第四十七条　1. 学校法人在每会计年度结束后两个月以内，应根据文部科学省令规定，制作财产目录、借贷对照表、收支计算书、事业报告书及理事等名单。

2. 学校法人制作前项文件和第三十七条第三项第四号的监察报告书及理事报酬支付标准（以下称“财产目录等”）后，从制作之日起在各事务所保存五年，当有阅览要求时，除非有正当理由，否则应予以同意。

3. 不论前项规定如何，若有阅览理事等名单的请求时，学校法人可将理事等名单记载事项中除去个人住址之外部分，供其阅览。

（会计年度）

第四十八条　1. 关于学校法人的理事报酬，根据文部科学省令相关规定，参考民间事业者的报酬及员工工资、该法人的经营状况等事由，支付标准不宜明显过高。

2. 学校法人应根据前项规定制定的报酬等支付标准，向理事支付报酬。

（会计年度）

第四十九条　学校法人的会计年度，自四月一日起至下一年三月三十一日终止。

第四节　解　　散

（解散事由）

第五十条　1. 学校法人依据以下事由而解散。

一、在有 2/3 以上的理事同意，以及根据捐赠行为的规定，尚需评议会决议时，进行决议。

二、发生捐赠行为所规定的解散事由。

三、没有达到该事业的目的。

四、学校法人或第六十四条第四项的法人合并。

五、决定破产手续开始。

六、依第六十二条第一项规定的主管机关的解散命令。

2. 依前项第一号及第三号所列事由进行的解散，若未得到主管机关的批准或认定，不生效。

3. 第三十一条第二项的规定，对前项的批准或认可的情形适用。

4. 清算人在根据第一项第二号或第五号所列事由进行解散时，必须向主管机关进行申报。

（关于学校法人破产手续的开始）

第五十条之二　1. 学校法人用其所有财产无法还清债务时，法院通过理事或债券者的正式请求或职权，决定破产手续开始。

2. 出现前项规定的情形时，理事必须立即正式申请开始破产手续。

（清算过程中学校法人的能力）

第五十条之三　解散的学校法人在清算目的范围内，被视为在清算结束之前存续。

（清算人）

第五十条之四　学校法人在解散时，决定破产手续开始，除解散情形之外，理事即成为清算人，但捐赠行为有其他特殊规定的除外。

（法院对清算人的选任）

第五十条之五　根据前条规定，如果没有清算人或者清算人数不够可能会造成损失，法院可根据利害关系人或检察官的请求或者职权，选任清算人。

（清算人的解任）

第五十条之六　如果有重要事由，法院可根据利害关系人或检察官的职权，解任清算人。

（清算人的呈报）

第五十条之七　对于就职的清算人，必须向主管机关呈报其姓名和住所。

（清算人的职务及权限）

第五十条之八　1. 清算人的职务如下。

一、完成清算工作。

二、债权催缴和债务偿还。

三、剩余财产的交接。

2. 清算人在执行前项各号所列职务时，可采取一切必要措施。

（债权申请的催告等）

第五十条之九　1. 清算人从就职之日起两个月之内，必须至少发布三次公告，使债权者在一定期限内申请债权。在这种情形下，期限不得少于两个月。

2. 在前项公告中，如债权者在期限内不提出申请，则必须从清算中排除。但是，清算人不得排除业已判明的债权者。

3. 清算人必须对判明的债权者申请分别提出催告。

4. 第一项的公告应刊登于官报上。

（超出期限后的债权申请）

第五十条之十　超出前条第一项规定的期限后提出申请的债权者，在学校法人的债务还清后，仅能对仍未移交权力至归属者之财产提出要求。

（清算中关于学校法人破产手续的开始）

第五十条之十一　1. 清算过程中，确定学校法人不能完全还清债务时，清算人应立即申请破产手续，并进行公告。

2. 清算人接受学校法人破产手续开始的决定，并由破产管财人将此事务交接完成后，其任务结束。

3. 根据前项规定，清算过程中如学校法人已对债权者进行支付，或者移交权力至归属者时，破产管财人可以将其收回。

4. 关于第一项规定的公告，应刊登于官报上。

（法院选任的清算人的报酬）

第五十条之十二　法院根据第五十条之五的规定选任清算人时，学校法人可以规定对该清算人支付报酬的数额。在此情形下，法院必须听取该清算人和监事的陈述。

（法院的监督）

第五十条之十三 1. 学校法人的解散和清算属于法院的监督范围。

2. 法院通过其职权，任何时候都可对前项监督进行必要的检查。

3. 为对第一项的监督进行必要的调查，法院可以选任检查专员。

4. 前条规定适用于前项规定的法院选任检查专员的情形。在此情形中，同条的“清算人和监事”替换为“学校法人和检查专员”。

5. 监督学校法人解散和清算的法院，可以寻求主管机关的意见或调查嘱咐。

6. 主管机关可以向前项规定的法院陈述意见。

（结束清算的申请）

第五十条之十四 清算结束时，清算人必须向主管机关提出结束清算的申请。

（解散和清算监督等相关事件的管辖）

第五十条之十五 关于学校法人的解散和清算监督以及清算人的事件，由主要事务所所在地的法院管辖。

第五十条之十六 删除。

（异议申请的限制）

第五十条之十七 对于清算人或检查专员选任的判定，不能提出异议。

（剩余财产的归属）

第五十一条 1. 解散的学校法人的剩余财产，除合并及破产的情形外，在向主管机关提出清理终结的申报时，依捐赠行为规定，归属其应归属者。

2. 不能依前项规定处理的财产，归国库所有。

3. 国家依前项规定，将归国库所有的财产（金钱除外）用于资助私立学校教育，应转让或无偿贷给学校法人。国家亦可将相当于该财产价值的金额作为补助金支出。

4. 对于前项的资助，适用私立学校振兴助成法第十一条至第十三条的规定。

5. 依第二项规定，在归国库所有的财产为金钱的情形下，国家对于其金额应采取第三项但书的处置方法。

6. 依第二项规定，归国库所有的财产（金钱除外），由文部科学大臣管理，第三项的处置，由文部科学大臣执行。但对于该财产采取同项但书的方式处置时，必须将该财产移交财务大臣承办。

（合并手续）

第五十二条 1. 学校法人欲进行合并时，必须经 2/3 以上理事的同意。但根据捐赠行为规定需要评议会决议的情形，必须再经过其决议。

2. 若合并未经主管机关批准，不得生效。

第五十三条 1. 学校法人在取得前条第二项规定的主管机关批准时，在接到其批准通知之日起两周内，必须做成财产目录及资产负债表。

2. 学校法人必须在前项规定的期限内向债权人公告，若有异议应在一定期限内提出，并分别催告已弄清的债权人。但其期限不得少于两个月。

第五十四条 1. 债权人在前条第二项的期限内对合并不提出异议时，被视为承认合并。

2. 债权人提出异议时，学校法人必须对此债务进行偿还，或提供相当的担保，或使债权人以得到偿还为目的在信托公司或经营信托业务的银行托管相当的财产。

第五十五条 在由于合并而设立学校法人的情形下，关于捐赠行为及其他设立学校法人的事务，必须由各学校法人或第六十四条第四项法人中的选任者共同负责。

（合并的效果）

第五十六条 合并后继续存在的学校法人或通过合并而设立的学校法人，继承因合并而取消的学校法人或第六十四条第四项规定的法人的权利和义务（包括该学校法人或第六十四条第四项规定的与法人相关的事业，根据主管机关的批准及其他的处理而拥有的权利和义务）。

（合并的时期）

第五十七条 学校法人的合并，在合并后继续存在的学校法人或通过合并而设立的学校法人的主要事务所的所在地，依政令规定通过登记而生效。

第五十八条 删除。

第五节　资助及监督

（资助）

第五十九条 国家或地方公共团体认为在教育振兴方面有需要之时，可依其他法律规定向学校法人提供关于私立学校教育的必要资助。

（处理命令等）

第六十条 1. 学校法人基于法令规定受到主管单位的处分或违反捐赠行为，或者其运营被主管单位认为严重有失妥当时，可以针对该学校法人发布命令，使其在规定期限采取停止违反、改善运营等其他必要措施。

2. 主管单位欲根据前项规定采取处理命令时，必须预先听取私立学校审议会等的意见。

3. 主管单位欲根据第一项规定采取处理命令时，根据行政程序法第三十条规定的通知，由主管单位给予的解释机会可以代之以私立学校审议会等给予的解释机会，并应通知其出席私立学校审议会等的日期和地点，且根据第五项规定提出解释书时，必须通知该解释书的提出者和提出期限。

4. 该学校法人向私立学校审议会等请求给予解释机会时，私立学校审议会等应代替主管机关予以准许。

5. 前项规定中的解释，除非该学校法人要求提出书面解释，否则原则上应在出席私立学校审议会时进行。

6. 行政程序法第二十九条第二项和第三十一条（仅限于同法第十六条适用相关部分）的规定，适用于第四项规定的，给予私立学校审议会等解释机会。在此情形下，同法第三十一条中适用的同法第十六条第四项中的“行政厅”替换为“私立学校法第二十六条第二项的私立学校审议会等”。

7. 根据第四项规定，给予私立学校审议会等的解释机会时，不适用于行政程序法第三章（第十二条和第十四条除外）的规定。

8. 关于第一项规定的处理命令，不能提出审查请求。

9. 学校法人不遵守第一项规定的处理命令时，主管单位可以针对该学校法人劝告解任负责人。

10. 主管单位欲根据前项规定进行劝告时，预先给予该学校法人的理事或欲解任的负责人解释的机会，同时必须听取审议会等的意见。

11. 行政程序法第三章第三节的规定和第三项至第六项的规定，适用于前项规定进行解释。

（停办营利事业）

第六十一条 1. 主管机关依第二十六条第一项的规定，对于从事以营利为目的事业的学校法人，认为有符合以下各号之一的事由时，可命令该学校法人停止其事业。

一、该学校法人从事捐赠行为规定的事业以外的事业。

二、该学校法人将该事业产生的盈利用于其设立的私立学校经营目的以外的目的。

三、该事业的继续进行妨碍了该学校法人设立的私立学校的教育。

2. 前条第二项至第八项的规定，适用于前项规定的停止命令。

（解散命令）

第六十二条 1. 主管机关在学校法人违反法令规定，或违反主管机关根据法令规定进行处分的情形，依其他方法无法达到监督的目的时，对于该学校法人，可命令其解散。

2. 主管机关欲根据前项规定发布解散命令时，必须预先听取私立学校审议会等的意见。

3. 主管机关欲根据第一项规定发布解散命令时，根据行政手续法第十五条第一项的规定，可以把“向主管机关征询意见”改为“向私立学校审议会等征询意见”，且必须告知其听取该意见的日期和地点，以及掌握听取该意见相关事务的组织名称和所在地。在此情形下，主管机关应提示以下事项。

一、有权在听取该意见的日期出席私立学校审议会等并陈述意见，以及提交证据文件或证物，或者在听取该意见的日期以提出陈述书、证据文件或证物的方式代替出席私立学校审议会。

二、在该意见听取结束后，可以要求阅览主管机关根据第一项规定发布关于解散命令的原因的事实资料。

4. 私立学校审议会等要求该学校法人听取私立学校审议会等的意见时，必须代替主管机关听取意见。

5. 行政程序法第三章第二节（第十五条、第十九条、第二十六条和第二十八条除外）的规定，适用于前项规定中私立学校审议会等进行的意见听取。在此情形下，同法第十六条第四项（包括适用于同法第十七条第三项的情形）、第二十六条第六项和第二十二条第三项（包括适用于同法第二十五条的情形）适用的同法第十五条第三项中的“行政厅”、同法第十七条第一项中的“第十九条规定征询意见的主持人”（以下称“主持人”），以及同法第二十条至第二十五条规定中的“主持人”替换为“私立学校法第二十六条第二项的私立学校审议会等”，同法第二十五条中的“可以命令”替换为“可以要求”，“此情形”替换为“私立学校法第二十六条第二项的私立学校审议会等重新听取意见的情形”。

6. 私立学校审议会等必须充分参考前项适用的行政程序法第二十四条第一项调查书的内容和同条第三项的报告书，来陈述第二项规定的意见。

7. 根据第四项的规定，私立学校审议会等在听取意见时，行政程序法第三章（第十二条和第十四条除外）的规定不适用。

8. 针对第一项规定的解散命令，不得提出审查要求。

（报告和检查）

第六十三条　1. 主管机关在本法施行的必要限度内，可以要求学校法人对其业务或财产状况进行报告，职员可进入学校法人事务所及其他设施，检查其业务、财产状况或账簿、文件等其他物品。

2. 根据前项规定进行检查的职员，必须携带身份证明书，向相关人员出示。

3. 关于第一项规定的进入检查的权限，不应解读为犯罪搜查。

第四章　杂　则

（私立专修学校等）

第六十四条　1. 第五条、第六条和第八条第一项的规定对私立专修学校和私立各种学校适用。在此情形下，适用于私立专修学校的第八条第一项中的“学校教育法第四条第一项或第十三条第一项规定的事项”替换为“代替学校教育法第一百三十条第一项的都道府县知事的权限或同法第一百三十三条第一项适用的同法第十三条第一项的都道府县知事的权限”，适用于私立各种学校的第八条第一项中的“学校教育法第四条第一项”替换为“代替学校教育法第一百三十四条第二项适用的同法第四条第一项”。

2. 学校法人，除所设立的学校外，亦可设立专修学校或各种学校。

3. 对依前项规定设立专修学校或各种学校的学校法人，在适用第三章规定的情形下，在同章规定的私立学校中，包括私立专修学校或私立各种学校。

4. 欲设立专修学校或各种学校者，可设立只以专修学校或各种学校的设立为目的的法人。

5. 第三章的规定（包括关于同章的罚则的规定），对前项的法人适用。在这种情形下，同章规定中的“私立学校”以“私立专修学校或私立各种学校”代替。

6. 学校法人及第四项的法人，在依捐赠行为规定进行必要的捐赠行为变更并得到主管机关批准时，可分别担任第四项的法人及学校法人。

7. 第三十一条及第三十三条（包括对第五项适用的情形）的规定，对前项的情形适用。

（禁止使用类似名称）

第六十五条 非学校法人者，在其名称中不得使用“学校法人”的字样。但第六十四条第四项的法人不受此限。

（实施规定）

第六十五条之二 除本法规定者外，关于本法施行的必要事项，必须由都道府县知事处理的，以政令规定，其他以文部科学省令规定。

第六十五条之三 根据第二十六条第二项，第三十一条第一项和第二项，第三十二条第一项，第三十七条第三项，第四十条之四，第四十条之五，第四十五条，第五十条第二项和第四项，第五十条之七，第五十条之十三第五项和第六项，第五十条之十四，第五十二条第二项，第六十条第一项至第三项、第九项、第十项，第六十一条第一项，第六十二条第一项至第三项以及第六十三条第一项的规定，根据地方自治法第二条第九项第一号的规定，由都道府县处理的事务作为第一号法定受托事务。

（过渡措施）

第六十五条之四 基于本法规定制定命令或修订时，针对由于命令的制定或修订带来的问题，可在合理必要的范围内，在命令中规定相应的过渡措施。

第五章 罚 则

第六十六条 在符合以下各号之一的情形时，对学校法人的理事、监事或清理人，处以 20 万日元以下的罚金。

一、不及时进行基于本法的政令规定的登记时。

二、不及时备置对第三十三条之二规定适用的财产目录，或在财产目录中没有记录应记录的事项，或者进行不实的记录时。

三、违反第四十五条第二项的规定，在该文件中没有记录应记录的事项，或进行不实的记录时。

四、违反第四十七条第二项的规定，不及时备置财产目录等，或在财产目录中没有记录应当记录的事项，或进行不实记录时。

五、不按第五十条之二第二项或第五十条之十一第一项的规定及时申请开始破产手续时。

六、不及时对第五十条之九第一项或第五十条之十一第一项的规定进行公告，或进行不实公告时。

七、违反第五十三条或第五十四条第二项的规定时。

八、根据第六十一条第一项的规定，从事违反命令的事业时。

九、违反第六十三条第一项的规定，不进行报告，或进行不实报告，或根据同项规定拒绝、妨碍或回避检查时。

第六十七条 违反第六十五条规定者，处以 10 万日元以下的罚金。

附　　则

本法自公布之日起三个月后施行。

私立学校法施行令

昭和二十五年（1950 年）三月十四日政令第三十一号

公布以来共修改 14 次；最近修改：平成二十六年（2014 年）十二月二十四日政令第四百一十二号

内阁根据私立学校法第二十八条第一项、第三十三条、第五十七条、第六十四条第五项和第七项以及附则的规定，制定本政令。

（登记的提出等）

第一条 1. 以都道府县为主管机关的学校法人或私立学校法（以下称“法”）第六十四条第四项规定的法人，根据组织登记令的规定登记时，不能延迟，附带登记事项证明书，并向都道府县知事提出。

2. 以都道府县知事为主管机关的学校法人或法第六十四条第四项规定的法人，以及理事或监事就任及退任时，必须及时根据文部科学省所规定的事项向都道府县知事通报。法第三十七条第二项规定的理事（理事长除外，以下本项同）代理或执行理事长职务及代理结束时，亦同样需要通报。

（经由都道府县知事等的申请）

第二条 1. 基于法规向文部科学大臣提出的申请中，以下所列事项应经由都道府县知事进行。

一、以文部科学大臣为主管机关的学校法人，设立以都道府县知事或指定城市市长为主管机关的私立学校、私立专修学校或私立各种学校，根据法第三十条、第四十五条第一项（仅限于该私立学校、私立专修学校或私立各种学校相关的情形）、第五十条第二项、第五十二条第二项或第六十四条第六项规定的认可或认可的申请。

二、以都道府县知事为主管机关的学校法人或法第六十四条第四项规定的法人，根据捐赠行为的变更，成为以文部科学大臣为主管机关的学校法人的情形下，根据法第四十五条第一项或第六十四条第六项规定的认可申请。

三、合并当事人的一方或双方是以都道府县知事为主管机关的学校法人或法第六十四条第四项规定的法人，其合并后存续的法人或通过合并设立的法人以文部科学大臣为主管机关的学校法人情形，根据法第五十二条第二项（包括法第六十四条第五项的适用情形）规定的认可申请。

2. 都道府县知事受理同项所列申请时，必须附带意见，迅速向文部科学大臣汇报。

（与文部科学大臣的协商）

第三条 都道府县知事，在下列情形下，必须事先与文部科学大臣进行协商。

一、以文部科学大臣为主管机关的学校法人，由于变更捐赠行为，成为以都道府县知事为主管机关的学校法人或法第六十四条第四项规定的法人的情形，进行法第四十五条第一项或法第六十四条第六项规定的批准时。

二、合并的当事人的一方或双方是以文部科学大臣为主管机关的学校法人，其合并后继续存在的法人或由于合并而设立的法人是以都道府县知事为主管机关的学校法人或法第六十四条第四项的法人的情形，进行法第五十二条第二项（包括对法第六十四条第五项适用的情形）规定的批准时。

（学校法人及法第六十四条第四项法人的底账的承制等）

第四条 1. 都道府县知事必须依文部科学省令规定的格式，承制属于其管辖的学校法人及法第六十四条第四项规定的法人的底账。

2. 在前项的底账记录事项发生变动时，都道府县知事必须迅速进行增减或修改。

3. 在属于都道府县知事管辖的学校法人或法第六十四条第四项规定的法人的主管机关发生变动时，原主管机关必须将该学校法人或法第六十四条第四项规定的法人的有关文件及底账送交至新主管机关。

（底账等的保存）

第五条 自解散之日起，都道府县知事必须将属于其管辖的学校法人或法第六十四条第四项规定的法人中解散者的有关文件及底账保存五年。

（事务的区分）

第六条 根据第一条、第二条第二项和第三条至前条的规定，须由都道府县处理的事务及依同项规定须由指定城市等处理的事务，均为依地方自治法第二条第九项第一号规定的法定受托事务。

附　　则

政令自昭和二十五年三月十五日起施行。

私立学校法施行规则

昭和二十五年（1950）年三月十四日文部省令第十二号公布
公布以来共修改 37 次；最近修改：平成二十九年（2017 年）九月二十九日
文部科学省令第三十八号

根据私立学校法的规定及为了实施该法，制定私立学校法施行规则。

（营利事业的种类）

第一条 私立学校法（以下称“法”）第二十六条第二项规定的事业的种类，对属于文部科学大臣主管的学校法人，以文部科学省告示规定。

（申请捐赠行为批准手续）

第二条 1. 根据法第三十条的规定，以开办主管机关为文部科学大臣的学校法人为目的进行捐赠行为的批准手续时，应准备认可批准申请书及与捐赠行为相关的下列材料，于该学校法人设立私立大学或私立高等专门学校（以下称“私立大学等”）开设年度的上上年度的十月一日至同月三十一日之间向文部科学大臣提出。

一、设立宗旨书。

二、设立决议记录。

三、有关设立的基本计划及关于该学校法人概要的文件。

四、设立代表人的履历书。

五、理事相关的下列材料。

（1）理事就任承诺书和履历书。

（2）各理事中其配偶或三等亲以内的亲属不超过一人的证明文件。

（3）理事不存在法第三十八条第八项适用的学校教育法第九条各号所列情况的证明文件。

六、记录经费预算和资金计划的文件。

七、记录该学校法人的事务组织概要的文件。

八、文部科学大臣规定的其他文件。

2. 提出前项申请者将以下各号所列文件在该私立大学等的开设年度的前一年度的六月三十日前提交给文部科学大臣。

一、财产目录及其他证明近期财产状况的文件。

二、捐赠申请书。

三、关于不动产权利所属的登记机关的证明文件。

四、关于不动产及其他主要财产，根据拥有对其进行评价的充分资格者做成的价格评价书。

五、显示校地、校舍等整备内容的平面图。

六、从开设年度的前一年度开始到开设后与修业年限相应年数的年度为止的事业计划及与此相应的预算书。

七、文部科学大臣规定的其他文件。

3. 第一项的捐赠行为，其他学校法人不变更设立私立大学的目的、位置、职员组成及设施设备现状，以该私立大学等设立为目的设置新的学校法人时，同项中的“上上年度的十月一日”变更为“上上年度的三月一日”。

4. 第二项规定对前项申请者适用。

5. 欲申请批准依法第三十条规定属于都道府县知事主管的学校法人的设立为目的的捐赠行为时，在认可申请书和捐赠行为中附上以下文件，在主管机关的规定之日前向主管机关提出。

一、第一项第一号、第二号、第四号和第五号所列文件。

二、第二项各号（第七号除外）所列文件（此时同项第六号中“从开设年度的前一年度开始到开设后与修业年限相应年数的年度为止”替换为“两年间”）。

三、其他主管机关所指定的文件。

6. 第二项第一号所列的财产目录，分为基本财产（指学校法人设立的私立学校的必要设施及设备或购置这些设施及设备所需的资金）和营业资产（指学校法人设立的私立学校经营的必要财产）进行记录。但在学校法人从事以营利为目的的事业的情形下，要进一步另列营利事业用财产（指以营利为目的的事业的必要财产）进行记录。

7. 在第一项、第三项、第四项及第五项的学校法人捐赠行为批准申请书以及第二项第一号所列的文件中，需要附上副本。

（文部科学大臣批准的手续等）

第三条　接到与设立私立大学的学校法人有关的法第三十条第一项的申请时，文部科学大臣在该私立大学的开设年度前一年度的三月三十一日之前决定是否批准该申请，批准该申请的，应迅速将其旨意通知该申请者。

（申请批准变更捐赠行为的手续）

第四条　1. 依法第四十五条第一项规定申请捐赠行为变更时，在记录捐赠行为变更的条项（应核对新旧的比较对照表进行记录）及事由的学校法人捐赠行为变更批准申请书中，附上以下各号所列的文件，向主管机关进行申请。

一、证明履行过捐赠行为规定的手续（包括法第四十二条规定的手续，下同）的文件。

二、文部科学大臣管辖的学校法人为以下所列文件。

（1）记录该学校法人概要的文件。

（2）第二条第一项第七号所列文件。

三、其他主管机关规定的文件。

2. 当前项捐赠行为的变更与学校法人设立私立大学的情形有关时，除同项规定外，附上下列文件，在该私立大学开设年度的上上年度的十月一日到同月三十一日之前，向文部科学大臣提出申请。

一、前项第一号所列文件。

二、第二条第一项第三号、第六号和第七号所列文件。

三、文部科学大臣规定的其他文件。

3. 提出前项的申请者，在该私立大学开设年度的六月三十日之前将下列文件提交给文部科学大臣。

一、开设年度的上上年度的财产目录及其他可证明最近财产状况的文件、借贷对照表和收支决算书以及开设年度的前一年度的预算书。

二、负债或有借款计划时，提交其偿还计划书。

三、第二条第二项第二号和第四号至第六号所列文件。

四、其他由文部科学大臣规定的文件。

4. 第二项规定中，第一项捐赠行为的变更，对设立私立大学的学部或学科、大学院或大学院研究科，或是私立高等专门学校的学科（以下总称“私立大学的学部等”）等相关内容适用。在此情形下，下表第一栏所示规定和第二栏所示语句，各自以同表第三栏所列语句替换。

第一栏	第二栏	第三栏
第二项	该私立大学等开设年度的上上年度的三月一日到同月三十一日之间	该私立大学学部等开设年度的上上年度的三月一日到同月三十一日之间
前项	该私立大学等	该私立大学的学部等

5. 第一项捐赠行为的变更，大学设置基准第五十条第一项或短期大学设置基准第四十三条第一项规定的关于设置国际合作科的情形，前项规定适用，同项表中“该私立大学学部等开设年度的上上年度的三月一日到同月三十一日”替换为“该学科的开设年度的上上年度的三月一日到同月三十一日”，“该学科的开设年度之前年度的八月一日到同月三十一日或是三月一日到同月三十一日”替换为“该学科的开设年度的八月一日到同月三十一日”，同表前项中的“该私立大学等”替换为“该私立大学等的开设年度的前一年度的六月三十日之前”，“该私立大学的学部等”替换为“在该学科设置认可相关的申请时间内”。在此情形下，第三项第一号中“开设年度的上上年度”替换为“申请年度的前一年度”，“开设年度的前一年度”替换为“申请年度”。

6. 当第一项捐赠行为的变更与属于都道府县知事主管的学校法人重新设立属于都道府县知事主管的私立学校的情形或在设立的私立学校中只重新设置课程、学科或部（以下称“课程等”）的情形有关时，除同项各号所列的文件外，附上以下所列文件，在主管机关规定之日前，向主管机关进行申请。

一、第二条第二项各号（第二号和第七号除外）所列文件（此时同项第六号中“从开设年度的前一年度开始到开设后与修业年限相应年数的年度”替换为“两年间”）。

二、第三项第一号和第二号所列文件。

三、主管机关规定的其他文件。

7. 当第一项的捐赠行为的变更与属于文部科学大臣主管的学校法人只重新设置属于都道府县知事主管的私立学校的情形或在属于都道府县知事主管的私立学校中重新设置课程等的情形有关时，除同项所列的文件外，附上以下所列文件，向文部科学大臣提出申请。

一、第二条第一项第六号所列文件。

二、第二条第二项第一号和第四号至第六号所列文件。

三、本条第三项第一号和第二号所列文件。

四、其他文部科学大臣规定的文件。

8. 第三条的规定，对第二项和第四项的申请适用。在此情形下，在同项申请中，同条的“私立大学等”替换为“私立大学的学部等”。

9. 第一项捐赠行为的变更，在欲废止私立学校或废止以往设立的属于都道府县知事主管的私立学校设置的课程等时，或废止之前运营的营利性事业时，除同项所列文件之外，附上以下所列文件，向主管机关提出申请。

一、记录该废止的私立学校、课程等或与收益事业相关的财产处分事项的文件。

二、第二条第二项第一号和第六号所列文件（此时同号中“从开设年度的前一年度开始到开设后与修业年限相应年数的年度”替换为“两年间”）。

10. 第一项捐赠行为的变更，在欲废止隶属于都道府县知事主管的私立学校或课程等；以其职员构成为基础，欲设立隶属其他都道府县知事主管的私立学校或其他课程等时，除同项所列文件外，不仅要附上第六项或第七项所列文件，也要附上第二条第二项第一号和第五号所列文件，在主管机关规定的日期之前，向主管机关提出申请。

11. 第一项捐赠行为的变更，在该学校法人进行新的营利性事业时，除同项所列文件外，附上下列文件。

一、第二条第二项第四号至第六号所列文件（此时同号中“从开设年度的前一年度开始到开设后与修业年限相应年数的年度”替换为“两年间”）。

二、第四条第三项第一号和第二号所列文件。

12. 第一项捐赠行为的变更，在与登记事项的变更有关的情形下，需要在同项的捐赠行为变更批准申请书中附上副本。

第四条之二 1. 前条第一项捐赠行为的变更，基于学校教育法第四条第一项，涉及私立大学等或学部等设置者的变更时，不论前条第一项之规定，应附上下列文件，向文部科学大臣提出申请。

一、前条第一项第一号和第二号所列文件。

二、前条第三项第一号和第二号所列文件。

三、第二条第一项第三号所列文件。

四、第二条第二项第四号至第六号所列文件。

五、文部科学大臣规定的其他文件。

2. 前条第一项捐赠行为的变更，基于学校教育法第四条第一项，私立大学等的设立者变为非私立大学等的设立者时（该变更只限于隶属文部科学大臣所辖的学校法人），不仅遵循前条第一项规定，还要附上以下所列文件，向文部科学大臣提出申请。

一、记录因该设立者变更而对财产进行处分的相关事项的文件。

二、前条第一项第一号和第二号所列文件。

三、第二条第二项第一号和第六号所列文件（此时同号中“从开设年度的前一年度开始到开设后与修业年限相应年数的年度”替换为“两年间”）

（捐赠行为变更的申报手续）

第四条之三 1. 法第四十五条第一项（包括法第六十四条第五项适用的情形）规定的文部科学省令决定的事项如下。

一、法第三十条第一项第三号（包括法第六十四条第五项中替换的情形）所列事项中，基于学校教育法第四条第二项的规定，不须接受认可的事项、同条第一项和同法第一百三十条第一项的不涉及设置废止带来的名称变更的相关事项，关于推进向学前儿童提供综合性教育保育的法律第十七条第一项的不涉及设置废止的变更相关事项，以及大学学部学科、高等专门学校学科和大学函授教育废止的相关事项。

二、法第三十条第一项第四号（包括法第六十四条第五项适用的情形）所列事项（但仅限主管机关未发生变化之时）。

三、法第三十条第一项第十二号（包括法第六十四条第五项适用的情形）所列事项。

2. 法第四十五条第二项规定的进行捐赠行为变更的申请时，附上记录有捐赠行为变更条项和事由的文件、变更后的捐赠行为以及第四条第一项第一号所列的文件，向主管机关提出申请。

（计算文件的制成）

第四条之四　1. 法第四十七条第一项（包括法第六十四条第五项适用的情形，以下本条同）规定的文件（事业报告书仅限于财务状况相关部分）的制成，必须依据公正妥当的学校法人会计标准及其他学校法人会计的惯例。

2. 关于法第四十七条第一项规定的文件中的借贷对照表，除前项规定外，发行或欲发行金融商品贸易法施行令第一条第二号所列证券或证书；或依同令第一条之三、第一条之四规定行使权力发行有价证券；或欲发行的学校法人及法第六十四条第四项规定的法人关于该有价证券、该证书或该权利，依金融商品贸易法进行募集或卖出的行为（次项称“发行有价证券学校法人”），应根据文部科学大臣的规定，另行准备文件。

3. 关于法第四十七条第一项规定文件中的收支计算表，除依第一项规定外，发行有价证券的学校法人必须把损益计算书、纯资产变动计算表、现金计算表和附属明细表分开，由文部科学大臣决定制成。

（申请批准或认定解散的手续）

第五条　1. 欲依法第五十条第二项的规定，申请解散的批准或认定时，要在记录解散的事由的解散批准申请书或解散认定申请书上附上以下各号所列文件，向主管机关提出申请。

一、理由书。

二、对应法第五十条第一项第一号规定时按照同号规定（包括法第四十二条规定的手续），对应法第五十条第一项第三号规定时按照法第四十二条规定办理手续的证明文件。

三、记录关于剩余财产的处理事项的文件。

四、第二条第二项第一号所列文件。

五、隶属文部科学大臣管辖的学校法人，附上第二条第一项第七号和第四条第一项第二号所列文件。

六、主管机关规定的其他文件。

2. 在前项的解散批准申请书或解散认定申请书及同项第一号所列的文件中，需要附上副本。

（申请批准合并的手续）

第六条　1. 欲依法第五十二条第二项的规定申请合并的批准时，在合并批准申请书上附上以下各号所列文件，向主管机关提出申请。

一、理由书。

二、证明履行过法第五十二条第一项手续（包括法第四十二条规定的手续）的文件。

三、对应法第五十五条时，证明申请者是依同条规定的被选任者的文件。

四、合并合同书。

五、与合并后继续存在的学校法人（以下本项称“存续学校法人”）或因合并而设立的学校法人（以下本项称“设立学校法人”）相关的下列文件。

（1）捐赠行为。

（2）第二条第一项第五号所列文件[存续学校法人应提交同号（1）文件中，继续担任理事的就职承诺书除外]。

（3）第二条第二项第六号所列文件（此时同号中“从开设年度的前一年度开始到开设后与修业年限相应年数的年度为止”替换为“两年间”）。

六、关于合并前的各学校法人或法第六十四条第四项规定的法人（以下称“准学校法人”）相关文件如下。

（1）捐赠行为。

（2）借贷对照表。

（3）第二条第二项第一号至第五号（第二号除外）所列文件。

七、关于合并前的各学校法人或准学校法人，当存续学校法人或设立学校法人是隶属文部科学大臣管辖的学校法人时，记录该学校法人概要的文件和第二条第一项第七号所列文件。

八、存续学校法人或设立学校法人制定私立学校的学则。

九、主管机关规定的其他文件。

2. 前项规定的申请，在合并后当事人的一方的学校法人继续存在的情形，由合并的当事人的学校法人或准学校法人双方共同提出。

3. 第一项的合并批准申请书，同项第一号及第五号所列的文件以及同项第七号所列的文件中的财产目录中，需要附上副本。

第七条　删除。

（对准学校法人的适用）

第八条　第二条第五项至第七项，第四条第一项、第六项、第九项、第十一项和第十二项，第四条之三第二项，第五条及第六条的规定，适用于准学校法人。在此情形下，下表第一栏所列规定中同表第二栏所列字句，各自替换为同表第三栏所列字句。

第一栏	第二栏	第三栏
第四条第六项	都道府县知事主管的私立学校	私立专修学校或私立各种学校
	私立学校中只重新设置课程、学科或部	设置私立专修学校的课程
第四条第九项	废止私立学校或废止以往设立的属于都道府县知事主管的私立学校设置的课程	废止私立专修学校或私立各种学校或私立专修学校课程
第六条第一项	私立学校	私立学校或私立专修学校或私立各种学校

（学校法人及准学校法人申请批准组织变更的手续）

第九条　1. 欲依法第六十四条第六项规定，学校法人及准学校法人分别申请成为准学校法人及学校法人（以下本条称“组织变更”）时，应提交批准申请书、记录捐赠行为变更的条项及事由，并附上以下所列文件，向申请主管机关提出申请。

一、理由书。

二、证明履行过规定的捐赠行为手续的文件。

2. 前项组织的变更，与该准学校法人欲成为隶属文部科学大臣所辖的学校法人时，除同项所列的文件外，附上以下所列文件，在开设年度上上年度的十月一日起到同月三十一日之间向文部科学大臣提出申请。

一、第二条第一项第三号和第五号至第七号所列文件。

二、文部科学大臣规定的其他文件。

3. 提出前项的申请者，将以下文件在私立大学设立的开设年度的六月三十日之前提交给文部科学大臣。

一、第二条第二项第二号至第六号所列文件。

二、第四条第三项第一号至第二号所列文件。

三、其他由文部科学大臣规定的文件。

4. 第三条规定适用于第二项申请。

5. 第一项组织的变更，不变更其他学校法人设立私立大学等的目的、位置、职员组成及设施设备的现状，把该私立大学的设立作为目的时，第二项中“上上年度的十月一日起”替换为“上上年度的三月一日起”。

6. 第一项的组织变更，该学校法人欲成为准学校法人时（仅限于新设立的私立专修学校或私立各种学校），或准学校法人欲成为隶属于都道府县知事管辖的学校法人时，除同项所列文件外，附上以下所列文件，在主管机关所规定的日期前向主管机关提出申请。在此情形下，隶属文部科学大臣管辖的该学校法人欲成为准学校法人时，该学校法人被视为隶属都道府县知事管辖的学校法人。

一、第二条第一项第五号所列文件。

二、第二条第二项各号（第二号和第七号除外）所列文件（此时同号中“从开设年度的前一年度开设后与修业年限相应的年数的年度”替换为“两年间”）。

三、第四条第三项第一号和第二号所列文件。

四、其他由主管机关所规定的文件。

7. 第一项的认可申请及记录捐赠行为变更条件和事由的文件，以及同项第一号所列文件，需要附上副本。

（认可申请书的样式等）

第九条之二　1. 第二条、第四条至第六条和前条的认可申请书等其他文件

（次项称“认可申请书等”）中向文部科学大臣提出的样式和部数等，由文部科学大臣分别决定。

2. 文部科学大臣在认为有必要时，可以要求提出认可申请书等以外文件，或免除认可申请书的一部分文件。

（本省令的规定对设立专修学校或各种学校的学校法人适用的情形）

第十条 依法第六十四条第二项的规定，本省令的规定对设立专修学校或各种学校的学校法人适用的情形，本省令规定中的私立学校包括私立专修学校或私立各种学校。

第十一条 删除。

第十二条 删除。

（登记的申报等）

第十三条 1. 根据私立学校法施行令（以下称“令”）第一条第二项的规定，必须向都道府县知事提出的事项有：理事或监事就任时的姓名、住址和年月日，理事或监事退任时及理事（理事长除外。以下本项同）代理或履行理事长职务及其卸任时的姓名、年月日。

2. 以文部科学大臣为主管机关的学校法人，依组合等登记令的规定进行登记时，应附上登记事项证明书，及时向文部科学大臣报备。

3. 以文部科学大臣为主管机关的学校法人，在就任或卸任理事长或监事时，要迅速向主管机关申报该人的姓名、住所以及就任或卸任的年月日。

4. 令第一条第一项或第二项或此两项的申报，涉及理事或监事就任时，申报书上应附上第二条第一项第五号所列文件及第四条第一项第一号所列文件，涉及理事长和其他拥有代表权的理事变动时，申报书上应附上同号所列文件。

（学校法人及准学校法人的底账）

第十四条 令第四条第一项规定的底账的样式，如附表所示。

附　　则

本省令自法施行之日起施行。

附表一　第十四条相关（正面）

名称	
事务所	
目的	
设立的学校	
从事以营利为目的的事业及其种类	
批准设立年月日	

续表

<table>
<tr><td colspan="2">设立登记年月日</td><td colspan="3"></td></tr>
<tr><td rowspan="5">批准设立当时</td><td rowspan="5">资产</td><td rowspan="5"></td><td>设立人</td><td rowspan="5"></td></tr>
<tr><td>理事</td></tr>
<tr><td>（定额及姓名）</td></tr>
<tr><td>监事</td></tr>
<tr><td>（定额及姓名）</td></tr>
<tr><td colspan="2">备考</td><td colspan="3"></td></tr>
</table>

备注：对从“名称”至“从事以营利为目的的事业及其种类”，每次变更时应用红笔订正。

附表二　第十四条相关（背面）

<table>
<tr><td>名称</td><td colspan="3"></td></tr>
<tr><td colspan="4">捐赠行为变更</td></tr>
<tr><td>批准年月日</td><td>申请人姓名</td><td>要点</td><td>备考</td></tr>
<tr><td></td><td></td><td></td><td></td></tr>
<tr><td></td><td></td><td></td><td></td></tr>
<tr><td></td><td></td><td></td><td></td></tr>
<tr><td></td><td></td><td></td><td></td></tr>
<tr><td></td><td></td><td></td><td></td></tr>
<tr><td></td><td></td><td></td><td></td></tr>
</table>

备注：对依法附则第二项或第六项规定变更组织而成为学校法人或准学校法人者，底账正面中的“设立”以“组织变更”代替进行记录，在“备考”栏中记录哪个财团法人变更组织而成为学校法人或准学校法人的事实。

私立学校振兴助成法

昭和五十年（1975 年）七月十一日法律第六十一号公布
公布以来共修改 14 次；最近修改：平成二十七年（2015 年）六月二十四日法律第四十六号

（目的）

第一条 鉴于在学校教育中私立学校的重要作用，根据国家及地方公共团体采取的资助私立学校的措施的规定，本法以谋求维持及提高私立学校的教育条件以及减轻私立学校在学幼儿、儿童、学生在学习方面的经济负担，同时增强私立学校经营的健全性，以有助于私立学校的健全发展为目的。

（定义）

第二条 1. 本法中的“学校”，指学校教育法第一条所规定的学校以及为关于推进向学前儿童提供综合性教育保育的法律第二条第七项规定的幼保联合型认定幼儿园（以下称“幼保联合型幼儿园”）。

2. 本法中的“学校法人”，指私立学校法第三条规定的学校法人。

3. 本法中的“私立学校”，指私立学校法第二条第三项规定的学校。

4. 本法中的“主管机关”，指私立学校法第四条规定的主管机关。

（学校法人的职责）

第三条 鉴于本法的目的，学校法人必须自主地谋求加强其财政基础，并在谋求与其设立的学校在学的儿童、学生或幼儿有关的学习方面的经济负担的适当化的同时，努力提高该学校的教育水准。

（对私立大学及私立高等专门学校的经常性经费补助）

第四条 1. 对于设立大学或高等专门学校的法人，关于与该学校的教育或研究有关的经常性经费，国家可在 1/2 范围内予以补助。

2. 依前项规定可以补助的经常性经费的范围、算定方法及其他必要的事项，以政令规定。

（补助金的减额等）

第五条 在学校法人或学校法人设立的大学或高等专门学校出现以下各号之一的情形时，国家可根据其情况，削减依前条第一项规定向该学校法人交付的补助金的数额。

一、违反法令规定和基于法令规定的主管机关的处分或捐赠行为的情形。

二、在学的学生超过学校章程规定的招生定额的情形。

三、在学的学生人数不满学校章程规定的招生定额的情形。

四、不能妥善偿还借款等财政状况不健全的情形。

五、其他教育条件或管理运营不够适当的情形。

第六条　在学校法人设立的大学或高等专门学校符合前条各号之一的情形下，认为其情况严重，无法有效地达到补助的目的时，国家可不交付第四条第一项规定的补助金。在学校法人设立的大学或高等专门学校里，开办后的办学时间仍未达到学校教育法规定的修业年限的学部或学科（限于短期大学及高等专门学校的学科），对于该学部或学科有关的补助金，亦可做同样处理。

（补助金的增额）

第七条　国家认为对私立大学的学术振兴，私立大学或私立高等专门学校的特定领域、课程等有关的教育振兴特别必要时，可依第四条第一项规定增加对该学校法人的补助金拨款。

（对学校法人助学贷款事业的资助）

第八条　对学校法人从事的以其设立的学校学生为对象进行的助学贷款事业，国家或地方公共团体可提供资金贷款及其他必要的援助。

（国家对补助学校法人的都道府县的补助）

第九条　都道府县对在其区域内设立幼儿园、小学、初级中学、义务教育学校、高级中学、中等教育学校、特别支援学校或幼保联合型幼儿园的学校法人给予教育相关常规经费补助时，国家可依据政令规定对都道府县给予部分补助。

（其他的资助）

第十条　除第四条、第八条及前条规定外，国家或地方公共团体可为学校法人提供补助，或以较通常条件更为有利的条件提供贷款、转让或出租其他财产，但不得超出国有财产法以及地方自治法第九十六条及第二百三十七条至第二百三十八条之五规定的范围。

第十一条　国家依日本私立学校振兴·共济事业团法的规定，对于本法规定的资助中与补助金的支出或贷款有关的业务，可通过日本私立学校振兴·共济事业团执行。

（主管机关的权限）

第十二条　主管机关对依本法规定接受资助的学校法人，拥有以下各号所列权限。

一、针对资助相关内容，必要时可要求该学校法人报告其业务或财务状况，或要求该职员对该学校法人的有关人员进行质询，或检查其账簿、文件及其他物件。

二、该学校法人招收明显超出学校规定的招生定额的学生或幼儿时，可令其纠正。

三、认为该学校法人的预算与补助目的不相符时，劝告其对预算进行必要的修正。

四、该学校法人理事违反法令规定或基于法令规定受到主管机关处分或违反捐赠行为时，劝告解除该理事职务。

（听取意见等）

第十二条之二 1. 主管机关欲依据前条第二号规定发布纠正命令时，必须预先听取私立学校审议会或者学校教育法第九十五条规定的审议会（以下称“私立学校审议会等”）的意见。

2. 主管机关欲依据前条第二号规定发布纠正命令时，根据行政手续法第三十条的规定，除了应通知其拥有向主管机关申辩的机会之外，可另外给予其向私立学校审议会申辩的机会，同时告知其应出席的私立学校审议会等的日期和场所，以及按第四项规定提交申辩书时，该申辩书的提交地点及期限。

3. 该学校法人寻求私立学校审议会等赋予分辨机会时，私立学校审议会等应代替主管机关给予其申辩机会。

4. 依据前项规定的申辩，除非该学校法人要求提交申辩书，否则应出席私立学校审议会等进行申辩。

5. 行政手续法第二十九条第二项和第三十一条（仅限于同法第十六条的适用相关部分）的规定，适用于依据第三条规定的私立学校审议会等给予的申辩机会。此时同法第三十一条适用的同法第十六条第四项中的“行政厅”可替换为“私立学校振兴助成法第十二条之二第一项的私立学校审议会等”。

6. 依据第三项的规定，私立学校审议会等给予申辩机会时，行政手续法第三章（第十二条和第十四条除外）的规定不适用。

7. 依据前条第二号规定纠正命令，不能进行审查请求。

第十三条 1. 主管机关根据第十二条第三号或第四号的规定采取措施时，应事先给予该学校法人理事或拟解除职务的负责人申辩机会，同时听取私立学校审议会等的意见。

2. 行政手续法第三章第三节的规定及前条第二项至第五项的规定适用于前项规定中的申辩。

（文件的生成）

第十四条 1. 根据第四条第一项或第九条的规定接受补助金的学校法人，应遵照文部科学大臣规定的基准进行会计处理，并制作资产负债表、收支计算书及其他财务计算相关文件。

2. 前项规定的学校法人，除同项文件外，必须向主管机关提交收支预算书。

3. 申报前项文件时，对于第一项的文件，必须按照主管机关指定的事项提供公认会计师或监管法人的监察报告书。但补助金额微小时，经主管机关同意，则不受此限。

（税制上的优惠措施）

第十五条　为有助于私立学校教育的振兴，国家或地方公关团体应努力采取税制上的优惠措施等，以便于学校法人向社会筹措捐款。

（对准学校法人的适用）

第十六条　第三条、第十条及第十二条至第十三条的规定，对私立学校法第六十四条第四项的法人适用。

（事务的区分）

第十七条　根据第十二条（包括第十六条适用的场合）、第十二条之二第一项（包括第十六条适用的场合）及第二项（包括第十三条第二项和第十六条适用的场合）、第十三条第一项（包括第十六条适用的场合）以及第十四条第二项和第三项的规定，由都道府县处理的事务，视为地方自治法第二条第九项第一号中规定的第一号法定受托事务。

附　　则

（施行日期）

本法自昭和五十一年四月一日起施行。

第四编　社 会 教 育

社会教育法

昭和二十四年（1949年）六月十日法律第二百零七号
公布以来共修改40次；最近修改：平成二十九年（2017年）三月三十一日法律第五号

目录

第一章 总 则

（本法的目的）

第一条 本法根据教育基本法的精神，以明确国家及地方公共团体在社会教育方面的任务为目的。

（社会教育的定义）

第二条 本法中的“社会教育”，是指根据学校教育法及关于推进向学前儿童提供综合性教育保育的法律，作为学校教育课程所进行的教育活动之外的，主要针对青少年和成人进行的有组织的教育活动（含体育和文娱活动）。

（国家和地方公共团体的任务）

第三条 1. 国家和地方公共团体必须依据本法及其他法令的规定，通过开办和运营奖励社会教育所必需的设施、举办集会、制作与颁发资料以及其他方法，努力创造全体国民皆能够自主地根据实际生活需要，利用各种机会和各种场所，提高文化教养的环境。

2. 国家和地方公共团体履行前项任务时，应考虑国民多样化的学习需求，通过适当为其提供必要的学习机会并加以奖励，尽力在振兴终身学习方面取得成效。

3. 国家和地方公共团体履行前项任务时，应认识到社会教育与学校教育及家庭教育密切相关，注意确保与学校教育互相协作、强化家庭教育，尽力促进学校、家庭及社区居民等以及其他相关部门之间的互相合作及帮助。

（国家对地方公共团体的援助）

第四条 为完成前条第一项规定的任务，国家应根据本法和其他法令的规定，在预算范围内，对地方公共团体进行财政援助，提供及协助提供物资。

（市町村教育委员会的事务）

第五条 市（含特别区，下同）町村教育委员会在社会教育方面，根据本地区的需要，在预算范围内开展下列事务。

一、对社会教育进行必要的援助。

二、有关社会教育委员的委派事宜。

三、有关公民馆的设置及管理事宜。

四、有关所辖图书馆、博物馆、青年之家及其他社会教育有关设施的设置及管理事宜。

五、有关所辖学校为社会教育开设讲座及其奖励事宜。

六、有关举办讲座和讨论会、讲习会、讲演会、展览会和其他集会及其奖励事宜。

七、有关家庭教育相关学习机会的讲座和集会及其奖励事宜。

八、有关职业教育和产业的科学技术指导的集会的举办及其奖励事宜。

九、有关指导生活科学化的集会的召集及其奖励事宜。

十、应对不断发展的信息化社会，举办旨在提高信息收集及应用所需要的知识或技能的学习机会的讲座或集会及其奖励事宜。

十一、有关运动会、比赛及其他体育指导的集会的举办及其奖励事宜。

十二、有关音乐、戏剧、美术和其他艺术发表会等的举办及其奖励事宜。

十三、面向学龄儿童及学生（分别指学校教育法第十八条规定的学龄儿童及学生），在其学校放学后或节假日利用学校、社会教育及其他相关设施为其提供学习及其他活动的机会及其奖励事宜。

十四、为青少年开展志愿者等奉献社会的体验活动、自然体验活动及其他体验活动提供机会及其奖励事宜。

十五、运用社会教育学习机会得来的学习成果，为在学校、社会教育设施及其他地区举办教育活动及其他活动提供机会及其奖励事宜。

十六、社会教育相关信息的收集、整理及提供事宜。

十七、有关视听教育、体育和文娱活动所需设备、器材和资料的提供事宜。

十八、有关信息的交换与调查研究相关事宜。

十九、为完成第三条第一项规定的任务，需要开展的其他事务。

（都道府县教育委员会的事务）

第六条 1. 都道府县教育委员会在社会教育方面，除了根据当地需要在预算范围内开展前条各号所列的事务（同项第三号事务除外）之外，还要开展下列事务。

一、对公民馆和图书馆的设置与管理工作进行必要的指导和调查。

二、针对从事社会教育人员的进修工作，其所需设施的设置和运营、讲习会的举办及资料的发放等事宜。

三、社会教育设施的设置和运营所需物资的提供和调剂等事宜。

四、与市町村教育委员会进行联络等事宜。

五、其他根据法令规定属于其职权范围内的事项。

2. 前条第二号规定，适用于都道府县教育委员会为地区学校联动提供机会组织开展的相关活动的情况。

（教育委员会和地方公共团体的首长的关系）

第七条 1. 地方公共团体的首长在对其所掌管的事项进行必要的宣传中，认为适宜利用试听教育手段及其他教育设施与手段时，可委托教育委员会实施或要求其协助实施。

2. 前项规定适用于其他行政机关，当它们对其所掌管的事项进行必要的宣传时，可委托教育委员会实施或要求其协助实施。

第八条 教育委员会为开展有关社会教育的事务，必要时可以要求该地方公共团体的首长和有关行政机关提供必要的资料及其他方面的协助。

（图书馆和博物馆）

第九条 1. 图书馆和博物馆为开展社会教育的机关。

2. 有关图书馆和博物馆的必要事项，由其他法律另行规定。

第二章 社会教育主任等

（社会教育主任与社会教育主任助理的设置）

第九条之二 1. 都道府县和市町村教育委员会事务局设社会教育主任。

2. 都道府县和市町村教育委员会事务局可设社会教育主任助理。

（社会教育主任与社会教育主任助理的职责）

第九条之三 1. 社会教育主任为从事社会教育的人员提供专门的、技术性的建议和指导，但不得进行命令和监督。

2. 学校与社会教育相关团体、社区居民及其他相关人员举办教育活动时，社会教育主任可应其要求提供必要的建议。

3. 社会教育主任助理协助社会教育主任的工作。

（社会教育主任的资格）

第九条之四 符合下列各号之一者，具有担任社会教育主任的资格。

一、在大学学习两年以上并取得 62 学分以上者，或在高等专门学校毕业，同时在下列职位上任职时间超过三年并完成下条规定的社会教育主任讲习课程者。

（1）社会教育主任助理。

（2）在政府机关、学校、社会教育设施或社会教育相关团体中担任过文部科学大臣指定的图书馆、博物馆馆员及其他社会教育主任助理同等或以上职务。

（3）在政府机关、学校、社会教育设施或社会教育相关团体组织实施的社会教育相关活动中，担任文部科学大臣指定的为社会教育主任应当掌握的必要知识或技能的职务的时间。

二、持有教育职员普通许可证，且担任文部科学大臣指定的有关教育职务五年以上，修完下条规定的社会教育主任讲习课程者。

三、在大学学习两年以上，取得 62 个以上学分，且在大学里修完文部科学省令规定的有关社会教育科目的学分，第一号中的（1）至（3）项时间加起来超过一年者。

四、修完下条规定的社会教育主任讲习课程（本条第一号和第二号所列人员除外），并已被都道府县教育委员会认定具有相当于前三号所列人员的教养与经验者。

（社会教育主任的讲习）

第九条之五 1. 社会教育主任的培训，由文部科学大臣委托的大学及其他教育机关实施。

2. 听讲资格及其他有关社会教育主任讲习的必要事项，由文部科学省令规定。

（社会教育主任和社会教育主任助理的进修）

第九条之六 社会教育主任与社会教育主任助理的进修，除了由任命单位组织之外，由文部科学大臣和都道府县实施。

（社区学校联动活动推进委员）

第九条之七 1. 为了使社区学校联动活动顺利有效地开展，教育委员会可从社会上有威望且对推动社区学校联动活动具有热情和经验的人员中委任社区学校联动活动推进委员。

2. 社区学校联动活动推进委员可就社区学校联动活动相关事项，协助教育委员会落实相关政策，促进社区居民等与学校之间的信息共享，并为开展社区学校联动活动的社区居民提供建议及其他援助。

第三章 社会教育有关团体

（社会教育有关团体的定义）

第十条 本法中的“社会教育有关团体”，不论其是否为法人，均指不属于国家公权力，以开展社会教育有关事业为主要目的的团体。

（与文部科学大臣及教育委员会的关系）

第十一条 1. 文部科学大臣及教育委员会可应社会教育有关团体的请求，给予其专门的、技术性的指导或建议。

2. 文部科学大臣及教育委员会根据社会教育有关团体的请求，在确保社会教育有关事业所需物资方面给予帮助。

（与国家及地方公共团体的关系）

第十二条 国家及地方公共团体不得以任何方式对社会教育有关团体加以不正当的限制、支配或对其事业加以干涉。

（向审议会等进行咨询）

第十三条 国家或地方公共团体向社会教育有关团体提供补助金时，应由文部科学大臣或地方公共团体事先向政令规定的审议会听取意见，由地方公共团体所属的教育委员会听取社会教育委员会相关会议的意见后进行。

（报告）

第十四条 文部科学大臣及教育委员会为制作指导资料及进行调查研究，可要求社会教育有关团体做出必要的报告。

第四章 社会教育委员

（社会教育委员的构成）

第十五条 1. 都道府县和市町村可设社会教育委员。

2. 社会教育委员由教育委员会委任。

第十六条 删除。

（社会教育委员的职责）

第十七条 1. 社会教育委员就社会教育向教育委员会提出建议，执行下列职责。

一、起草有关社会教育的各项计划。

二、召开定时或临时会议，就教育委员会的咨询陈述意见。

三、为履行前两号所列职责，进行必要的调查研究。

2. 社会教育委员会可出席教育委员会的会议，就社会教育问题发表意见。

3. 市町村的社会教育委员可就受该市町村教育委员会委托的有关青少年教

育的特定事项，对社会教育有关团体、社会教育指导者及其他有关人员提出建议和进行指导。

（社会教育委员的委任标准）

第十八条　社会教育委员的委任标准、人数、任期及其他关于社会教育委员委任的必要事项，由各地方公共团体的条例规定。此时社会教育委员的委任标准，可参照文部科学省令制定的标准。

第十九条　删除。

第五章　公　民　馆

（目的）

第二十条　设置公民馆的目的是为市町村及其他一定区域内的居民开展各种有关适应实际生活的教育、学术及文化事业，以谋求提高居民的教育素养、增进健康、陶冶情操，为振兴文化生活、增进社会福祉做出贡献。

（公民馆的设置者）

第二十一条　1. 公民馆由市町村设置。

2. 除前项情况之外，只有以设置公民馆为目的的一般社团法人或一般财团法人（以下本章称“法人”）方可设置公民馆。

3. 在事业运营上有需要时，公民馆可设分馆。

（公民馆的事业）

第二十二条　公民馆为了实现第二十条规定的目的，大致从事下列事业。但本法律及其他法令禁止的事项不在此列。

一、定期举办讲座。

二、召开讨论会、讲习会、讲演会、实习会、展览会等。

三、备置图书、资料、模型、资料等，并促使其利用。

四、举办有关体育、文化娱乐等方面的集会。

五、谋求与各种团体、机关等的联络。

六、将其设施向居民开放，用于集会及其他公共目的。

（公民馆的运营方针）

第二十三条　1. 公民馆不得从事下列行为。

一、进行专以营利为目的的活动，以公民馆的名义进行特定营利活动及支持其他营利活动的行为。

二、支持进行与特定政党利益有关的活动，或在公私的选举中支持特定的候选人。

2. 市町村设置公民馆，不得支持特定的宗教、特定的教派、宗派或教团。

（公民馆的基准）

第二十三条之二　1. 为使公民馆健全发展，由文部科学大臣规定公民馆的设置和运营上的必要基准。

2. 为使市町村的公民馆能够依据前项的基准设置和运营，文部科学大臣和都道府县教育委员会应尽力为该市町村提供指导、建议及其他援助。

（公民馆的设置）

第二十四条　市町村在设置公民馆时，必须以条例的形式，对有关公民馆的设置和运营的事项做出规定。

第二十五条　删除。

第二十六条　删除。

（公民馆的职员）

第二十七条　1. 公民馆可设馆长、主任和其他必要的职员。

2. 馆长负责公民馆的各项事业的规划、实施和其他必要的事务，对所属职员进行监督。

3. 主任受馆长之命，负责公民馆事业的开展。

第二十八条　市町村设置的公民馆的馆长、主任及其他必要的职员，由该市町村教育委员会任命。

（公民馆职员的进修）

第二十八条之二　第九条之六的规定适用于公民馆职员的进修。

（公民馆运营审议会）

第二十九条　1. 公民馆可设置公民馆运营审议会。

2. 公民馆运营审议会应根据馆长的咨询，就公民馆的各项事业的规划、实施进行调查和审议。

第三十条　1. 市町村设置的公民馆，其公民馆运营审议会委员由该市町村教育委员会委任。

2. 前项公民馆运营审议会委员的委任标准、人数、任期及其他必要事项，由该市町村条例规定。此时委员的任命准则，应参照文部科学省令制定的标准。

第三十一条　法人设置的公民馆，其公民馆运营审议会的委员由该法人中的干部充任。

（运营状况的评估等）

第三十二条　公民馆应就其运营状况进行评估，并据其结果采取必要的措施改善其运营状况。

（运营状况信息的提供）

第三十二条之二　为使其事业得到社区居民及其他相关人员的深入理解，公民馆应尽力推进与其的联动及合作，积极为其提供该公民馆的运营状况等方面的相关信息。

（基金）

第三十三条 设置公民馆的市町村，为维持公民馆的运营，可按地方自治法第二百四十一条的规定设立基金。

（特别会计）

第三十四条 设置公民馆的市町村，为了维护和运营公民馆，可设特别会计。

（公民馆的补助）

第三十五条 1. 国家对设置公民馆的市町村，可在预算范围内在公民馆的设施、设备所需经费及其他必要经费方面提供部分补助。

2. 有关前项的补助金拨款的必要事项，由政令规定。

第三十六条 删除。

第三十七条 都道府县根据地方自治法第二百三十二条之二的规定，对公民馆运营所需经费给予补助时，文部科学大臣可以根据政令的规定，要求其报告补助金的金额、补助比例、补助方法及其他必要事项。

第三十八条 接受国库补助的市町村，在下列情形下，必须将其所接受的补助金归还国库。

一、公民馆违反本法、基于本法律的命令或据此而受到相关处分时。

二、公民馆停办其全部或部分事业，或者被用于第二十条所列目的以外的用途时。

三、违反补助金交付条件时。

四、以弄虚作假的方法接受补助金时。

（对法人设置的公民馆的指导）

第三十九条 对于法人设置的公民馆的运营及其他事项，文部科学大臣和都道府县教育委员会可应其请求给予必要的指导和建议。

（公民馆事业或行为的终止）

第四十条 1. 公民馆做出违反第二十三条规定的行为时，市町村设置的公民馆可由市町村教育委员会、法人设置的公民馆可由都道府县教育委员会，命令其终止相关事业或行为。

2. 有关根据前项的规定对法人设置的公民馆的事业或行为的终止命令的必要事项，可由都道府县的条例规定。

（罚则）

第四十一条 对违反前条第一项规定的终止公民馆事业或行为的命令者，处以一年以下有期徒刑或监禁，或者处以 3 万日元以下的罚金。

（类似公民馆的设施）

第四十二条　1. 类似公民馆的设施，任何人都可以设置。

2. 有关前项的设施的运营及其他事项，适用第三十九条的规定。

第六章　学校设施的利用

（适用范围）

第四十三条　利用国立学校或公立学校的设施开展社会教育的相关事宜，由本章规定。

（学校设施的利用）

第四十四条　1. 在确认不影响学校教育的情况下，学校（指国立学校或公立学校。以下本章同）的管理机关须致力于将其管理的学校设施用于社会教育。

2. 前项中的所谓“学校的管理机关”，国立学校系指设立国立大学法人的校长或独立行政法人国立高等专门学校的理事长，公立大学系统中的大学及幼保连携型幼儿园系指其设立者，即地方公共团体的首长或公立大学法人的理事长，大学及幼保连携型幼儿园以外的公立学校系指其设立者，即地方公共团体所设立的教育委员会或公立大学法人的理事长。

（利用学校设施的许可）

第四十五条　1. 为进行社会教育，拟利用学校设施者，必须得到该学校的管理机关的许可。

2. 根据前项的规定，学校的管理机关在许可利用学校设施时，必须事先听取学校校长的意见。

第四十六条　国家或地方公共团体为开展社会教育利用学校设施时，不受前条规定的限制，与该学校的管理机关协商解决即可。

第四十七条　1. 根据第四十五条的规定，短时间利用学校设施时，学校的管理机关可将同条第一项的有关许可的权限委托给学校校长。

2. 有关前项的权限的委托及其他有关利用学校设施的必要事项，由学校的管理机关决定。

（社会教育的讲座）

第四十八条　1. 学校的管理机关对于各自所属学校，可根据其教育组织和学校设施状况，要求其利用文化讲座、专门讲座、暑期讲座、社会班级讲座等学校设施，举办有关社会教育的讲座。

2. 文化讲座的内容为成人的一般教养，专门讲座的内容为成人的专门学术知识，暑期讲座指暑假休假期间举办的有关成人一般教养或专门学术知识的讲座，分别在大学、高等专门学校或高级中学举办。

3. 社会班级讲座的内容为成人的一般教养，在小学、初级中学或义务教育学校举办。

4. 承担第一项规定讲座的讲师的报酬及其他必要经费，在预算范围内，由国家或地方公共团体负担。

第七章　通 信 教 育

（适用范围）

第四十九条　除根据学校教育法第五十四条、第七十条第一项、第八十二条及第八十四条规定进行的教育以外，通过通信进行的教育，以本章规定为准。

（通信教育的定义）

第五十条　1. 本法中的“通信教育”，是指以通信的方式在一定的教育计划下，向学员寄送教材、辅助教材等，并据此进行布置思考题、批改作业、解答疑问等的教育。

2. 为实现其计划，通信教育的实施者必须设置必要的指导人员。

（通信教育的认定）

第五十一条　1. 对于学校、一般社团法人或一般财团法人以通信教育的方式进行的社会教育，文部科学大臣应予以奖励，对通信教育予以认定（以下称“认定”）。

2. 接受认定者，必须依据文部科学大臣的规定，向文部科学大臣提出申请。

3. 文部科学大臣根据第一项的规定给予认定时，必须向第十三条政令规定的审议会咨询。

（认定手续费）

第五十二条　文部科学大臣可在成本的范围内，向申请认定者征收文部科学省令所规定数额的手续费。但国立或公立学校举办的通信教育不受此限。

第五十三条　删除。

（邮递费的特别处理）

第五十四条　经过认定的通信教育所需邮递费，根据邮政法（昭和二十二年法律第一百六十五号）的规定享受特别优惠待遇。

（通信教育的废止）

第五十五条　1. 在废止经过认定的通信教育或变更其办学条件时，应根据文部科学大臣的规定得到许可。

2. 关于前项许可的有关事项，适用第五十一条第三项的规定。

（报告及措施）

第五十六条　对于接受认定者，文部科学大臣可要求其做出必要的报告或采取必要的措施。

（认定的取消）

第五十七条 1. 得到认定者在违反本法律、基于本法律制定的命令或根据以上法令做出的处理时，文部科学大臣可取消对其的认定。

2. 有关前项认定取消事项，适用第五十一条第三项的规定。

附 则

本法自公布之日起施行。

社会教育法施行令

昭和二十四年（1949 年）七月二十二日政令第二百八十号公布
公布以来共修改 4 次；最近修改：平成十二年（2000 年）六月七日
政令第三百零八号

内阁基于社会教育法的规定，并为实施该法而制定本政令。

（关于宣传上所需经费的协议）

第一条　根据社会教育法（以下称“法”）第七条的规定，地方公共团体的首长或其行政机关在依靠教育委员会进行宣传或者寻求合作时，应与该教育委员会商讨制定关于所需经费的必要措施。

（政令规定的审议会等）

第一条之二　法第十三条政令规定的审议会，为中央教育审议会。

（公民馆的设施、设备所需经费的范围）

第二条　法第三十五条第一项规定的公民馆的设施、设备所需经费的范围如下。

一、设施费，即设施建设所需主体工程费、附带工程费及事务费。

二、设备费，即公民馆置备图书及购进社会教育器材、器具所需经费。

（关于都道府县对公民馆实行补助的报告）

第三条　都道府县根据法第三十七条的规定实行补助时，文部科学大臣可依照同条规定，向该都道府县教育委员会索取关于以下事项的报告。

一、公民馆的设置、运营的概况。

二、公民馆运营费补助额的明细。

三、关于公民馆运营补助费的都道府县条例和补助方法。

附　　则

本政令自公布之日起施行。

关于公民馆的设置及运营的基准

昭和三十四年（1959 年）十月二十八日文部省告示第九十八号
公布以来共修改 1 次；平成十五年（2003 年）六月六日文部科学省告示
第一百一十二号

基于社会教育法第二十三条之二的规定，关于公民馆的设置及运营的基准全文修订如下。

（宗旨）

第一条 1. 此基准依据社会教育法第二十三条之二第一项的规定，规定公民馆的设置及运营上所必需的基准，以求公民馆的健全发展为目的。

2. 公民馆的设置者应按照本基准，努力谋求维持和提高公民馆的水准。

（对象区域）

第二条 为了提高公民馆的使用效率，设置公民馆的市（含特别区，下同）町村应考虑到该市町村的人口密度、地形、交通条件、日常生活圈、社会教育有关团体的活动状况等，在该市町村的区域内确定以公民馆事业为主要对象的区域（第六条第二项称“对象区域”）。

（社区学习据点功能）

第三条 1. 公民馆自行举办讲座、讲习会，必要时与学校、社会教育相关团体、NPO（指特定非营利活动促进法第二条第二项规定的特定非营利活动法人）及其他民间团体、相关行政机关等共同举办，努力提供多样化的学习机会。

2. 为方便社区居民开展学习活动，公民馆应灵活运用互联网及其他高端信息通信系统等，努力为居民提供更多的学习信息。

（社区家庭教育支援据点功能）

第四条 公民馆应通过提供家庭教育相关的学习机会及信息、组织咨询及建议、提供交流机会等方法，努力为家庭教育提供更多支持。

（推进奉献及体验活动）

第五条 公民馆应开展志愿者培养的相关活动，在关于提高奉献及体验活动方面，努力为居民提供更多的学习机会及学习信息。

（与学校、家庭及地区社会的联系等）

第六条 1. 公民馆在开展其事业时，应与有关机构及团体紧密联系和合作，努力推动学校、家庭及地区社会的相互联系。

2. 公民馆在其对象区域内有类似公民馆的设施时，应努力与其合作，并给予必要的援助。

3. 公民馆应努力推动青少年、高龄者、残障人士、婴幼儿监护人等参加其举办的活动。

4. 公民馆应努力在其举办的活动中充分利用地区居民的学习成果及知识和技能。

（脚踏实地的运营模式）

第七条 1. 公民馆的设置者应根据社会教育法第二十九条规定的召开公民馆运营审议会等方法，根据地区实情，在充分听取地区居民意见的前提下，开展运营。

2. 公民馆的开馆日期及时间应考虑地区实情，采取夜间开馆等方法，为地区居民对其的使用提供便利。

（职员）

第八条 1. 公民馆设馆长，根据公民馆的规模及活动状况应另配置主任及其他必要职员。

2. 公民馆馆长及主任应具有社会教育的知识和经验，且对公民馆事业拥有相关专业知识和技术。

3. 公民馆设置者应尽力为馆长、主任及其他职员提供进修机会，以提高其资质及能力。

（设施及设备）

第九条 1. 为了达到公民馆的事业目的，应根据地区实情配备必要的设施及设备。

2. 公民馆应尽力为方便青少年、高龄者、残障人士、婴幼儿监护人等的使用配备必要的设施及设备。

（事业的自我评估等）

第十条 为提高事业水准，以达到公民馆的开办目的，公民馆应在公民馆运营审议会等的帮助下，针对各年度的事业状况进行自我总结和评估，并尽力将其结果向地区居民公布。

附　　则

本告示自公布之日起实施。

第五编　运动·保健·供餐

体育基本法

平成二十三年（2011 年）法律第七十八号发布
公布以来共修改 4 次；最近修改：平成三十年（2018 年）六月二十四日
法律第五十六号

本法对体育振兴法进行全面修订。

目录

前　　言

体育是世界共有的人类文化。

体育是个人或团体为了身心的健全发展、有益健康和保持体力、保障充足精神、培育自律心和其他精神而进行的竞技运动和其他身体活动，现在已成为国民一生不可或缺的身心健康和文化生活的一部分。通过体育活动创造幸福美满的生活，是所有人的权利，所以国民须自觉根据各自的兴趣和自身条件等情况，在安全且公正的环境下确保有机会积极参加日常的体育锻炼，热爱体育或支持体育活动。

在承担着提高下一代青少年的体力重任的同时，体育业在培养人们尊重他人、遵守规律的态度，协作、公正和克己的精神，对实践思考能力、判断力等的培育方面亦有巨大作用。

另外，体育能促进人与人、地域与地域间的交流，形成地域一体感和增强活力，为解决人际关系淡薄等社会问题做出贡献。再者，体育对于保持身心健康也有重大作用，对于实现充满活力的健康长寿的社会目标也是不可或缺的。

体育选手不断地努力，挑战人类所能达到的极限与可能，意义重大。基于这样的努力，在国际竞技大赛中，日本选手的活跃以及给予国民自豪和喜悦、梦想和感动，使国民对体育的兴趣高涨。通过这些，体育使国家产生活力，对国民经济的发展做出了巨大贡献。另外，国际的体育交流促进了国家之间的相互理解，对国际和平做出了巨大贡献，体育在提高我国国际地位方面也发挥着重要的作用。

而且，在地域间体育运动的推进中培育出优秀的体育选手，这些体育选手又有助于推进地域间的体育运动，通过和体育相关的多种主体的合作和互动，在我国形成体育事业发展的良性循环。

鉴于体育在国民生活中所发挥的重要作用，实现体育立国，是我国21世纪发展不可或缺的重要课题。

在此，以实现体育立国为目标，为综合且有计划地推进作为国家战略的相关体育政策，制定本法。

第一章　总　　则

（目的）

第一条　本法在厘定关于体育方面的基本理念，明确国家及地方公共团体的责任与义务和体育团体的努力方向的同时，根据体育相关政策规定的基本事项，综合且有计划地推进体育相关政策，并且以国民身心健全发展，形成公正且丰裕的国民生活方式，实现构建充满活力的社会和有益于国际社会的和谐发展为目的。

（基本理念）

第二条　1. 鉴于通过体育营造幸福富裕的生活是每个人的权利，所以在国民一生中所有的机会和场合中，必须自主自律地推进与其健康状况相适应的体育活动。

2. 体育，尤其是处在身心成长过程中青少年的体育活动，对于他们（青少年）增强体力，培养公正、尊重规律的态度和克己等人格具有重大影响。因此，在体育是培养国民终身的身心健康，塑造完整人格的共识的基础上，学校、体育团体（以振兴体育事业为主要目的而从事活动的团体，下同）、家庭及地域之间须推进和开展相互协作的体育活动。

3. 体育使人们在其所居住的地域中，通过开展协作式的体育活动而变得亲近，以此促进该地域中各代人的交流，并为地域间的交流打下良好基础。

4. 为保持和增进体育活动者的身心健康并保障其安全，须推进体育事业。

5. 为使残疾人能自主且积极地进行体育运动，须考虑其残疾的种类和程度，以推进体育事业的发展。

6. 为使我国体育选手（包含专业选手，下同）在国际竞技大赛（指奥林匹克运动会、残疾人奥林匹克运动会、其他国际性大规模的体育比赛，下同）、全国性的体育比赛中取得优异成绩，必须使各项措施相互协调、有机衔接，提高与体育相关的竞技水平（以下称“竞技水平”），有效地推进体育事业的发展。

7. 通过发展体育事业，推进体育的国际交流，加深国家之间的相互理解，为世界和平做贡献。

8. 不应歧视体育运动者，在任何与体育相关的活动中，应采取公正且适当的行为，加深国民对反兴奋剂重要性的认识，以推进民众对体育的理解和支持。

（国家的责任）

第三条　国家有责任和义务遵循前面条文所述的基本理念（以下称“基本理念”），综合制定体育相关措施，并加以实施。

（地方公共团体的责任）

第四条　地方公共团体有责任和义务遵循基本理念，力图与国家协作，推进体育相关政策的实施，根据地方特点制定自主性措施，并加以实施。

（体育团体的努力）

第五条　1. 鉴于体育团体负有促进体育普及和提高竞技水平的使命，因此要求体育团体在推进体育运动时，要努力遵循基本理念，保护体育运动者的权利和利益，提高其身心健康水平，并确保其安全。

2. 为保证体育团体正当进行体育振兴活动，确保其运营的透明度，体育团体要努力制定与此相关的活动标准，并自觉遵守。

3. 对于相关体育纠纷，体育团体要迅速且恰当地加以解决。

（国民的参与和支援的促进）

第六条　为使国民能过上健康富裕的生活，国家、地方公共团体、体育团体必须努力加深国民对体育的理解，增强国民对体育的参与和支持力度。

（相关人员的相互联合与协作）

第七条　为实现基本理念，国家、独立行政法人、地方公共团体、学校、体育团体和民间事业者等其他相关人员，必须努力谋求相互联合与协作。

（法制上的措施等）

第八条　为实施体育相关措施，政府必须制定必要的法制、财政或税收方面的措施。

第二章　体育基本计划等

（体育基本计划）

第九条　1. 为综合且有计划地推进体育相关措施，文部科学大臣必须制订有关体育推进的基本计划（以下称“体育基本计划”）。

2. 当文部科学大臣制订或变更体育基本计划时，必须事先听取审议会等（国家行政组织法第八条规定的机关，下同）的意见。

3. 当文部科学大臣在制订或变更体育基本计划时，相关行政机关落实政策的相关事项，必须事先与第三十条规定的体育运动推进会联系协调。

（地方体育推进计划）

第十条　1. 都道府县及市（含特别区，下同）町村的教育委员会须参考体育基本计划，根据当地的实际情况，努力制订地方体育推进计划（以下称“地方体育推进计划”）。

2. 特定地方公共团体的长官在制订地方体育推进计划或者欲对其进行变更时，必须事先听取该特定地方公共团体的教育委员会的意见。

第三章　基 本 措 施

第一节　推进体育发展的基础设施建设

（体育指导者的培养等）

第十一条　为了培养体育指导者等其他推进体育发展的人才（以下称“指导者等”），提高其资质并发挥其作用，国家及地方公共团体应努力采取必要的措施，如支持系统培养体系的开发或利用，举办研究集会或培训会等（以下称“研究集会等”）以及其他必要措施。

（体育器材的配备等）

第十二条　1. 为使国民切身地体验体育运动、提高竞技水平，国家及地方公共团体应努力采取必要措施配备体育运动器材（含体育设备，下同），根据使用者的需求改善体育设施，配备体育设施使用指导人员等。

2. 根据前项规定，在配备体育设施时，应依据该体育设施使用的实际情况，保证其使用安全，并提高残疾人使用的便利性。

（学校设施的利用）

第十三条　1. 学校教育法第二条第二项所规定的国立和公立学校以及国家和地方公共团体设立的幼保连携型幼儿园的设立者，在不妨碍学校教育的情况下，必须努力将该学校的体育设施向社会开放。

2. 为使前项（体育设施）容易利用或提高其使用的便利性，国家及地方公共团体应努力采取必要措施改善该学校的体育设施、照明设施及其他设施。

（体育事故的防止等）

第十四条　为预防体育事故和减轻体育伤害，国家及地方公共团体须努力在指导者的进修、体育设施的配备、体育身心健康的保持和增进及安全保障知识（含对体育用品进行适当使用的知识等）的普及等方面采取必要措施。

（体育纠纷快速且公正的解决）

第十五条　国家为确保体育纠纷仲裁或调停的中立性及公正性，保护体育工作者的权益，要采取必要措施支援体育纠纷仲裁或调解机关的活动，提高仲裁人的资质，加深体育团体对纠纷解决手续的理解，并使其快速找到救济途径。

（有关体育科学研究的推进等）

第十六条　1. 国家应推进医学、牙齿学、生理学、心理学、力学等与体育相关学科的综合性、实践性及基础性研究，并采取措施促使研究成果有效地被运用于体育中。在此情形下，国家须采取必要措施强化研究体制，加强国家、独立行政法人、大学、体育团体、民间事业者等之间的联系。

2. 国家要采取必要措施对体育实施状况、提高竞技水平的调查研究成果及处理情况的相关信息及其他与体育相关的国内外信息进行收集、整理和有效利用。

（学校体育的充实）

第十七条　鉴于学校体育对于青少年的身心健康、体育技能及其一生对体育的态度具有重要影响，国家和地方公共团体须努力采取必要措施以充实体育指导，配备体育馆、运动场、游泳馆、武道场及其他体育设施，提高体育教师的资质，有效利用地域体育指导员等。

（与体育产业事业者的协作等）

第十八条　鉴于体育产业事业者在体育普及和竞技水平提高方面有重要作用，国家应采取必要措施促进体育团体与体育产业事业者的协作。

（体育推进的国际交流及贡献）

第十九条　国家及地方公共团体通过推进体育选手及指导员的派出和引进，对体育相关国际团体人才的派遣，主办国际竞技大会及国际规模的体育研究集会及推进国际交流等必要措施，努力提高我国的竞技水平，保护环境，增进国际理解，并为世界和平做贡献。

（表彰）

第二十条　国家及地方公共团体要对在体育运动会上取得优异成绩和对体育事业发展做出贡献的人加以表彰。

第二节　营造多样的体育锻炼环境

（对振兴地方体育事业的支援等）

第二十一条　为使国民能根据各自的兴趣切身体验体育运动，国家及地方公共团体须努力采取必要措施，为从事振兴地方体育事业的以居民为主体进行运营的体育团体（以下称“地域体育俱乐部”）提供支持，为居民安全有效地进行体育活动配备指导员，配备使居民能舒适地进行运动并促进交流的设备及其他设施。

（体育活动的实施和奖励）

第二十二条　1. 地方公共团体要努力开展能使广大居民自主、积极参加的运动会、竞技会、体能测试、体育培训等体育活动，并奖励体育俱乐部及其他参与这些活动的组织。

2. 国家要为地方公共团体实施的前项所述活动提供必要的援助。

（体育节活动）

第二十三条　在关于国民节日的法律第二条之规定的在体育节这一天，为加深国民对体育的理解，激发其对体育运动的热情，国家及地方公共团体须努力举办与广大居民各自生活实际情形相符的活动，采取必要措施，并提供援助。

（野外活动及文体活动的普及和奖励）

第二十四条　为促进国民的身心健康，鼓励为丰富生活而进行的郊游、自行车旅行、野营等野外活动以及体育娱乐活动（以下本条称“体育娱乐活动”），国家及地方公共团体须努力配备举办野外活动或体育娱乐活动所需的体育设施，为方便居民参与上述体育交流活动采取必要措施。

第三节　竞技水平的提高等

（优秀体育选手的培养等）

第二十五条　1. 为培养优秀体育选手，国家须采取必要措施支援体育团体进行的集训，向国际体育比赛或全国性的体育比赛派出运动员和指导员，指导有天赋的青少年，并力图为提高且有效发挥体育选手的竞技技能而创造必要的环境条件及采取一些其他必要措施。

2. 国家为使优秀体育选手和指导员能终生为社会服务，要采取必要措施，促进其掌握社会各个领域的知识和技能，并营造有利的环境。

（国民体育大会及全国残疾人体育大会）

第二十六条　1. 国民体育大会是由公益财团法人日本体育协会、国家及举办地的都道府县共同举办，采用举办者规定的方法甄选出选手参加的综合性的体育比赛。

2. 全国残疾人体育大会是由财团法人日本残疾人体育协会、国家及举办地的都道府县共同举办，采用举办者规定的方法甄选出选手参加的综合性的体育比赛。

3. 为使国民体育大会及全国残疾人体育大会圆满举行和正常运营，国家要为作为举办者的公益财团法人日本体育协会或财团法人日本残疾人体育协会及举办地的都道府县提供必要的援助。

（国际体育比赛的邀请或举办的支持等）

第二十七条　1. 国家为使邀请我国参加的国际体育比赛或我国举办的国际体育比赛能顺利进行，须采取特殊的必要措施，保护环境、营造良好的社会风气、保障相关邀请或赛事的必要资金，迎接参加国际体育比赛的外国人。

2. 国家要采取必要措施，力图促进公益财团法人奥林匹克委员会、财团法人日本残疾人体育协会及其他体育团体为振兴国际体育事业而与该团体紧密联系。

（企业、大学等对体育的支援）

第二十八条　鉴于企业体育团队在体育普及和提高竞技水平方面发挥的重要作用，国家要采取必要措施为企业、大学等提供体育方面的支援。

（反兴奋剂活动的推进）

第二十九条　国家要遵守体育反兴奋剂的国际公约，实施反兴奋剂的活动，与公益财团法人日本反兴奋剂机构（平成十三年九月十六日以公益财团法人日本反兴奋剂机构的名称设立的法人）协作，采取必要措施支援对兴奋剂的检查，进行防止兴奋剂的教育及完善其他反兴奋剂的制度，并为国际反兴奋剂机构提供支援等。

第四章　推进体育发展的制度设置

（体育推进会议）

第三十条　政府为了综合、一体且有效地推进体育相关措施的实施，设立体育运动推进会，与文部科学省和厚生劳动省、经济产业省、国土交通省及其他相关行政机关进行联系与协调。

（都道府县及市町村的体育推进审议会等）

第三十一条　为了调查和审议地方体育推进计划及其他与体育推进相关的重要事项，通过制定条例，都道府县及市町村可以设置审议会等其他合议制的机关（以下称“体育推进审议会等”）。

（体育推进委员）

第三十二条　1. 市町村教育委员会为了在该市町村构建体育推进相关体制，从享有社会信誉、关心和理解体育事业以及对于行使本条例下列条款的职务具有一定的热情和能力的人之中选择，委任其成为体育推进委员。

2. 为了推进该市町村的体育事业，根据教育委员会所定规则（在有特定地方公共团体的情形中，则为地方公共团体的规则），体育推进委员对体育推进事业的实施情况进行联系、调整以及对居民的体育实际技能进行指导，并对其他体育相关的事项进行指导、提出建议。

3. 体育推进委员为非正规雇佣人员。

第五章　国家补助等

（国家补助）

第三十三条　1. 对于地方公共团体，国家根据政令规定，在预算范围内，对以下列出的预算进行部分补助。

一、国民体育大会及国家残疾人体育大会的实施与运行所需经费、都道府县举办地所需承担的经费。

二、其他为推进体育发展的地方公共团体举办活动所需的经费，特别是得到认可的必要经费。

2. 国家对学校法人所设立学校的体育设施的配备经费，在预算范围内可进行部分补助。这种情况适用于私立学校振兴助成法第十一条至第十三条的规定。

3. 国家对于体育团体所举办的对国家体育振兴有重要意义的活动的必要事业经费，在预算范围内，可给予部分补助。

（地方公共团体的补助）

第三十四条　对于体育团体为振兴体育事业所进行活动的必要经费，地方公共团体可给予部分补助。

（对审议会等的咨询等）

第三十五条　根据第三十三条第三项或前条的规定，国家或地方公共团体向作为社会关系教育团体的体育团体交付补助金时，文部科学大臣必须事先听取第九条第二项政令确定的审议会、地方公共团体的教育委员会[特定地方公共团体关于体育事务（学校体育事务除外）的交付补助金]等体育推进委员会和其他合议制机关的意见。在听取此意见时，无须再听取本法第十三条规定的意见。

附　　则

（实施日期）

本法自公布之日起算在不超过 6 个月的范围内从政策令规定的日期开始实施。

学校保健安全法

昭和三十三年（1958年）四月十日法律第五十六号
公布以来共修改12次；最近修改：平成二十七年（2015年）六月二十四日
法律第四十六号

目录

第一章　总　　则

（目的）

第一条　本法的目的在于规定学校在保健管理方面的必要事项，以增进学校儿童学生等及职员的身体健康，同时规定关于学校安全管理的必要事项，以确保学校教育活动在安全的环境下开展，保证儿童学生等的安全，以确保学校教育顺利开展并取得成果。

（定义）

第二条　1. 本法中的“学校”，指学校教育法第一条规定的学校。

2. 本法中的“儿童学生等”，指在校学习的幼儿、儿童或学生。

（国家及地方公共团体的责任和义务）

第三条　1. 国家及地方公共团体要力图相互协作，为确实有效地实施各校的相关保健及安全的措施，根据学校保健及安全的最新知识和事例，采取财政及其他必要措施。

2. 为使各学校的相关安全措施得以综合有效地推进，国家应制订关于保障学校安全的计划，并采取其他必要措施。

3. 地方公共团体应根据国家制定的前项措施而努力采取相应行动。

第二章　学 校 保 健

第一节　学校的管理运营等

（学校设立者关于学校保健的责任和义务）

第四条　学校设立者为保持和促进学校儿童学生等及职工的身心健康，要努力配备相应的设施、设备，并完善管理运营体制，以及采取其他的必要措施。

（学校保健计划的制订等）

第五条　为保持和增强学校儿童学生等及职工的身心健康，学校应制订对儿童学生等及职员的健康诊断、环境卫生检查，以及对儿童学生等的指导及其他关于保健事项的计划并加以实施。

（学校环境卫生标准）

第六条　1. 文部科学大臣应就学校的换气、采光、照明、保温、清洁保持及其他环境卫生相关事项，制定有利于维护和保障儿童学生等及职工健康的标准（以下本条称“学校环境卫生标准”）。

2. 学校设立者应参照学校环境卫生标准，努力维持学校的舒适环境。

3. 参照学校环境卫生标准，当判定学校环境卫生有失恰时，校长应立即采取必要的改善措施，在不能采取相应措施时，要向该校设立者汇报情况。

（保健室）

第七条　为进行健康诊断、健康咨询、健康指导、急救处理及其他关于保健的活动，学校应设立保健室。

第二节　健康咨询等

（健康咨询）

第八条　学校接受与儿童学生等身心健康相关的咨询。

（保健指导）

第九条　保健教师及其他职工应相互合作，通过健康咨询或根据日常对儿童学生等健康状态进行的观察，掌握儿童学生等的身心状况，当发现健康问题时，应立即对该儿童学生等进行必要指导，同时根据需要向其监护人提出必要的建议。

（与地域医疗机关等的合作）

第十条　学校在进行急救处理、健康咨询或者保健指导时，应根据需要努力谋求与该学校所在地域的医疗机关及其他相关机关进行合作。

第三节　健 康 诊 断

（入学时的健康诊断）

第十一条　市（含特别区，下同）町村教育委员会应面向所有根据学校教育法第十七条第一项的规定，对从下学年之初开始前往同项规定的学校就学并在该市町村拥有住所的就学者进行健康诊断。

第十二条　市町村教育委员会应根据前条的健康诊断结果，采取恰当的措施劝其治疗，提出保健方面的必要建议，并针对学校教育法第十七条第一项规定的义务延期或免除或进入特别支援学校就学等进行相关指导。

（儿童学生等的健康诊断）

第十三条　1. 学校必须每学年定期对儿童学生等进行健康诊断。

2. 学校在必要时可对儿童学生等进行临时的健康诊断。

第十四条　学校应根据前条健康诊断结果，进行疾病的预防或指示其接受治疗，并适当采取减少运动和劳动等措施。

（职工的健康诊断）

第十五条　1. 学校设立者应每学年定期为学校职员进行健康诊断。

2. 学校设立者在必要时可对学校职员进行临时的健康诊断。

第十六条　学校设立者根据前条诊断结果，采取减轻工作等适当措施指示其接受治疗。

（健康诊断方法及技术标准等）

第十七条　1. 关于健康诊断方法及技术标准，由文部科学省令确定。

2. 除从第十一条至前条的规定之外，健康诊断的时间及检查项目等其他关于健康诊断的必要事项，除前项规定外，第十一条健康诊断的相关内容由政令确定，第十三条及第十五条的健康诊断相关内容由文部科学省令确定。

3. 前两项的文部科学省令，必须与健康增进法第九条第一项规定的健康诊查等方针保持协调。

（与保健所的联络）

第十八条　学校设立者在根据法律规定进行健康诊断或其他政令规定的情况下，要保持与保健所的联系。

第四节　传染病的预防

（停课）

第十九条　对于已患有、疑似患有或有患传染病可能的儿童学生等，校长可根据政令规定令其停课。

（临时放假）

第二十条 学校设立者可从传染病预防角度考虑，必要时可临时在全校或部分范围内停课。

（文部科学省令的委托）

第二十一条 除前两条（基于第十九条规定的政令）及关于传染病的预防及对传染病患者进行治疗的法律等其他关于传染病预防的法律（基于这些法律的政令）的规定之外，关于学校传染病预防的必要事项，由文部科学省令确定。

第五节 学校保健医师、校医、校牙医及校药剂师

（学校保健医师）

第二十二条 1. 都道府县教育委员会事务局可设置学校保健医师。

2. 学校保健医师必须对学校保健管理相关专业事项具有学识和经验。

3. 学校保健医师应遵照上级命令，从事有关学校保健管理的专门的技术指导及技术活动。

（校医、校牙医、校药剂师）

第二十三条 1. 学校应配备校医。

2. 大学以外的学校应配备校牙医及校药剂师。

3. 校医、校牙医、校药剂师应分别从医师、牙医或药剂师中任命或委托。

4. 校医、校牙医、校药剂师应从事有关学校保健管理的专门事项、技术及指导工作。

5. 校医、校牙医、校药剂师的职务执行准则，由文部科学省令确定。

第六节 地方公共团体的援助及国家补助

（地方公共团体的援助）

第二十四条 对所设立的小学、初级中学、义务教育学校、中等教育学校前期课程或特别支援学校的小学部或初级中学部的儿童学生等患有传染病或可能对学习有障碍的由政府规定的疾病的，在接受学校的治疗指示时，地方公共团体要为以下各项规定的儿童学生等的监护人提供必要的疾病治疗的医疗费用援助。

一、生活保护法第六条第二项规定的需要保护者。

二、与生活保护法第六条第二项规定的需要保护者贫困程度接近且由政令规定的人员。

（国家补助）

第二十五条 1. 国家、地方公共团体根据前条规定对同条第一号所列的人员进行援助时，可在预算范围内对其所需经费援助的部分进行补助。

2. 根据前项规定进行国家补助时的补助标准，由政令确定。

第三章　学 校 安 全

（学校设立者关于学校安全的责任和义务）

第二十六条　为确保儿童学生等的安全，学校设立者应努力采取必要措施充实该学校的设施、设备及管理运营体制，以及采取其他必要措施，以防止因事故、伤害行为、灾难等给儿童学生等所在学校带来危险，同时在儿童学生等遭受因事故产生的危险或危害时，能正确应对和处理。

（学校安全计划的制订等）

第二十七条　为确保儿童学生等的安全，学校应定期对该学校的设施设备进行安全检查，对儿童学生等的生活（包括上学路途在内的学校生活及其他日常生活）进行安全指导，制订并实施关于职员进修及其他关于学校安全事项的计划。

（学校环境安全的确保）

第二十八条　校长认为学校的设施设备难以保障儿童学生等的安全时，要立即采取必要的改进措施，若不能采取相应措施，则应向学校设立者说明情况。

（危险等发生时处理流程的制定等）

第二十九条　1. 为确保儿童学生等的安全，学校应根据本校实际情况，制定危险发生时学校职员应采取措施的具体内容以及处理流程。

2. 校长应将危险等发生时的处理要领通知职员，通过训练等方式，保证危险发生时职员能够采取必要的正确处理措施。

3. 在事故对儿童学生等带来危害的情况下，为使因该事故对其身心健康造成影响的儿童学生等及其他相关人员恢复身心健康，学校应对他们进行必要的援助。此情况适用于第十条的规定。

（与地域相关机关的协作）

第三十条　为确保儿童学生等的安全，学校应与儿童学生等的监护人保持协作，同时根据该学校所在地的实际情况，努力谋求与管理该地域的警察署等其他机关、为确保地域安全而进行活动的团体等其他相关团体、当地居民等其他相关人之间的相互协作。

第四章　杂　　则

（学校设立者事务权限的委任）

第三十一条　学校设立者可根据本法将应处理的事务权限委任于校长，除非其他法律另有特别规定。

（专修学校的保健管理等）

第三十二条　1. 专修学校应努力配备对相关保健管理的专门事项进行技术作业及指导的医师。

2. 专修学校应努力设置进行健康诊断、健康咨询、保健指导及急救等事业的保健室。

3. 从第三条至第六条、第八条至第十条、第十三条至第二十一条及第二十六条至前条的规定，适用于专修学校。

附　则

（实施日期）

本法中第十七条及第十八条第一项[①]的规定自昭和三十三年十月一日起实施，其他规定自同年六月一日起实施。

① 1958 年《学校保健法》颁布当时共有三项内容，后经 1978 年 3 月 31 日法律第 14 号等修订删除后，仅保留本条。

食育基本法

平成十七年（2005 年）六月十七日法律第六十三号公布

公布以来共修改 2 次；最近修改：平成二十七年（2015 年）九月十一日法律第六十六号

目录

前 言

为了我国在 21 世纪的发展，在培养儿童拥有健全身心和走向未来及国际社会的能力的同时，确保全体国民的身心健康和一生都能充满活力地生活十分重要。

为了使孩子们形成丰富的人格并拥有生存的能力，“食”的问题很重要。今天再次将食育放在生存的基本层次，使之与智育、德育和体育拥有相同的基础位置的同时，力求通过各种各样的经验来学习与“食”相关的知识及提高对“食”的选择能力，实践健全的饮食生活，通过食育促进个人成长。当然，食育对所有年龄段的国民来说都是必要的。对孩童而言，食育对孩童的身心成长以及人格的形成都有着很大的影响，食育是人一生中培育健全身心和丰富人性的基础教育活动。

另外，在社会经济形势不断变化的情况下，在忙忙碌碌的日常生活中，人们正在逐渐忘记每天的“食”的重要性。就国民的饮食生活状况而言，在营养不均衡、饮食不规则、肥胖以及生活习惯病增加、过度瘦身等问题之上，又产生了新的“食”的安全性问题、“食材”的国外依赖问题。在社会上与“食”相关的各种信息泛滥的情况下，无论是从改善饮食生活的方面，还是从确保“食”的安全方面来说，人们正在被要求自觉地学习有关“食”的各种各样的知识。同时，在有葱郁的绿色资源和充沛水资源的大自然的恩惠下，由祖先开创的充满地域多样性和丰富的味觉感受以及文化气息的日本的“食”文化，正面临着丧失的危险。

围绕“食”的各类问题不断变化，我们在期望培养国民关于“食”的思考方式、实现健全的饮食生活目标的同时，也期望通过食育活动来增进都市与山村、渔村的共生和交流，构筑关于“食”的消费者和生产者之间的信赖关系，使地区生活富有生气，继承和发展丰富的饮食文化，在推进与环境相协调的食料生产及消费的同时，提高食料的自给率。

为了使每位国民都增强对“食”的意识，逐步加深对自然的恩惠以及对从事与“食”相关工作的人所做的各种各样工作的感恩和理解，根据可信赖的有关“食”的信息对其是否安全健康进行适当判断，为了增进身心健康和实现健全饮食生活的目的，现在更应该以家庭、学校、托儿所、地区等为中心，将食育作为国民运动来进行推进，这也正是我们要解决的课题。更进一步而言，我们也期待我国的食育推进活动能在与国外的交流过程中做出应有的贡献。

在此，明确食育的基本理念及其方向性，为了综合并有计划地推进国家、地方公共团体以及国民开展有关食育的活动，制定本法。

第一章　总　　则

（目的）

第一条　随着近年来国民饮食生活环境的变化，为了使国民在一生中能养成健全的身心、形成丰富的人性，推进食育已经成了一个很紧要的课题。关于食育，在规定了它的基本理念以及明确国家、地方公共团体等的责任的同时，在制定了有关食育政策的基本事项的基础上，应综合并有计划地推进有关食育活动的措施，为在当下以及将来使国民拥有健康并有文化气息的生活和建立充满活力的社会而做出贡献。

（增进国民的身心健康和形成丰富的人格）

第二条　所谓食育，是指通过养成有关食的正确判断能力，在生涯中实现健全饮食和生活的目的，以增进国民的身心健康和形成丰富的人性为宗旨而开展的活动。

（对食物的感恩与理解）

第三条　在推进食育的同时，应该使国民进一步认识到饮食生活是建立在自然给予的恩惠和从事与食相关的各种各样的活动的基础上的，加深其对此表示感恩及理解的心情。

（开展食育推进活动）

第四条　在尊重国民、民间团体等的自发意愿，考虑到地区的特性，得到地区住民以及其他各种各样的社会组织积极参加和协助的同时，应推进以食育为目的的活动，逐步实现携手合作，最终在全国范围内开展。

（监护人、教育工作者等对儿童食育的职责）

第五条　对于儿童的父母以及其他的监护人而言，在认识到家庭在食育推进方面有重要作用的同时，对于负责孩童的教育、保育工作的人来说，也要自觉地认识到食育在教育、保育等方面的重要作用，必须积极致力于参加与孩童的食育推进相关的活动。

（与食相关的体验活动和食育推进活动的实践）

第六条　食育是指广大国民利用家庭、学校、托儿所、地区的任何场所，在进行从食料的生产开始到消费等为止的与食相关的各种各样的体验活动的同时，在以推进食育为目的的自发实践活动中，必须开展以加深对食的理解为宗旨的活动。

（充分考虑传统饮食文化、与环境相协调的生产等在激发农、山、渔村的活力和提高食料自给率方面做出的贡献）

第七条　关于食育，在考虑到我国优秀的传统饮食文化、充分发挥地区特色的饮食生活、与环境相协调的食料生产及消费等因素，加深国民对我国食料的需求以及供给状况的理解的同时，还应通过促进食料的生产者和消费者之间的交流，以达到促进农、山、渔村的活性化和提高我国的食料自给率的目的。

（食育在确保食品的安全性等方面的职责）

第八条　鉴于确保食品的安全性是健康饮食生活的基础，为了加深国民对食的知识的理解及能让国民实践合适的饮食生活，必须积极地提供以食品的安全性为起点的大范围的有关食的信息以及开展与此相关的意见交换活动，并积极开展国际协作。

（国家的职责）

第九条　根据第二条至第八条所定义的关于食育的基本理念（以下称“基本理念”），国家需要综合并有计划地制定有关食育推进的措施，并负有使之实施的责任。

（地方公共团体的职责）

第十条　地方公共团体应立足于基本理念，在食育推进工作方面与国家连携，充分发挥其区域特性，自主制定措施，并且有使之实施的责任。

（教育工作者等及农林渔业工作者等的职责）

第十一条　1. 从事教育和保育、护理及其他的社会福利、医疗及保健（以下称“教育等”）的工作者以及与教育相关的机关及团体（以下称“教育相关工作者等”），鉴于有增进对食的关心和理解的重要职责，要根据基本理念，在利用任何机会和任何场所努力推进食育的同时，也要努力协助其他组织举办食育推进活动。

2. 农林渔业工作者及与农林渔业相关的团体（以下称“农林渔业等”），鉴于与农林渔业相关的体验活动等对增进国民对食的关心和理解有重要的意义，要根据基本理念，积极提供与农林渔业相关的多种多样的体验机会，关于自然的恩惠和与食相关的人们活动的重要性方面，在努力加深国民的理解的同时，要努力和教育相关工作者等相提携来推进食育活动。

（食品相关工作者的职责）

第十二条　食品的制造、加工、流通、销售或餐饮工作者以及组织团体（以下称“食品相关工作者等”），在根据基本理念进行事业活动时，应自主、积极地推进食育，同时要努力协助国家和地方公共团体实施有关食育推进的对策以及其他与食育推进相关的活动。

（国民的职责）

第十三条　国民在家庭、学校、托儿所、地区以及任何其他的社会领域，要根据基本理念，在自我努力实现生涯中有健全的饮食生活的同时，也要为推进食育工作做出努力。

（法制上的措施等）

第十四条　为促进食育推进相关政策的实施，政府必须制定必要的法制及财政措施以及其他的相关措施。

（年度报告）

第十五条　政府必须每年向国会提交政府有关食育推进工作的报告书。

第二章　食育推进基本计划等

（食育推进基本计划）

第十六条　1. 食育推进会议是为了综合并有计划地促进食育推进活动而成立的制订食育推进基本计划的组织。

2. 食育推进基本计划决定以下所列事项。

一、有关食育推进措施的基本方针。

二、有关食育推进的目标的事项。

三、有关综合地促进国民等的自发的食育推进活动等的事项。

四、除前三号中所列的内容之外，其他的为了综合有计划地促进食育推进活动的必要事项。

3. 食育推进会议根据第一项的规定在制订食育推进基本计划时，迅速及时地向内阁总理大臣汇报，并通知相关行政机关长官，同时应公布其要旨。

4. 在食育推进基本计划发生变更时，前项规定适用。

（都道府县的食育推进计划）

第十七条　1. 都道府县以食育推进基本计划为基础，必须努力制订该都道府县区域内的有关食育推进的实施计划（以下称“都道府县食育推进计划”）。

2. 都道府县在制订都道府县食育推进计划或在变更内容时，必须迅速地公布其要旨。

（市町村的食育推进计划）

第十八条 1. 市町村以推进食育基本计划为基础，必须要努力制订该市町村区域内的有关食育推进的实施计划（以下称“市町村食育推进计划”）。

2. 市町村在制订市町村食育推进计划或计划有变更时，应立即公布其内容。

第三章　基本措施

（家庭内食育推进工作）

第十九条 国家以及地方公共团体应促进孩子的父母或其他监护者及其孩子加深对食的关心和理解、建立健康的饮食习惯，提供亲子料理教室以及采取其他的既能培养良好的饮食习惯又能提供愉快进食机会的必要的有关措施；制定启发和提供普及有关健康美的知识及其他适当的与营养管理相关的知识和信息的必要措施；制定对孕产妇的营养指导，从婴幼儿开始面向儿童的针对其各个发育阶段的营养指导，以及为了支援家庭内的食育推进活动而采取必要措施。

（学校、保育所等的食育推进工作）

第二十条 国家以及地方公共团体为使孩子们有健康全面的饮食生活以及促进其身心的健康成长，为使学校、保育所等有效地开展魅力食育推进活动，要支持学校、保育所等食育推进方针的制定；配备适合食育指导的教职员工并完善能够发挥食育推进活动的作用的相关食育指导制度；在学校、保育所等实施具有地域特色的学校配餐制；将在农场实习、制作食品、食品废弃物再利用等各式各样的体验活动作为教育的一环，加深孩子对食物的理解，使其正确认识过度减肥和肥胖给身心健康带来的危害等。

（推进地区的以改善饮食生活为目的活动）

第二十一条 国家以及地方公共团体制定在地区内推进与营养、饮食习惯、食料的消费等相关的饮食生活的改善措施，通过预防生活习惯病来增进健康，制定和普及与健全的饮食生活相关的方针，在地区培养具有食育推进专门知识的人才，并提高其素质和发挥其作用；鼓励在保健所、市町村保健中心、医疗机关等地开展与食育相关的普及和推广活动，在医学教育方面充实对有关食育的指导，以及支持食品相关工作者等开展各种活动，最终达到推进食育的目的。

（食育推进运动的展开）

第二十二条 1. 国家以及地方公共团体应采取必要措施，使国民、教育工作者、农林水产工作者、食品相关工作者等或者团体以及致力于稳定和提高消费生活的民间团体自发进行与食育推进相关的活动；在充分发挥地区特色，力求在全国范围内展开密切合作的同时，为了促进相关工作人员之间的信息交流及意见交换，进行与食育推进相关的普及启发活动，在食育推进活动的时间以及其他方面制定必要措施。

2. 在推进食育方面，鉴于志愿者在举办以改善饮食生活为目的的活动以及其他与食育推进相关活动中所起到的重要作用，国家以及地方公共团体在加强与这些志愿者相互合作的同时，为充实这些活动，制定必要的措施。

（促进生产者和消费者之间的交流以及激发与环境相协调的农、林、渔业的活力等）

第二十三条 国家以及地方公共团体通过促进生产者和消费者之间的交流，在生产者和消费者之间构筑信赖的关系，确保食品的安全性，促进食料资源的有效利用以及加强国民对食的理解和关心的同时，为了激发与环境相协调的农、林、渔业的活力，推进在农林水产品的生产、食品加工、流通等环节的体验活动，在学校配餐中使用本地生产的农林水产品作为食材以及采取其他必要措施，促进产品的区域消费，具有创意地抑制食品废弃物的产生，并对其进行回收和利用等。

（支援以继承饮食文化为目的的活动等）

第二十四条 为了推进继承与传统习惯和礼法相结合的食文化、有地方特色的食文化等有我国传统特色的优秀食文化，国家以及地方公共团体在开展与此相关联的知识普及活动等方面，制定必要的措施。

（推进食品的安全性、营养以及其他与食育生活相关的调查、研究、信息提供以及国际交流）

第二十五条 1. 为了能让所有国民能选择合适的饮食生活方式，国家以及地方公共团体在进行与国民的饮食生活相关的，如食品的安全性、营养、饮食习惯、食料的生产、流通和消费及食品废弃物的产生及再利用的状况等方面的调查和研究的同时，应在必要的各种信息的收集、整理、提供和数据库的建立以及为了能及时提供其他与饮食相关的正确信息方面制定必要的措施。

2. 为了推进食育，国家以及地方公共团体应在收集海外食品的安全性、营养、饮食习惯等与食生活相关的信息，促进食育研究者之间的国际交流、食育推进相关活动的信息交流等及其他国际交流方面制定必要的措施。

第四章　食育推进会议等

（食育推进会议的设置及其所掌管的事务）

第二十六条 1. 在农林水产省举办食育推进会议。

2. 食育推进会议主管以下所列事务。

一、制订食育推进基本计划，以及推进其实施。

二、除了前号所列的内容之外，审议与食育推进相关的重要事项以及促进有关食育活动的措施。

（组织）

第二十七条　食育推进会议由包括会长以及委员等的 25 人以下组成。

（会长）

第二十八条　1. 会长由农林水产大臣担任。

2. 会长负责会务工作。

3. 会长因故不能履职时，由事先被指名的委员代理履行其职责。

（委员）

第二十九条　1. 委员由下列人员担任。

一、从农林水产大臣以外的国务大臣中，经农林水产大臣提名，由内阁总理大臣指定。

二、从有丰富的食育知识和经验的人中选择，由农林水产大臣予以任命。

2. 前项第二号的委员为非专职人员。

（委员的任期）

第三十条　1. 前条第一项第二号的委员的任期为两年。但候补委员的任期是前任者任期的剩余时间。

2. 前条第一项第二号的委员可以再任命。

（政令的委任）

第三十一条　本章所规定的内容之外，与食育推进会议的组织以及运营相关的必要事项，由政令规定。

（都道府县食育推进会议）

第三十二条　1. 为了推进都道府县的食育推进计划的制订及实施，对于其所在区域内的食育推进工作，都道府县可根据条例的规定设置都道府县食育推进会议。

2. 与都道府县食育推进会议的组织以及运营相关的必要事项，由都道府县的条例规定。

（市町村食育推进会议）

第三十三条　1. 为了推进市町村食育推进计划的制订及实施，对于其所在区域内的食育推进工作，市町村可根据条例的规定设置市町村食育推进会议。

2. 市町村食育推进会议的组织以及运营相关的必要事项，由市町村的条例规定。

附　　则

（实施日期）

本法自公布之日起，在不超过一个月的范围内从政令规定的日期开始实施。

第六编　教　职　员

教育公务员特例法

昭和二十四年（1949年）一月二十一日法律第一号公布
公布以来共修改63次；最近修改：平成二十八年（2016年）十一月二十八日法律第八十七号

目录

第一章 总 则

（本法的宗旨）

第一条 本法依据通过教育为全体国民服务的教育公务员的职务和责任的特殊性，规定教育公务员的任免、人事评价、薪酬、身份、处罚、服务和进修等事项。

（定义）

第二条 1. 本法所称“教育公务员”，是指地方公务员中的学校[学校教育法第一条规定的学校（以下称“公立学校”）以及为推进就学前儿童教育、保育综合发展的相关法律第二条第七项规定的由地方公共团体设立的幼保连携型认定儿童园]的校长（包括园长，下同）、教师和部局长及教育委员会的专门教育职员。

2. 本法所称“教师”，是指公立学校的教授、副教授、助教、副校长（包括副园长，下同）、教头、主管教谕、指导教谕、教谕、助教谕、养护教谕、养护助教谕、营养教谕、主管保育教谕、指导保育教谕、保育教谕、助保育教谕及讲师。

3. 本法所称“部局长”，是指大学（限公立学校。第二十六条第一项除外，下同）的副校长、学部长及其他由政令指定的部局的长官。

4. 本法所称“评议会”，是指大学设置的会议组织，由设置该大学的地方公共团体规定的校长、学部长及其他相关人员构成。

5. 本法所称“专门教育职员”，是指指导主任和社会教育主任。

第二章　任免、人事评价、薪酬、身份及惩戒

第一节　校长、教师和部局长

（录用和升任的办法）

第三条　1. 校长和部局长以及教师的录用和升任，采取选拔考核的方法。

2. 对于校长，应从人格高尚、学识渊博并对教育行政有见识者中进行选拔。根据评议会（未设评议会的大学则为教授会，下同）的评议，按照校长制定的标准，由评议会执行。

3. 学部长的选拔考核，应基于该学部的教授会评议，由校长执行。

4. 学部长以外的部局长的选拔考核，应基于评议会的评议，按照校长制定的标准，由校长执行。

5. 教师的录用及升迁的选拔与考核，应基于评议会的评议，按照校长制定的标准，经教授会会议讨论，由校长执行。

6. 关于前项的选拔和考核，教授会进行审议时，设置教授会的组织长官可根据该大学教师的人事方针，就本次选拔考核事宜向教授会陈述意见。

（转任）

第四条　1. 校长及教师非经评议会、部局长非经校长审查，不得违背其本人的意愿强行转任。

2. 评议会及校长在审查前项所述内容时，应将记载有审查事由的说明书交付于当事人。

3. 受审查者取得前项说明书后，在 14 天内提出请求时，评议会及校长必须给予该人口头或书面申述的机会。

4. 评议会及校长在进行第一项的审查时，必要时可要求知情人出面或征求其意见。

5. 除前三项规定外，进行第一项审查的所需事项，涉及校长及教师时则由评议会规定，涉及部局长时则由校长规定。

（降职和免职）

第五条　1. 校长及教师非经评议会、部局长非经校长审查，不得违背其本人的意愿予以免职。教师降职（前条第一项的转任相关规定除外）亦同。

2. 前条第二项至第五项的规定适用于前项审查。

（人事评价）

第五条之二 1. 校长、教师及部局长的人事评价方式如下：校长由评议会、教师及学部长由校长根据教授的讨论评价，学部长以外的部局长由校长评价等。

2. 前项的人事评价的标准及其方法相关事项、其他人事评价相关必要事项，由校长根据评议会的讨论决定。

（离职休养期间）

第六条 校长、教师及部局长因身心问题需要长期休养时，其离职休养的时间长短，由校长根据评议会的讨论结果决定。

（任期）

第七条 校长及部局长的任期，由校长根据评议会的讨论结果规定。

（退休年龄）

第八条 1. 针对大学教师的地方公务员法第二十八条之二的第一项、第二项及第四项规定的适用范围，同条第一项中“达到退休年龄之日起到此后的第一个三月三十一日之间，则为条例规定的日期”意为“达到退休年龄起，在不超过一年的范围内，校长根据评议会的意见事先指定的日期”，同条第二项“针对国家职员制定的退休基准条例”意为“由校长基于评议会的讨论（决定）”，同条第四项“临时雇员及由其他法律规定任期的职员”意为“临时被任用的职员”。

2. 地方公务员法第二十八条之二第三项及第二十八条之三的规定不适用于大学教师。

3. 关于大学教师的录用，地方公务员法第二十八条之四至第二十八条之六的规定，其适用范围为同法第二十八条之四的第一项、第二十八条之五的第一项及第二十八条之六的第一项和第二项中的“任期规定”意为“校长根据教授会的讨论决定的任期”，同法第二十八条之四的第二项（包括同法第二十八条之五第二项及第二十八条之六第三项的适用场合）中的“范围内的”意为“校长在范围内根据教授会讨论结果确定的时间”。

（惩罚）

第九条 1. 校长及教师非经评议会、部局长非经校长审查，不得受到惩戒处分。

2. 第四条第二项至第五项的规定，对前项审查适用。

（任命权者）

第十条 1. 大学的校长、教师和部局长的任用、免职、休职、复职、退职和惩戒处分，由任命权者根据校长的申请执行。

2. 大学的校长、教师及部局长相关人员的职务执行能力标准，校长根据评议会讨论的结果提交申请后，由任命权者决定。

第二节　大学以外公立学校的校长和教师

（录用和升迁的方法）

第十一条　公立学校校长及教师的录用和升迁，应根据选拔考核结果而定。关于选拔考核方法，大学附属学校由该校校长，大学附属学校以外的公立学校（幼保连携型儿童园除外）由该校校长和教师的任命权者即教育委员会教育长，大学附属学校以外的公立学校（仅限幼保连携型儿童园）由校长及教师的任命权者即地方公共团体的首长等分别执行。

（有条件任用）

第十二条　1. 对于公立小学、初级中学、义务教育学校、高级中学、中等教育学校、特别支援学校、幼儿园及幼保连携型认定儿童园（以下称“小学等”）的教谕、助教谕、保育教谕、助保育教谕及讲师（以下称“教谕等”）有关的国家公务员法第二十二条第一项规定的录用，把同项中的“不少于六个月期限”改为“一年”，适用于同项规定。

2. 除关于地方教育行政组织及其运营的法律第四十条规定之外，依据地方公务员法第二十二条第一项规定正式被任用为公立小学等校长或教师的，该任期结束后继续被任用为同一个都道府县内公立小学等的校长或教师时，同条同项的规定对其的任用不适用。

（校长及教师的工资）

第十三条　1. 公立小学等的校长及教师的工资，应基于以上人员的职务及其责任的特殊性，由条例规定。

2. 前项工资中根据地方自治法第二百零四条第二项规定支付的义务教育等教师的特别补贴，应仅限下列人员，其内容由条例规定。

一、在公立小学、初级中学、义务教育学校、中等教育学校前期课程或特别支援学校的小学部或初级中学部工作的校长及教师。

二、与前号规定的校长及教师有权衡必要的在公立高级中学、中等教育学校后期课程、特别支援学校的高中部或幼儿部、幼儿园或幼保连携型认定儿童园工作的校长及教师。

（离职休养的时间和效果）

第十四条　1. 公立学校校长及教师因患结核性疾病需要长期休养的，其离职休养时间为两年整。但必要时任命权者可在预算范围内将其离职休养时间延长为三年整。

2. 前项规定的离职休养者在其离职休养期间，可领取全额工资。

第三节　专门教育职员

（录用和升迁的方法）

第十五条　专门教育职员的录用和升迁须依据考核结果，其考核由该教育委员会的教育长负责。

第十六条　删除。

第三章　服　务

（兼职及从事其他事业）

第十七条　1. 教育公务员兼任其他教育职务或者从事其他教育事业或事务，被任命权者认为不妨碍执行本职工作时，可在领取或不领取工资的条件下兼任其职务或者从事其事业或事务。

2. 在前项的情况下，根据地方公务员法第三十八条第二项的规定，不必依据人事委员会规定的许可基准。

（公立学校教育公务员的政治行为限制）

第十八条　1. 针对公立学校教育公务员政治行为的限制，暂不受地方公务员法第三十六条规定的限制，依国家公务员执行。

2. 前项有关规定，对违反政治行为限制者的处罚，不得解释为依据国家公务员法第一百一十条第一项规定体现的宗旨进行处理。

（校长、教师及部局长的服务）

第十九条　对于校长、教师及部局长的服务，关于地方公务员法第三十条的根本基准实施的必要事项，除前条第一项及同法第三十一条至第三十五条、第三十七条及第三十八条的规定以外，由校长根据评议会讨论结果决定。

第二十条　删除。

第四章　进　修

（进修）

第二十一条　1. 教育公务员为履行其职责，应不断致力于研究和提高修养。

2. 教育公务员任命权者应致力于制订并实施教育公务员的进修所用设施建设、进修奖励方法及其他进修有关计划。

（进修机会）

第二十二条　1. 教育公务员应有获得进修的机会。

2. 在不影响教学的前提下，经过本部门领导批准后，教师可离开工作岗位去进修。

3. 教育公务员根据任命权者的规定，可以保持现职进行长期进修。

（关于提高校长及教师资质的指标规划方针）

第二十二条之二 1. 为有计划、有效果地提高公立小学等校长及教师的资质，文部科学大臣应制定次条第一项规定的指标规划相关方针。

2. 该方针须规定下列事项。

一、提高公立小学等校长及教师资质相关的基本事项。

二、次条第一项规定的与指标内容相关的事项。

三、为提高其他公立小学等校长及教师资质须考虑的事项。

3. 文部科学大臣必须制定方针，或在有变更的情况下，将之公布，不得拖延滞后。

（提高校长及教师资质的相关指标）

第二十二条之三 1. 公立小学等校长及教师的任命权者应参考方针，根据当地实情，制定与该校校长及教师的职责、经验及适用性相符合的职业资质提高的指标（以下称“指标”）。

2. 该公立小学等校长及教师的任命权者在制定或变更指标时，首先应根据第二十二条之五第一项的规定，由协议会协商。

3. 公立小学等校长及教师的任命权者在制定指标或变更指标后，应向公众公开，不得延误。

4. 独立行政法人教职员支援机构应当针对指标制定者，对与该指标相关的规划提出专门意见。

（教师进修计划）

第二十二条之四 1. 公立小学等校长及教师的任命权者应根据指标，为该校校长及教师进修制订能够系统且有效实施的年度计划（以下本条称“教师进修计划”）。

2. 在教师进修计划中，大致应规定下列事项。

一、任命权者实施的第二十三条第一项规定的初任者进修、第二十四条第一项规定的提高骨干教谕等资质的进修及其他进修（以下本项称“任命权者实施进修”）相关的基本方针。

二、任命权者实施进修的体系相关事项。

三、任命权者实施进修的时间、方法及设施相关事项。

四、奖励进修的途径相关事项。

五、前述各号所列内容之外，由文部科学省令规定的实施进修的其他必要事项。

3. 公立小学等校长及教师的任命权者制订或变更教师进修计划时，应向公众公开，不得延误。

（协议会）

第二十二条之五 1. 公立小学等校长及教师的任命权者应组织关于制定指标的协议及基于该指标提高相关校长和教师资质的必要事项的协议会（以下称“协议会”）。

2. 协议会由下列人员构成。

一、制定指标的任命权者。

二、协助公立小学等校长及教师进修的大学及其他旨在提高该校长和教师资质的由文部科学省令规定的人员。

三、其他该任命权者认定为必要的相关人员。

3. 对于协议会上形成决议的事项，协议会的成员应尊重其结果。

4. 除前三项规定之外，其他有关协议会运营的必要事项由协议会决定。

（初任者进修）

第二十三条 1. 公立小学等教谕的任命权者应对该教谕等（临时被任用的人员及其他政令规定者除外）组织实施其履行教谕职务所需的相关实践性进修（以下称“初任者进修”），时间为自其被录用之日起一年。

2. 任命权者应从接收初任进修者（次项中称“初任者”）所属学校的副校长、教头、主管教谕（负责养护或营养的指导及管理的主管教谕除外）、指导教谕、教谕、主管保育教谕、指导保育教谕、保育教谕或讲师中任命指导教师。

3. 指导教师可对初任者从事教谕或保育职位的相关事项进行指导和提出建议。

（提高骨干教谕等资质的进修）

第二十四条 1. 公立小学等的教谕等（临时被任用者及其他政令规定者除外，以下本项同）的任命权者，应根据其能力、特质，针对有公立小学教育相关经验的，其教育活动及其他对学校运营有望起到润滑作用且显著效果，具有中枢和核心作用的骨干教谕等（以下称“提高骨干教谕等资质的进修”），为提高其职业上必要的执行能力，为其提供相应的进修机会。

2. 任命权者在实施提高骨干教谕等资质的进修时，应根据进修者的能力及特质进行评价，并基于其结果为每位骨干教谕制订与提高其资质有关的进修方面的计划书。

（指导改善进修）

第二十五条 1. 公立小学等的教谕等的任命权者应针对指导儿童、学生或幼儿（以下称“儿童等”）不力的教谕，根据其能力、特质，为改善其指导实施与必要事项相关的进修（以下称“指导改善进修”）。

2. 指导改善进修的时间不应超过一年。但必要时任命权者可将其延长，但不应超过指导改善进修开始后两年。

3. 任命权者在实施指导改善进修时，应根据接受指导改善进修者的能力、特质，为每位教谕制订相关计划书。

4. 任命权者在指导改善进修结束时，应通过指导改善进修者对儿童等的指导改善的程度，对其进行认定。

5. 任命权者在认定第一项及前项时，应根据教育委员会的规则规定的内容，听取在教育学、医学、心理学及对其他与儿童等指导有关的方面拥有专业知识，以及在该任命权者所属的都道府县或市町村区域内居住的监护人（行使教育权者及未成年人的监护人）等的意见。

6. 除前项所规定的内容外，关于事实确认方法及其他第一项和第四项认定的手续等必要事项，由教育委员会的规则规定。

7. 除前述各项规定，有关指导改善进修的实施必要的事项，由政令规定。

（指导改善进修后的措施）

第二十五条之二 任命权者在前条第四项认定中，对指导改善得不充分，仍不能对儿童实施合适的指导的教谕等，应采取免职或其他必要措施。

第五章 研究生修学休业

（研究生修学休业的许可及其必要事项）

第二十六条 1. 公立小学等的主管教谕、指导教谕、教谕、养护教谕、营养教谕、主管保育教谕、指导保育教谕、保育教谕或讲师（以下称“主管教谕等”）中符合下列各号中任意一项的，经任命权者同意后，可离岗（以下称“研究生修学休业”）在大学（短期大学除外）的研究生课程、专业课程或与该类课程相当的外国的大学课程（次项及第二十八条第二项中称“研究生课程等”）学习及履修相关课程，离岗时间以年为单位，不超过三年。

一、主管教谕（负责养护或营养指导及管理的主管教谕除外）、指导教谕、教谕、主管保育教谕、指导保育教谕、保育教谕或讲师等以取得教育职员许可法规定的教谕的专修许可证，负责养护工作的主管教谕或养护教谕以取得同法规定的养护教谕专修许可证，负责营养指导及管理的主管教谕或营养教谕以取得同法规定的营养教谕的专修许可证为目的。

二、拥有与专修许可证有关的初级许可证。

三、为了取得专修许可证必需的初级许可证，须满足教育职员许可法附表第三、第五、第六、第六之二或第七规定的最低在职年数。

四、录用试用期人员、临时雇佣人员、未接受初任者进修或政令中未规定之人员。

2. 欲获得研究生修学休业许可的主管教谕等，需明确要取得的专修许可证的种类、在读研究生课程等，在研究生修学休业期间，需要向任命权者提交许可申请。

（研究生修学休业效果）

第二十七条　1. 主管教谕等在研究生修学休业期间保留地方公务员身份，但不可履行其职务。

2. 研究生修学休业期间，不应为其支付薪酬。

（研究生修学休业许可失效）

第二十八条　1. 当相关主管教谕等休职或被处分停职时，研究生修学休业许可失效。

2. 研究生修学休业的主管教谕等从相关研究生课程等退学，或符合其他政令规定的理由时，任命权者应取消该研究生修学休业许可。

第六章　职 员 团 体

（公立学校的职员团体）

第二十九条　1. 关于地方公务员法第五十三条、第五十四条以及地方公务员法的部分修改法律附则第二条规定的适用范围，仅由一个都道府县内的公立学校职员组织的地方公务员法第五十三条第一项规定的职员团体，应视为由该都道府县职员组织的该项规定的职员团体。

2. 在前项情况下，该职员团体属于该都道府县内的公立学校的职员，若违反其意被撤职，或被迫接受免职的警戒处分，自接受处分的次日起一年以内，或在这个期间内，根据相关法律对该处分提起审查请求或提起诉讼，审判裁决或裁判无法确定的，需由（职员团体）构成人员审阅，并保证不妨碍其作为该职员团体的一员。

第七章　教育公务员特例

（符合教师职务者的本法适用）

第三十条　根据政令规定，本法适用于公立学校中符合教师职务的人员及国立或公立专修学校或各类学校的校长和教师。

（研究设施研究教育职员等相关特例）

第三十一条　1. 文部科学省设置的研究设施（以下本章称“研究设施”）中，根据政令规定，针对职员中专门从事研究或教育的人（以下本章称“研究设施研究教育职员”）适用国家公务员法第八十条之二的规定。同条第一项中的“到退休之日后的第一个三月三十一日或第五十五条第一项规定的任命权者或法律指定的任命权者预先指定的日期，以较早日期为准”，即“从已退休的日期开始计算，在不超过一年的范围内根据文部科学省规定的任命权者预先指定的日期”，同条第二项中“年龄规定为六十年。但是，下列职员的退休按照各号规定的年龄”，即“按文部科学省令规定，由任命权者决定”，同条第三项中的“临时职员及其他依法规定了任期的职员”，即“临时职员”。

2. 国家公务员法第八十一条之三的规定不适用于研究设施研究教育职员。

3. 关于对研究机构研究教育职员的录用，国家公务员法第八十一条之四和第八十一条之五的规定适用。同法第八十条之四第一项和第八十一条之五第一项中的“规定任期”指的是“由文部科学省规定的任命权者制定的任期”，同法第八十一条之四第二项（包括同法第八十一条之五第二项中的适用场合）中的“范围内”指的是“在范围内根据文部科学省令规定由任命权者决定的时间”。

第三十二条　关于研究机构长官及研究机构研究教育职员的研究教育工作，国家公务员法第九十六条第一项的根本基准的有关实施的必要事项，同法第九十七条至第一百零五条或国家公务员伦理法规定的内容除外，由任命权者决定。

第三十三条　1. 前条规定的人员，兼职教育相关其他职务或教育相关其他事业，又或者从事事务等，任命权者认定不妨碍本职工作的，无论其是否领取薪资，都可以从事其兼职职务、事业或事务。

2. 前项场合中，基于国家公务员法第一百零一条第一项规定的命令或根据同法第一百零四条的规定，无须承认或许可。

第三十四条　1. 研究设施研究教育职员（只限政令规定者，以下本条同）从事国家及行政执行法人以外人员与国家或指定行政执行法人共同进行的研究，或者受国家或指定行政执行法人的委托进行的研究（以下本项称“共同研究”），按照国家公务员法第七十九条的规定，休职时为促进其所从事的共同研究等有效率地实施，符合政令规定的要件时，关于研究设施研究教育职员的国家公务员退职补贴法第六条之四第一项及第七条第四项规定的适用，相关休职时间，按照同法第六条之四第一项规定，未从事实际职务期间不应视为符合该法律。

2. 研究设施研究教育职员从国家及行政执行法人以外的人员处接受与国家公务员退休津贴法规定相当的退休津贴时，可不适用前项规定。

3. 除前项规定的内容外，有关第一项规定的适用，其必要事项由政令规定。

第三十五条　研究设施的长官及研究设施研究教育职员适用于第三条第一项、第二项及第五项，第五条之二，第六条，第七条，第二十一条，第二十二条的规定。

附　　则

本法自公布之日起实施。

第七编　教 育 财 政

义务教育费国库负担法

昭和二十七年（1952 年）八月八日法律第三百零三号公布
公布以来共修改 37 次；最近修改：平成二十九年（2017 年）三月三十一日
法律第五号

（本法的目的）

第一条 本法的目的是，根据义务教育的无偿原则，为保障义务教育的适当规模和内容，应由国家负担必要的经费，以谋求教育的机会均等及其水平的提高。

（教职员工资报酬等所需经费的国库负担部分）

第二条 国家每年度就各都道府县的公立小学、初级中学、义务教育学校、中等教育学校前期课程及特别支援学校的小学部和初级中学部（包括学校饮食供给法第六条规定的设施，以下称“义务教育诸学校”）所需经费中，对于以下各号所列者，负担其实际支出额的 1/3。但有特殊情况时，各都道府县的国库负担额的最高限度，可由政令规定。

一、市町村立义务教育诸学校有关的市町村立学校职员工资等负担法第一条所列的职员工资及其他酬劳等（离职津贴、退职养老金、退职临时金以及旅费除外）所需经费（以下称“教职员人员薪酬及报酬等所需经费”）。

二、都道府县立的初级中学、中等教育学校及特别支援教育学校相关的教职员人员薪酬及报酬等所需经费。

三、都道府县立的义务教育诸学校（除前号规定的学校外）所涉及的教职员人员薪酬及报酬等所需经费。

第三条 对于各指定都市的公立义务教育诸学校所需的经费，指定都市设立义务教育各学校的教职员人员薪酬及报酬等所需经费，国家每年度负担其实际支出额的 1/3。但有特殊情况时，各指定都市的国库负担额的最高限度，可由政令规定。

附　　则

本法自昭和二十八年四月一日起施行。

市町村立学校职员工资等负担法

昭和二十三年（1948 年）七月十日法律第一百三十五号公布
公布以来共修改 42 次；最近修改：平成二十七年（2015 年）七月十五日法律第四十六号

第一条　市（含特别区，地方自治法第二百五十二条之十九第一项规定的特定市除外）町村立小学、初级中学、义务教育学校、中等教育学校前期课程及特别支援学校的校长、副校长、教头、主管教谕、指导教谕、教谕、养护教谕、营养教谕、助教谕、养护助教谕、宿舍管理员、讲师、学校营养职员及事务职员中，下列人员的工资、扶养津贴、地区津贴、居住津贴、初任工资调整津贴、通勤津贴、单身赴任津贴、特殊工作津贴、特殊地区工作津贴（含与此相当的津贴）、偏僻地区津贴（含与此相当的津贴）、加班工作津贴（为与学校营养职员及事务职员有关者）、值日值宿津贴、管理职位特别津贴、管理职位津贴、期末津贴、勤劳津贴、义务教育等教员特别津贴、寒冷地津贴、特定任期职员绩效津贴、退职津贴、退职养老金、退职特殊金及差旅费（以下称“工资与其他工资”）和定时制通信教育津贴（仅限中等教育学校校长）及讲师的报酬和执行职务所需费用（下条称“报酬等”），由都道府县负担。

一、基于义务教育诸学校标准法第六条第一项的规定，都道府县规定的都道府县中小学校等教职员数；基于义务教育诸学校标准法第十条第一项的规定，在都道府县规定的都道府县特别支援学校教职员数的基础上被配置的职员。

二、根据公立高等学校的适当配置和教职员定数标准等有关法律第十五条的规定，由都道府县规定的特别支援学校高中部教职员按编制配置的职员。

三、都道府县依据法定基数为特别支援学校的幼儿园部所配置的职员。

第二条　市（指定城市除外）町村立高中设置学校教育法第四条第一项规定的定时制课程（以下称“定时制课程”）的校长，负责定时制课程有关校务的教头、主管教谕，担任定时制课程的教谕、助教谕及讲师的工资及其他工资、定时制通信教育津贴和产业教育津贴，由都道府县负担。

第三条　对于前两条规定的职员工资及其他工资，除适用关于地方教育行政的组织及运营的法律（昭和三十一年法律第一百六十二号）第四十二条的规定者外，由都道府县条例予以规定。

附　　则

本法自公布之日起施行，自昭和二十三年四月一日起适用。

义务教育诸学校设施费国库负担法

昭和三十三年（1958年）四月二十五日法律第八十一号公布
公布以来共修改23次；最近修改：平成二十七年（2015年）七月八日法律第五十二号

（目的）

第一条 本法的目的是为促进公立义务教育诸学校设施的整备，由国家负担这些学校建筑物的修建所需的部分经费，并根据文部科学大臣制定的设施整备基本方针以及地方公共团体制订的设施整备计划，确定项目经费的划拨，以确保义务教育诸学校教育的圆满实施。

（定义）

第二条 1. 本法所称“义务教育诸学校”，是指学校教育法规定的小学、初级中学、义务教育学校、中等教育学校前期课程以及特别支援学校的小学部和初级中学部。

2. 本法所称“建筑物”，是指校舍、室内运动场及宿舍。

3. 本法所称“班级数”，是依关于公立义务教育诸学校的班级编制及教职员定员标准的法律（昭和三十三年法律第一百一十六号）规定的班级编制标准算定的班级数。但依本法第五条第一项的规定，算定因有同项政令所定情况有可能造成校舍或室内运动场不足的场合，算定新建或增建校舍或室内运动场有关工程费时，以及依同条第二项规定算定新建或增建同项第一号所列场合的校舍或室内运动场有关工程费时，是依文部科学大臣按同法规定的班级编制标准规定的方法算定的班级数。

（国家负担）

第三条 1. 国家在政令所定限度内，负担以下各号所列经费的一部分。此时其负担比例分别依各号所列比例予以计算。

一、为解决公立小学及初级中学（第二之二号所列初级中学除外，下同）以及义务教育学校的教室不足问题，新建或增建校舍（包括用购买或其他相当的方法取得者，下同）所需经费，国库负担1/2。

二、新建或增建公立小学及初级中学的室内运动场所需经费，国库负担1/2。

二之二、公立初级中学中依学校教育法第七十一条规定与高级中学一起实施一贯制教育的学校以及中等教育学校前期课程（以下称“中等教育学校等”）相关建筑物的新建或增建所需经费，国库负担1/2。

三、新建或增建公立特别支援学校的小学部和初级中学部的建筑物所需经费，国库负担1/2。

四、根据需要将公立小学、初级中学以及义务教育学校整合为适当规模时必要的或者因合并出现的必要的校舍或者室内运动场新建或增建所需经费，国库负担1/2。

2. 前项教室不足的数量界定范围及第四号的适当规模的界定条件，由政令规定。

（经费的名目）

第四条　前条第一项各号所列经费项目，为工程费及附带工程费（在通过购买及其他的相当方法取得的情况下，为购买费，以下总称为“工程费”）及事务费。

（小学、初级中学以及义务教育学校的建筑工程费的计算方法）

第五条　1. 新建或增建第三条第一项第一号及第二号规定的校舍和室内运动场有关的工程费，为将从新建或增建校舍和室内运动场的年度五月一日的该学校班级数所有面积扣除新建或增建年度五月一日的保有面积所得面积后，乘一平方米的建筑单价，予以计算。

2. 第三条第一项第四号规定的校舍及室内运动场的新建或增建工程费，校舍和室内运动场分别按照以下各号所列不同情况，根据该校班级数量测算的必要面积，第一号所列场合扣除新建或增建年度五月一日当时预定为该校校舍或室内运动场的面积，第二号所列场合扣除同号所列日实际面积后所得面积乘一平方米的建筑单价，予以计算。

一、学校合并前新建或增建（仅限于政令所定者）的场合，为合并预定日所属年度之五月一日（在五月二日后至翌年三月三十一日期间预定合并的场合，为文部科学大臣规定之日）。

二、学校合并后新建或增建的场合，为新建或增建年度的五月一日。

（高级中学等建筑工程费的计算方法）

第五条之二　1. 第三条第一项第二之二号规定的建筑物中有关新建或增建校舍及室内运动场的工程费，为新建或增建实施年度的五月一日，该中等教育学校等根据班级数量测算的必要面积减去实际面积后，乘一平方米的建筑单价，予以计算。

2. 第三条第一项第二之二号规定的建筑物中新建或增建宿舍的工程费，在生均标准面积新建或增建年度的五月一日该初级中学宿舍容纳学生数的面积扣除新建或增建年度的五月一日中的保有面积后，乘一平方米的建筑单价，予以计算。

（特别支援学校建筑工程费的计算方法）

第五条之三　1. 第三条第一项第三号规定的建筑物中有关新建或增建校舍和室内运动场的工程费，为校舍和室内运动场分别在新建或增建实施年度的五月一日，该校根据班级数量测算的必要面积减去实际面积后，乘一平方米的建筑单价，予以计算。

2. 第三条第一项第三号规定的建筑物中有关新建或增建宿舍的工程费，儿童及学生人均标准面积乘以新建或增建实施年度五月一日该校宿舍规模所得面积，减去该校宿舍实际面积后，乘一平方米的建筑单价，予以计算。

第六条　1. 依第五条第一项、第二项或前条第一项的规定，计算工程费时，以班级数所需的必要面积为依据，小学、初级中学、义务教育学校、中等教育学校等或特别支援学校实施教育所必需的校舍或室内运动场所的最低限度面积，由政令规定。在此场合，对于积雪寒冷地区的学校班级规模相应的必要面积，根据政令的规定，按该校所在地的积雪寒冷度加以必要的补正。

2. 在依第五条之二第二项或前条第二项规定算定工程费的场合，每个儿童或学生的基准面积，对于小学或初级中学，根据小学及初级中学教育实施所需的最低限度，由政令规定的儿童或学生的人均面积，按收容于这些学校宿舍的儿童或学生数或者该学校所在地的积雪寒冷度予以必要的补正的面积；对于听力障碍学校或视力障碍学校，根据实施教育所需最低限度面积，由政令规定的儿童或学生的人均面积，按收容于这些学校宿舍的儿童或学生数或者该学校所在地的积雪寒冷度予以必要的补正的面积。

（一平方米的建筑单价）

第七条　在依第五条或第五条之二、之三规定算定工程费的场合，一平方米的建筑单价由文部科学大臣按建筑的结构类别，参酌该新建、增建或改建时的建筑费后，经与财务大臣协商决定。

（工程费算定方法特例）

第八条　1. 在依第五条第一项或第二项、第五条之二第一项或第五条之三第一项的规定算定工程费的场合，因校舍保有面积中用于教室的部分极少，或其他由政令规定的特殊理由，班级规模相应的必要面积的新建或增建后的校舍或室内运动场明显对儿童或学生的教育不适当时，将按该学校班级数的必要面积加上政令规定面积，视为该班级规模的必要面积后，算定工程费。

2. 根据第五条之三第二项的规定，在以智力障碍者、残疾或病弱者（包括身体虚弱者）儿童或学生教育为主的特别支援学校的宿舍工程费计算的场合，依据政令规定的特殊理由，所有儿童及学生每个人的标准面积及新建或扩建后的宿舍面积明显不当时，将按该学校班级数的必要面积加上政令规定面积，视为该班级规模的必要面积后，算定工程费。

3. 关于钢筋水泥结构以外的建筑物，在依第五条、第五条之二或第五条之三的规定算定工程费的场合，其实际面积或一平方米建筑单价对应的面积，依政令的规定予以补正。

（事务费算定方法）

第九条　新建、增建或改建第三条第一项各号规定的建筑物有关的事务费，为依第五条至前条规定算定的工事费乘政令规定的比例予以计算。

（向都道府县交付事务费）

第十条　国家根据政令规定，向都道府县教育委员会补助为实施第三条第一项相关业务所需经费。

（设施整备基本方针等）

第十一条　1. 文部科学大臣在制定改善公立义务教育各学校等设施设备的基本方针时，要致力于增强公立义务教育诸学校等设施设备的安全性。

2. 文部科学大臣制订设施整备基本方针、设施整备基本计划或计划变更时，应及时予以公布。

（交付金的交付等）

第十二条　1. 国家为了充盈用于改善公立义务教育各学校等设施相关的改建等事业所需的经费，根据文部科学省令决定的其整备状况及其他事项，可以在预算的范围内向地方公共团体付交付金。

2. 地方公共团体接受前项的交付金时，必须根据设施整备基本计划，制订关于该地方公共团体设立的义务教育诸学校等设施整备的计划。

3. 关于设施整备的计划，必须记录以下事项。

一、设施整备计划目标。

二、完成目标需要的改建相关内容。

三、计划起止期间。

四、其他文部科学省令规定的事项。

4. 地方公共团体在起草完成设施整备计划或计划变更时，应及时予以公布，同时向文部科学大臣[市町村（包括特别区，下同）须经由市町村所属的都道府县教育委员会]报备。

（本校及分校）

第十三条　对于本法的适用，将本校及分校视为一所学校。

附　　则

本法自公布之日起施行，自昭和三十三年四月一日起适用。

义务教育诸学校设施费国库负担法施行令

昭和三十三年（1958 年）六月二十七日法律第一百八十九号公布
公布以来共修改 37 次；最近修改：平成二十七年（2015 年）十二月十六日
政令第四百二十一号

内阁根据义务教育诸学校设施费国库负担法第三条、第五条第一项和第二项、第六条以及第八条至第十条的规定，为实施同法而制定本政令。

（法第三条第一项的政令所定限额）

第一条 1. 义务教育诸学校设施费国库负担法（以下称“法”）第三条第一项的政令所定限额，每会计年度同项各号分别按照法第七条规定的一平方米建筑单价乘按建筑结构类别由文部科学大臣与财务大臣协议规定的面积所得金额的合计额乘 101%，以及法第三条第一项各号所列比例而得出的金额。

2. 欲依法取得国库负担金的地方公共团体的首长，必须依文部科学省令的规定，取得文部科学大臣对欲取得该国库负担金的法第三条第一项各号规定的新建、增建或改建的认定。

3. 文部科学大臣必须在前项认定有关的国库负担金额的合计额不超过第一项规定的金额范围内进行认定。

（认定的申请）

第二条 1. 地方公共团体的长官对前条第二项进行认定时，应根据文部科学大臣的规定，向文部科学大臣提出认定申请。

2. 市町村长须经由都道府县教育委员会提交前项规定的认定申请书。在这种情况下，都道府县教育委员会须对该申请书进行审查，并附上必要的审查意见。

3. 前项规定中由都道府县处理的事务属于地方自治法第二条第九项第一号规定的第一号法定受托事务。

（教室不足的范围）

第三条 1. 法第三条第一项第一号规定的教室不足范围，系指该学校保有教室的普通教室数或总面积、按下表所列特别教室每类数量的合计数或这些特别教室的总面积，或者多用教室的总面积没有达到由文部科学大臣规定的班级数（指法第二条第三项的班级数，下同）标准的场合。

学校种类	特别教室种类
小学	理科教室、生活教室、音乐教室、图画工作教室、家庭教室、视听教室、电脑教室、图书室、特别活动室、教育咨询室
初级中学	理科教室、音乐教室、美术教室、技术教室、家庭教室、外语教室、视听教室、电脑教室、图书室、特别活动室、教育咨询室、升学资料及指导室
义务教育学校	理科教室、生活教室、音乐教室、图画工作教室、美术教室、技术教室、家庭教室、外语教室、视听教室、电脑教室、图书室、特别活动室、教育咨询室、升学资料及指导室

2. 前项中因面积明显较小或其他由文部科学大臣规定的有特殊理由认为对儿童或学生的教育明显不当的教室，可以不算入该学校的普通教室或特别教室数量中。

（学校规模适当的条件）

第四条　1. 法第三条第一项第四号规定的规模适当的条件，为以下各号所列者。

一、班级数：小学和初级中学 12—18 个，义务教育学校 18—27 个。

二、上学距离：小学大约在 4 千米以内，初级中学及义务教育学校大约在 6 千米以内。

2. 在不足 5 个班级的小学或初级中学，或者不足 8 个班级的义务教育学校和前项第一号规定的班级数规模的学校合并的情况下，同号中的 18 个改为 24 个，27 个改为 36 个。

3. 即使在合并后，学校的班级数或上学距离仍不符合第一项第一号或第二号所列条件的，文部科学大臣考虑教育效果、交通便利及其他事项后认为适当时，将该班级数或上学距离视为符合同项第一号或第二号所列条件。

（法第五条第一项的政令所规定的事项）

第五条　法第五条第一项政令所规定的事项，为以下所列的场合该学校的班级数增加 3 个以上者。

一、新建或增建年度之五月一日以后至法第五条第一项的文部科学大臣规定日的期间，在该学校学区内建设以下住宅的场合。

（1）国家、地方公共团体或住宅和都市整备公团修建的住宅。

（2）依靠住宅金融公库的资金修建的住宅。

（3）除（1）、（2）所列者外，文部科学大臣认为有必要修建的住宅。

二、在新建或增建年度之五月一日该校学区内有住所者而在其次日以后至法第五条第一项的文部科学大臣规定日的期间，该校第一学年入学者数超过该期间内毕业于该学校者数的场合。

（法第五条第二项的政令规定的新建或增建）

第六条　法第五条第二项的政令规定的新建或增建，为在该学校合并（仅限于以条例或依条例的规则规定者）的预定日所属年度及该年度前三年度内进行者。

（班级数对应的必要面积）

第七条　1. 法第六条第一项前段的有关校舍的政令规定的面积，小学、初级中学、义务教育学校或中等教育学校等（指第三条第一项第二之二号规定的初级中学，下同），为下面各号所列不同班级数对应的面积。

一、对于不设特殊班级的小学、初级中学等。

根据该学校（含中等教育学校前期课程，下同）的班级数及下表公式计算面积。

学校种类	班级数	面积计算方法
小学	1—2 个	769m²[①]+279m²×（班级数−1）
	3—5 个	1326m²+381m²×（班级数−3）
	6—11 个	2468m²+236m²×（班级数−6）
	12—17 个	3881m²+187m²×（班级数−12）
	18 个及以上	5000m²+173m²×（班级数−18）
初级中学及中等教育学校	1—2 个	848m²+651m²×（班级数−1）
	3—5 个	2150m²+344m²×（班级数−3）
	6—11 个	3181m²+324m²×（班级数−6）
	12—17 个	5129m²+160m²×（班级数−12）
	18 个及以上	6088m²+217m²×（班级数−18）

二、设特殊班级的小学、初级中学或中等教育学校等。

从该学校的班级数减去特别支援班级数，根据前号规定算出面积，加上168m²，然后乘该学校特别支援班级数所得面积之和。

三、义务教育学校。

该义务教育学校前期课程视为小学，后期课程视为初级中学，分别按照前项规定计算面积。

2. 有关法第六条第一项前段的由政令规定的校舍面积，特别支援学校根据本校的班级数，按照下表的公式计算面积。但是，若该特别支援学校需要对视力障碍儿童和学生（以下称“儿童等”）、听力障碍儿童、智力障碍儿童或残疾儿童或病弱者（包括身体虚弱者，下同）中的两类以上儿童实施教育时，其面积的计算由文部科学大臣与财务大臣协商决定。

① 为行文方便，此处的面积单位与其他部分的“平方米”不做统一。

学校种类	班级数	面积计算方法
对视力障碍儿童进行教育的特别支援学校的小学部及初级中学部	1—3 个	$1862m^2$
	4—8 个	$2105m^2+242m^2\times$（班级数−4）
	9—17 个	$3317m^2+170m^2\times$（班级数−9）
	18 个及以上	$4850m^2+134m^2\times$（班级数−18）
对视力障碍和语言障碍儿童进行教育的特别支援学校的小学部及初级中学部	1—3 个	$1616m^2$
	4—8 个	$1869m^2+253m^2\times$（班级数−4）
	9—17 个	$3135m^2+170m^2\times$（班级数−9）
	18 个及以上	$4668m^2+134m^2\times$（班级数−18）
对智力障碍儿童进行教育的特别支援学校的小学部及初级中学部	1—3 个	$1903m^2$
	4—8 个	$2163m^2+260m^2\times$（班级数−4）
	9—17 个	$3463m^2+200m^2\times$（班级数−9）
	18 个及以上	$5263m^2+145m^2\times$（班级数−18）
对残疾儿童进行教育的特别支援学校的小学部及初级中学部	1—3 个	$2152m^2$
	4—8 个	$2429m^2+276m^2\times$（班级数−4）
	9—17 个	$3808m^2+240m^2\times$（班级数−9）
	18 个及以上	$5969m^2+181m^2\times$（班级数−18）
对病弱儿童进行教育的特别支援学校的小学部及初级中学部	1—3 个	$1576m^2$
	4—8 个	$1849m^2+273m^2\times$（班级数−4）
	9—17 个	$3216m^2+170m^2\times$（班级数−9）
	18 个及以上	$4749m^2+134m^2\times$（班级数−18）

3. 法第六条第一项前段政令规定的室内运动场的面积，在小学、初级中学、中等教育学校或特别支援学校中，根据该学校的班级数，其面积为下表所列的面积。但是，若该学校为对视力障碍、听力障碍、语言障碍、智力障碍及残疾儿童等进行特别支援教育的学校，其面积由文部科学大臣与财务大臣议定。

学校种类	班级数	面积
小学	1—10 个	$894m^2$
	11—15 个	$919m^2$
	16 个及以上	$1215m^2$

续表

学校种类	班级数	面积
初级中学及中等教育学校等	1—17个	$1138m^2$
	18个及以上	$1476m^2$
对视力障碍、听力障碍、语言障碍、智力障碍或病弱儿童进行特别支援教育的学校的小学部及初级中学部	1个以上	$932m^2$
对残疾儿童进行特别支援教育的学校的小学部及初级中学部	1个以上	$1097m^2$

4. 法第六条第一项前段政令规定的关于室内运动场的面积，在义务教育学校中将该义务教育学校前期课程、后期课程分别视为小学与初级中学，并按照前项的规定计算面积。

5. 法第六条第一项后半段的规定，应该对学校所在地的积雪寒冷度进行补正，由一级或二级积雪寒冷地区的学校校舍或室内运动场的面积，加上由文部科学大臣与财务大臣议定的面积。

6. 前项的一级、二级积雪寒冷地区的界定，文部科学大臣以气温和积雪量为基准确定。

（儿童学生人均标准面积）

第八条 1. 法第六条第二项的政令所规定的中等教育学校等生均面积为 $31.31m^2$，除第三项规定外，公立义务教育学校的班级编制及教职员数基准的相关法律第三条第三项规定的，由文部科学大臣所规定的有两种以上障碍儿童（以下称“重复障碍儿童等”）所在的特别支援学校的宿舍面积为 $29.42m^2$，残疾儿童或重复障碍儿童所在的特别支援学校的宿舍面积为 $34.36m^2$。

2. 根据第六条第二项的规定，在中等教育学校等的宿舍或特别支援学校（下一项规定的特别支援学校除外）宿舍里容纳的学生的数量，应根据下表所列方法进行修正。

学校种类	宿舍容纳的儿童学生数	修正方法	
中等教育学校等	1—11人	$5.86m^2-2m^2$÷宿舍容纳学生数	增
	12—23人	$6.86m^2-14m^2$÷宿舍容纳学生数	增
	24—47人	$301m^2$÷宿舍容纳学生数$-6.27m^2$	增
	48人	—	
	49人及以上	$9.35m^2-449m^2$÷宿舍容纳学生数	减

续表

学校种类	宿舍容纳的儿童学生数	修正方法	
除重复障碍以外儿童（残疾儿童除外）需要住宿的特别支援学校的小学部或初级中学部	1—35 人	$31m^2$÷宿舍容纳学生数+$4.10m^2$	增
	36—71 人	$358m^2$÷宿舍容纳学生数–$4.98m^2$	增
	72 人	—	
	73 人及以上	$4.95m^2$–$356m^2$÷宿舍容纳学生数	减
收纳残疾儿童或有重复障碍儿童的特别支援学校的小学部或初级中学部	1—35 人	$80m^2$÷宿舍容纳学生数+$4.05m^2$	增
	36—71 人	$452m^2$÷宿舍容纳学生数–$6.28m^2$	增
	72 人	—	
	73 人及以上	$6.28m^2$–$452m^2$÷宿舍容纳学生数	减

3. 根据法律第六条第二项政令规定的接收重复性障碍儿童或学生及残疾儿童的特别支援学校的宿舍的生均面积，以及同项规定的特别支援学校的宿舍面积，应根据宿舍接收的儿童等数量进行补正。文部科学大臣与财务大臣参考第一项规定的生均面积及前项规定的修正方法协商决定。

4. 根据法第六条第二项的规定，应根据该学校所在地的积雪寒冷度进行修正，适用前条第五项和第六项的规定。

（工程费的计算方法的特例）

第九条 1. 法第八条第一项政令规定的特殊理由列举如下。

一、该学校班级数增加明显时。

二、前号规定除外，文部科学大臣特别认定的理由。

2. 根据法第五条第一项或第二项的规定，在这些项中文部科学大臣的规定日期，以该学校的班级数为基础计算工程费的情况下，前项第一号规定的班级数增加，不包含日后班级数的增加。

3. 法第八条第一项的政令所规定的面积是文部科学大臣所确定的面积，在按照第七条规定计算的校舍或室内运动场的班级数的必要面积的 0.2 倍以内，是由文部科学大臣所确定的。

4. 法第八条第二项政令规定的特殊理由列举如下。

一、该学校宿舍里容纳儿童等的数量在文部科学省令规定的比例以上增加明显。

二、除前号规定外，文部科学大臣特别认定的理由。

5. 法第八条第二项的政令规定的面积是根据前条规定计算的宿舍儿童或学生的生均基准面积，该学校宿舍里容纳的儿童等数的面积的 0.2 倍以内，是由文部科学大臣确定的面积。

6. 根据法第八条第三项的规定，除了钢筋混凝土结构以外的建筑物持有面积的修正，是关于校舍或者宿舍的保有面积中的铁筋混凝土结构部分的面积乘 1.02。

7. 根据法第八条第三项的规定，对于钢筋混凝土结构以外的建筑物，应乘每平方米的建筑单价进行面积的修正，是关于该面积中的铁筋混凝土结构以外的校舍或宿舍的部分面积除以 1.02。

（事务费占施工费的比例）

第十条　法第九条政令规定的比例为 1%。

（都道府县事务费的交付）

第十一条　法第十条规定的国家划拨给都道府县的经费，在该都道府县区域内，市町村在该年度实施的法第三条第一项规定的新建、增建的总费用，根据进行该新建或增建的市町村的分布状况等其他文部科学省令规定的情况，由文部科学大臣勘察和交付。

附　　则

本省令自公布之日起施行，自昭和三十三年四月一日起适用。

第八编　行政组织、独立法人等

国立大学法人法

平成十五年（2003 年）七月十六日法律第一百一十二号公布
公布以来共修改 16 次；最近修改：平成三十年（2018 年）五月二十三日法律第三十八号

目录

第一章　总　则

第一节　通　则

（目的）

第一条　为了满足国民对大学教育研究的期望，同时促进我国高等教育及学术研究水平的提高及均衡发展，本法律的目的在于明确开办国立大学从事教育研究工作的国立大学法人的组织及运营，以及设置大学共同利用机关便于大学共同利用的大学共同利用机关法人的组织及运营。

（定义）

第二条　1. 本法所称“国立大学法人”，是指以设立国立大学为目的，根据本法所设立的法人。

2. 本法所称“国立大学”，是指附表一中第二栏所列大学。

3. 本法所称“大学共同利用机关法人”，是指以设置大学共同利用机关为目的，根据本法所设立的法人。

4. 本法所称"大学共同利用机关"，是指针对附表二中第二栏的研究领域，为了促进大学学术研究的发展等设置的大学共同利用研究所。

5. 本法所称"中期目标"，是指根据第三十一条第一项的规定由文部科学大臣决定的，国立大学法人以及大学共同利用机关法人（以下称"国立大学法人等"）有关业务运营应该达到的目标。

6. 本法所称"中期计划"，是指为了达成中期目标所制订的计划，根据第三十一条第一项的规定由国立大学法人等进行制定。

7. 本法所称"年度计划"，是指根据适用通则法第三十一条第一项的规定，由国立大学法人等依据中期计划制订的计划。

8. 本法所称"学则"，是指国立大学法人规则中涉及修业年限、教育课程、教育研究组织及其他学生学业上必要的相关规定。

（对教育研究特性的考虑）

第三条　国家在运用本法时，应考虑到国立大学及大学共同利用机关的教育研究特性。

（国立大学法人的名称等）

第四条　1. 各国立大法人的名称以及主要所在地，分别在附表一的第一栏和第栏中进行刊载。

2. 附表一第一栏所列国立大学法人，分别为同表第二栏所列国立大学的设立者。

（大学共同利用机关法人的名称等）

第五条　1. 各大学共同利用机关法人的名称以及主要所在地，分别在附表二的第一和第三栏进行刊载。

2. 附表二第一栏所列的大学共同利用机关法人，分别对应第二栏所列研究领域，依据文部科学省令的相关规定设立。

（法人身份）

第六条　国立大学法人以及大学共同利用机关法人，为法人。

（资本金）

第七条　1. 各国立大学法人等的资本金，根据附则第九条第二项①的规定，为政府出资金额。

2. 政府认为有必要时，在预算限定范围内，可对国立大学法人等追加出资。

3. 政府认为有必要时，不论前项规定，可以土地、建筑及其他土地或建筑附着物为目的的资本花费，对国立大学法人等进行追加出资。

---

① 根据前项规定，各国立大学法人等继承国家所有的权利及义务时，该国立法人等继承的总额减去负债的金额，即为政府向该国立大学等的出资金额。

4. 政府根据前项规定以土地作为出资目的进行出资，国立大学法人等出让全部或一部分该土地，可要求其出让所得中按照文部科学大臣规定的标准额度，向独立行政法人大学改革支援·学位授予机构缴纳。

5. 国立大学法人等根据第二项或者第三项获得政府出资时，其出资额即视为资本金的增加。

6. 政府以出资为目的的土地等价格，以出资日当时的市价为基础，由评价委员评估算出。

7. 前项的评价委员及其他评估相关必要事项，由政令规定。

8. 国立大学法人等适用通则法第四十八条正文规定的重要财产中，对文部科学大臣规定的财产进行转让时，与该转让财产相关的文部科学大臣规定的部分金额，应视为政府未曾对该国立大学法人等进行出资，该国立大学法人等应从其资本金中减去该项金额。

（名称使用的限制）

第八条　国立大学法人或大学共同利用机构法人以外的单位或组织不得使用“国立大学法人”或“大学共同利用机关法人”的字样。

第二节　国立大学法人评价委员会

第九条　1. 文部科学省为处理国立大学法人等相关事务，可设置国立大学评价委员会（以下称“评价委员会”）。

2. 评价委员负责如下事务。

一、对国立大学法人等的业务和实绩进行评价。

二、处理其他属于本法规定的权限范围内的有关事项。

3. 文部科学大臣可任命对大学运营富有见识的外国人（指不持有日本国籍者，本项同）担任评价委员会委员。

4. 在前项的情况下，评价委员会中的外国委员不能统管评价委员会的会务，不能成为评价委员会的代表，该类委员的数量不能超过评价委员会委员总数的1/5。

5. 除了前三项规定之外，评价委员会的组织、职责及其他与评价委员会相关的必要事项，由政令规定。

第二章　组织及业务

第一节　国立大学法人

第一款　理事及职员

（理事）

第十条　1. 各国立大学法人设置校长及监事两人作为理事。

2. 各国立大学法人根据附表一第四栏的规定，设置一定人数的理事。

（理事的职务及权限）

第十一条 1. 校长行使由学校教育法第九十二条第三项规定的职责，同时代表国立大学法人管理各项业务。

2. 校长在对下列事项做决定时，必须经由校长以及理事构成的理事会（第五号称“理事会”）同意。

一、有关中期目标以及年度计划的事项。

二、根据本法需要，文部科学大臣认可或者承认的事项。

三、进行预算、执行及决算的相关事项。

四、有关该国立大学、学部、学科等重要组织的设置或撤销的事项。

五、其他理事会规定的重要事项。

3. 理事根据校长的规定，辅佐校长处理国立大学法人的业务，当校长遇到事故或者缺席时，对校长的职务进行代理。

4. 监事对国立大学法人的业务进行监察。此时监事应根据文部科学省的规定，撰写监察报告。

5. 监事可随时要求理事（监事除外）及职员提交事务及事业报告，或对国立大学法人的业务及财产状况进行调查。

6. 国立大学法人根据本法或法律通用准则的规定，向文部科学大臣提交认可、承认、认定及备案的文件和报告书及其他文部科学省令规定的文件时，监事应对相关文件进行审查。

7. 监事为履行职务，可要求国立大学法人的子法人（文部科学省令规定的国立大学法人作为掌握经营权的法人）提交事业报告，或者对其子法人的业务及财产状况进行调查。

8. 前项的子法人，有正当理由的时候，可以拒绝同项的报告或者审查。

9. 监事根据监察结果，必要时可向校长或文部科学大臣提出意见。

（向校长等人报告的义务）

第十一条之二 理事（监事除外）的行为不当或有从事该类不当行为的可能，或有违反本法或其他法令的事实或明显的不当事实时，监事应即刻向校长报告，并向文部科学大臣报告。

（理事的任命）

第十二条 1. 校长的任命基于国立大学法人提出的申请，由文部科学大臣执行。

2. 前项申请，需经由第一号所列人员及第二号所列人员相同人数构成的会议（以下称“校长遴选会议”）进行遴选。

一、根据第二十条第一项的规定，由经营协议会从同条第二项第三号所列人员中选出者。

二、根据第二十一条第一项的规定，由教育研究评议会从同条第二项第三号或第四号所列人员中选出者。

3. 前项各号所列人员外，由校长遴选会议规定，可增补校长或理事为校长遴选会议委员，但其人数不得超过校长遴选会议委员总数的1/3。

4. 校长遴选会议设议长，由委员互选确定。

5. 议长负责校长遴选会议的召开。

6. 除本条规定外，校长遴选会议的议事手续及相关必要事项，由议长咨询校长遴选会议决定。

7. 第二项规定的校长遴选，应从人格高洁、学识出色，且能够切实有效地运作大学里的教育研究活动的人员中选择，根据校长遴选会议的规定进行。

8. 国立大学法人在进行第二项规定的校长遴选时，对于遴选结果及文部科学省令规定的其他事项，以及校长遴选会议依前项规定制定的标准或者变更后的标准及，必须及时予以公示。

9. 监事由文部科学大臣任命。

第十三条　1. 理事从前条第七项规定的人选中选出，由校长任命。

2. 校长在任命前项规定的理事的同时，应及时向文部科学大臣汇报并予以公示。

第十四条　校长或文部科学大臣在任命理事或监事时，其中必须包含目前并非该国立大学法人的理事或职员的校外人员。

（理事的任期）

第十五条　1. 校长的任期为2—6年，经由校长遴选会议，根据各国立大学法人的规则制定。

2. 理事的任期在6年以内，由校长决定。但该理事的任期必须在该校长任期结束之前。

3. 监事的任期为4年，以最终年度根据适用通则法第三十八条第一项规定之同项财务报表得到承认为止。但候补监事的任期为前任监事任期的剩余时间。

4. 理事可再任。此时该理事在最初任命时若满足前条规定的“目前并非该国立大学法人的理事或职员”的条款，其再任时，亦可被视为并非该国立大学法人的理事或职员。

（理事回避条款）

第十六条　1. 政府或地方公共团体的职员（非全职者除外）不能成为理事。

2. 不论前项规定，政令规定的教育公务员可成为非全职的理事或监事。

（理事的解任）

第十七条　1. 各理事因前条规定不能胜任时，文部科学大臣或校长应解除对其的任命。

2. 各理事因下列各号原因不能继续任职时，文部科学大臣或校长可解除对其的任命。

一、由于身心疾病无法履行其职务时。

二、违反职务上的义务时。

3. 除前项规定外，在各理事（监事除外）因无法胜任其职务导致该国立大学法人的业务实绩恶化的情况下，在认定其不再适合担任该职务时，文部科学大臣或校长可解除对其的任命。

4. 文部科学大臣根据前两项规定解除对校长的任命时，需向该国立大学法人的校长遴选会议提出申请。

5. 校长根据第一项至第三项的规定解除对理事的任命时，应即刻向文部科学大臣报告结果，并予以公示。

（理事及职员的保密义务）

第十八条 国立大学法人的理事及职员不得泄露因职务所得秘密，退职后亦同样适用。

（理事及职员的地位）

第十九条 国立大学法人理事及职员，在刑法（明治四十年法律第四十五号）及其他罚则的适用原则，为依法从事公务的职员。

第二款 经营协议会等

（经营协议会）

第二十条 1. 作为审议与国立大学法人经营相关重要事项的机关，国立大学法人应设经营协议会。

2. 经营协议会由以下委员组成。

一、校长。

二、由校长指定的理事及职员。

三、从该国立大学法人的理事或职员以外选择对大学运营有远见卓识的人士，根据次条第一项所规定的教育研究评议会的意见，由校长任命。

3. 前项第三号的委员应占经营协议会委员的半数以上。

4. 经营协议会对以下事项进行审议。

一、有关中期目标的意见中，有关国立大学法人的经营事项。

二、中期计划及年度计划中，有关国立大学法人的经营事项。

三、学校规则（限国立大学法人经营相关部分）、会计准则、理事报酬及其退职补助支付标准、职员薪酬及其退职补助支付标准以及其他有关经营的重要规则的制定、修改及废除的事项。

四、预算制定、执行以及决算相关事项。

五、有关组织及运营情况的自我检查和评价相关事项。

六、其他有关国立大学法人经营的相关重要事项。

5. 经营协议会设议长，由校长担任。

6. 议长主持经营协议会。

（教育研究评议会）

第二十一条　1. 作为国立大学法人教育研究相关重要事项的审议机关，国立大学法人设教育研究评议会。

2. 教育研究评议会由以下评议员组成。

一、校长。

二、校长指定的理事。

三、学部长、研究院长、附设研究所长及其他教育研究重要组织机构的负责人中由教育研究评议会指定的人选。

四、其他由教育研究评议会认定并由校长任命的职员。

3. 除前项各号所列人员之外，根据学校教育法第九十二条第二项的规定设副校长（根据第四项的规定，只限掌管关于教育研究的重要事项的校务的人员）时，由该副校长（该副校长在两人以上时，校长从中指定一人）担任评议员。

4. 教育研究评议会审议以下事项。

一、中期目标相关事项（前条第四项第一号所列事项除外）。

二、中期计划及年度计划相关事项（前条第四项第二号所列事项除外）。

三、学校规则（国立大学法人经营相关部分除外）及其他有关教育研究重要规则的制定、修改及废除。

四、教师人事相关事项。

五、教育课程编制方针相关事项。

六、为协助学生顺利学习必要的建议、指导及其他协助相关事项。

七、学生入学、毕业或课程修完、其他学生学籍相关方针及学位授予相关方针等事项。

八、有关教育和研究状况的自我检查及评价相关事项。

九、国立大学有关教育研究的其他重要事项。

5. 教育评议会设议长，由校长担任。

6. 议长主持教育研究评议会。

第三款　业　务　等

（业务范围等）

第二十二条　1. 国立大学法人要从事以下业务。

一、国立大学的设立和运营工作。

二、对学生的学习、职业选择及身心健康提供必要的咨询和其他援助。

三、接受该国立大学法人以外人员的委托，或与其进行共同研究，以及与该国立大学法人以外的人员合作，共同进行教育研究活动。

四、举办公开讲座，为学生以外的人士提供学习机会。

五、对该国立大学的研究成果进行普及和促进其有效利用。

六、针对该国立大学的技术，促进研究成果运用的相关事项，对从事政令规定项目的团体进行出资（次号相关内容除外）。

七、根据产业竞争力强化法第二十二条的规定进行出资，并提供人力及技术支持。

八、上述业务的附带业务。

2. 国立大学法人在执行前项第六号所列业务及同项第七号所列业务中与出资相关的活动时，必须得到文部科学大臣的认可。

3. 国立大学及次条规定的国立大学附属学校的学费和其他相关费用，由文部科学省令决定。

（大学附属学校）

第二十三条 国立大学根据文部科学省令的规定，可开设幼儿园、小学、初级中学、义务教育学校、高级中学、中等教育学校、特别支援学校、幼保连携型认定儿童园或专修学校等附属学校。

第二节 大学共同利用机关法人

第一款 理事及职员

（理事）

第二十四条 1. 各大学共同利用机关法人设置机构长和监事两人作为理事。

2. 各大学共同利用机关法人作为理事，根据附表第二第四栏规定的人数设置理事。

（理事的义务及权限）

第二十五条 1. 机构长作为大学共同利用机关法人的代表，总理其业务。

2. 机构长对下列事项做出决定时，应通过由机构长和理事出席的会议（第五号称“理事会”）的认可。

一、中期目标的意见中有关年度计划的事项。

二、根据本法必须得到文部科学大臣许可或承认的事项。

三、预算制定、执行以及决算相关事项。

四、该大学共同利用机关其他重要组织的设置或废除相关事项。

五、其他理事会规定的重要事项。

3. 理事根据机构长的规定，辅佐机构长管理大学共同利用机关法人的业务，在机构长遇到意外情况和缺席时，代理其职务。

4. 监事审计大学共同利用机关法人的业务。此时监事应根据文部科学省令的规定提交审计报告。

5. 监事可随时要求理事（除监事外）和职员提交事务和业务报告，或者调查大学共同利用机关法人的业务及财产状况。

6. 大学共同利用机关法人根据本法或者适用通则法的规定，向文部科学大臣提出有关许可、承认、认定和备案相关文件及报告书以及其他文部科学省令规定的文件时，监事应对此文件进行审查。

7. 监事因其履行职务的需要，可以要求大学共同利用机关法人的子法人（大学共同利用机关法人根据文部科学省令规定为掌握其经营权的法人）提交事业报告，或对其子法人的业务及财产状况进行调查。

8. 前项的子法人有正当理由时，可拒绝同项的报告或调查。

9. 监事根据监察结果，必要时可向机构长及文部科学大臣提出意见。

（向机构长等的报告义务）

第二十五条之二 监事认为理事（除监事外）有不正当行为或有此迹象时，有违反本法或其他法令的事实或明显不正当的行为时，应及时向机构长报告，并向文部科学大臣报告。

（国立大学法人理事及职员相关规定的适用）

第二十六条 第十二条至第十九条的规定，适用于大学共同利用机关法人的理事和职员。在这种情况下，这些规定中的“校长”变成“机构长”，“国立大学法人”变成“大学共同利用机关法人”，“校长遴选会议”变成“机关长遴选会议”。第十二条第二项第一号中的“同条第二项第三号”是“第二十七条第二项第三号”，同项第二号中的“同条第二项第三号或第四号”是“第二十八条第二项第三号至第五号”，同条第七项中的“大学”是“大学共同利用机关”。

第二款 经营协议会等

（经营协议会）

第二十七条 1. 作为大学共同利用机关法人经营的相关重要事项审议机关，大学共同利用机关法人设置经营协议会。

2. 经营协议会由以下委员组成。

一、机构长。

二、机构长指定的理事及职员。

三、该大学共同利用机关法人的理事和职员以外，对大学共同利用机关有高深见解的人，可以根据下条第一项的规定，通过听取教育研究评议会的意见，由机构长任命。

3. 前项第三号的委员必须占经营协议会委员的半数以上。

4. 经营协议会对以下事项进行审议。

一、中期目标的意见中有关大学共同利用机关法人的经营事项。

二、中期计划以及年度计划中有关大学共同利用机关法人的经营事项。

三、会计准则、理事报酬及其退职补助支付基准、职员薪水及其退职补助支付基准，以及其他关于经营的重要规则的制定和废除相关事项。

四、预算制定、执行及决算相关事项。

五、有关组织及运营期状况的自我检查及评价相关事项。

六、其他有关大学共同利用机关法人经营的重要事项。

5. 经营协议会设议长，由机构长担任。

6. 议长主持经营协议会。

（教育研究评议会）

第二十八条　1. 作为大学共同利用机关法人教育研究相关重要事项的审议机关，大学共同利用机关法人设教育研究评议会。

2. 教育研究评议会由以下评议员组成。

一、机构长。

二、由机构长指定的理事。

三、大学共同利用机关长。

四、其他根据教育研究评议会的规定，由机构长指定的职员。

五、除该大学共同利用机关法人的理事及职员以外，在该大学共同利用机关从事同一研究的人员（前条第二项第三号所列人员除外）中，根据教育研究评议会的规定，由机构长任命的人员。

3. 教育研究评议会对以下事项进行审议。

一、中期目标的意见相关事项（前条第四项第一号所列事项除外）。

二、中期计划及年度计划相关事项（前条第四项第二号所列事项除外）。

三、教育研究相关重要规则制定和废除的相关事项。

四、职员中专门从事教育或研究人员的人事相关事项。

五、有关共同研究计划的募集、选定方针及共同研究实施方针等事项。

六、研究生教育对其他大学教育协助的相关事项。

七、教育及研究状况自我检查和评价的相关事项。

八、其他有关大学共同利用机关教育研究的重要事项。

4. 教育研究评议会设议长，由机构长担任。

5. 议长主持教育研究评议会。

第三款 业 务 等

(业务范围等)

第二十九条 1. 大学共同利用机关法人执行以下业务。

一、大学共同利用机关的设置和运营。

二、向大学教师及其他从事与在该大学共同利用机关进行的研究工作相同研究的人员提供大学共同利用机关的设施及设备等。

三、应大学要求，协助开展研究生院教育和其他方面的大学教育工作。

四、对该大学共同利用机关的研究成果进行普及和有效利用。

五、向促进该大学共同利用机关技术成果转换或者从事政令规定项目的团体出资。

六、根据产业竞争力强化法第二十一条的规定从事出资以及人员和技术援助等业务。

七、上述事项的附属业务。

2. 大学共同利用机关法人在执行上述第五号业务及向同项第六号业务出资时，必须得到文部科学大臣的认可。

第三章 中期目标等

(中期目标)

第三十条 1. 文部科学大臣应决定国立大学法人等在六年间所应该达到的中期目标，在向国立大学法人等指示的同时，也必须公之于众。有变更情况时，同样如此。

2. 中期目标决定以下事项。

一、提高教育研究质量的相关事项。

二、改善业务运营和提高效率的相关事项。

三、改善财务内容的相关事项。

四、教育、研究、组织及运营状况的自我检查及评价，以及提供相关信息。

五、其他业务运营的相关重要事项。

3. 文部科学大臣在制定中期目标或就此做出更正时，要预先听取国立大学法人等的意见，除了考虑该意见之外，还应听取评价委员会的意见。

(中期计划)

第三十一条 1. 国立大学法人等根据前条第一项的规定展示中期目标时，以该中期目标为基础，根据文部科学省令的规定，制订为实现该中期目标的中期计划，并获得文部科学大臣的认可。在计划出现变更时，同样如此。

2. 中期目标决定以下事项。

一、有关为达到提高教育研究质量的目标应采取的措施。

二、有关为达到改善业务管理和提高管理效率的目标应采取的措施。

三、预算（包括人事费用计划）、收支计划和资金计划。

四、短期借款限额。

五、提供重要资产的转让或担保时的业务计划。

六、剩余资金的使用。

七、文部科学省令规定的其他关于业务管理的事项。

3. 文部科学大臣在认可第一项业务前，应听取评价委员会的意见。

4. 文部科学大臣认为获得第一项认可的中期计划影响前条第二项各号所列事项公正、理想地实施时，可令其改变中期计划。

5. 文部科学大臣等接受第一项许可时，应及时公布中期计划。

（各事业年度相关业务经验评价会）

第三十一条之二 1. 国立大学法人等在每一事业年度结束后，若该事业年度符合下列所述事业年度情况，应就下面各号规定的事项接受评价委员会的评价。

一、第二号和第三号的事业年度以外的事业年度：该事业年度的业务业绩。

二、中期目标期间的最后一个事业年度的前一个事业年度：该事业年度业务业绩及中期目标期间结束时可预见的中期目标期间的业务业绩。

三、中期目标期间的最后的事业年度：该事业年度业务业绩及中期目标期间的业务业绩。

2. 国立大学法人等接受前项的评价时，根据文部科学省令的规定，应在各事业年度结束后三个月以内向评价委员会提交包含同项第一号、第二号或第三号规定的事项，以及对该事项进行自我评价的结果的报告书。

3. 国立大学法人等应及时公布前项的报告书。

第三十一条之三 1. 评价委员会对前条第一项的评价，根据文部科学省令的规定，应就该项第一号、第二号或第三号规定的事项进行综合性评定。此时，对该项各号规定的该事业年度业务业绩进行评价时，应对该事业年度中期计划的实施情况进行调查和分析，并考虑该结果，对该项第二号规定的中期目标结束时预计在中期目标期间的业务业绩，以及对该项第三号规定的中期目标期间的业务成绩进行评价时，应要求独立行政法人大学改革支援·学位授予机构根据独立行政法人大学改革支援·学位授予机构法第十六条第二项的规定实施评价，并尊重该评价结果。

2. 评价委员会在进行前条第一项的评价时，必须及时将评价结果通知该国立大学法人等。在这种情况下，评价委员会认为需要的时候，可以对该国立大学法人等提出业务运营改善及其他劝告。

3. 评价委员会根据前项规定进行通知时，应及时公布与该通知有关的事项

（在同项后段规定进行劝告时，包含该通知事项以及其劝告的内容）。

4. 评价制度委员针对根据第二项规定通知的评价结果，认为有必要时，可以对评价委员会发表意见。此时，评价制度委员会必须及时公布该意见的内容。

（中期目标结束时的总结）

第三十一条之四　1. 文部科学大臣在评价委员会对第三十一条之二第二项第二号规定的中期目标结束，对中期目标期间的业务成绩进行评价时，应在中期目标期间结束前，对该国立大学法人等的业务的必要性、组织机构及其他组织及业务的整体情况进行讨论，根据其结果，对该国立大学法人等采取必要措施。

2. 文部科学大臣在进行前项规定的讨论时，应听取评价委员会的意见。

3. 文部科学大臣必须将根据第一项的讨论结果以及该项规定的措施通知评价制度委员会，并进行公布。

4. 评价制度委员会在接受前项规定的通知时，在国立大学法人等的中期目标期间结束之前，可就该国立大学法人等的主要事务和事业的废除向文部科学大臣提出劝告。在这种情况下，评价制度委员会必须及时公布该劝告的内容。

5. 评价制度委员会在进行前项劝告时，可要求文部科学大臣提供根据其劝告采取或拟采取措施的相关报告。

第四章　财务及会计

（公积金的处理）

第三十二条　1. 国立大学法人等在根据适用通则法第四十四条第一项或第二项的规定对中期目标期间的事业进行年度性整理后，根据同条第一项规定积累下来的公积金，经文部科学大臣承认，可根据该中期目标期间与下一个中期目标相关的第三十一条第一项获得承认的中期计划的规定，将其额度充作该次中期目标期间第二十二条第一项或第二十九条第一项规定的业务的财源。

2. 国立大学法人等根据前项规定，从公积金中扣除按照同项规定得到承认的金额后仍有剩余时，剩余款项必须上交国库。

3. 除前两项规定外，缴纳款的缴纳手续和其他公积金处理相关必要事项，由政令决定。

（长期借款及债券）

第三十三条　1. 国立大学法人等为了取得根据政令规定的土地、添置和整备设施的必要费用，经过文部科学大臣的认可后，可以取得长期借款或发行冠有该国立大学法人名称的债券（以下称“债券”）。

2. 除前项规定外，国立大学法人等为了偿还政令规定的长期借款或债券，经文部科学大臣认可后，可以取得长期借款或发行债券。但偿还期限以政令的规定为准。

3. 文部科学大臣根据前两项规定做出认可决定时，应事先听取评价委员会的意见。

4. 前两项规定的债券的债权人，对发行该债券的国立大学法人等的财产，拥有优先于其他人的受偿权。

5. 前项的先得特权顺序，根据民法（明治二十九年法律第八十九号）规定仅次于一般先得特权。

6. 经过文部科学大臣认可后，国立大学法人等的债券发行全部或部分相关业务可委托给银行或信托公司。

7. 公司法第七百零五条第一项和第二项及第七百零九条的规定，根据前项规定适用于接受委托的银行或信托公司。

8. 除前面各项规定之外，根据第一项或第二项规定的长期借款或债券的必要事项，由政令规定。

（偿还计划）

第三十四条 根据前条第一项或第二项的规定，进行长期借款或者发行债券的国立大学法人等，应在每一事业年度制订长期借款和债券的偿还计划，接受文部科学大臣的认可。

（土地等的出租）

第三十四条之二 国立大学法人等在对执行第二十二条第一项或第二十九条第一项规定的业务不造成影响的情况下，为了使其收益用于该国立大学法人等的教育研究水平进一步提高，经文部科学大臣批准，可将该国立大学法人等不用于或暂时不用于该项业务的土地对外出租。

（剩余资金的运用认定）

第三十四条之三 1. 根据文部科学省令的规定，国立大学法人等可就是否符合下列各号规定，接受文部科学大臣的认定。

一、为安全有效地进行下一项规定的资金运用，制定了必要的业务实施办法。

二、为安全有效地进行下一项规定的资金运用，具备了足够的知识和经验。

2. 接受前项认定的国立大学法人等，尽管有标准通则法第四十六条的规定，可以根据以下方法对业务上的剩余资金（只限于该国立大学法人等所接受的捐赠金是作为原资的部分，或符合其他文部科学省令规定的必要条件的）进行运用。

一、金融商品交易法（昭和二十三年法律第二十五号）规定的有价证券中由政令规定的产品（股票除外）的买卖。

二、存款或储蓄（仅限于文部科学大臣承认并指定的产品）。

三、对信托公司[只限于得到信托业法（平成十六年法律第一百五十四号）第三条或第五十三条第一项许可的内容]或者从事信托业务的金融机构的金钱信托。

但对运用方法设定了特别规定，仅限于以下所列方法。

（1）前两号所提出的方法。

（2）由政令规定的与金融商品交易所（金融商品交易法第二条第九项规定的金融商品交易所）的投资全权委托合同（同条第八项第十二号规定的投资全权委托合同）。

3. 文部科学大臣在根据第一项规定进行认定后，若认为接受该认定的国立大学法人等不适合同项各号的任何一项时，应及时取消该认定。

第五章　指定国立大学法人

（国立大学法人的指定）

第三十四条之四　1. 在国立大学法人中，文部科学大臣经过综合性考虑有关该国立大学法人的教育研究上的实绩、管理运营体制及财政基础，认定其教育研究活动与世界最高水平相当时，可依申请认定其为指定国立大学法人。

2. 文部科学大臣根据前项的规定进行指定（以下称“指定”）时，应事先听取评价委员会的意见。

3. 文部科学大臣在行使指定时，应根据文部科学省令的规定予以公布。

4. 文部科学大臣认为指定国立大学法人的指定理由消失后，应取消对该国立大学法人的指定。

5. 第二项及第三项的规定适用于根据前项规定的指定取消。

（对活用研究成果企业的出资）

第三十四条之五　1. 除第二十二条第一项各号所提出的业务之外，指定国立大学法人可对运用该指定国立大学法人研究成果进行事业活动，由政令规定的相关单位进行出资。

2. 指定国立大学法人开展前项规定的业务时，必须接受文部科学大臣的认可。

3. 指定国立大学法人在进行第一项规定的业务的情况下，关于该指定国立大学法人的第三十二条第一项和第三十四条之二规定的应用方面，这些规定中的“或第二十九条第一项”即为“及第三十四条之五第一项”。

（关于中期目标的特例）

第三十四条之六　文部科学大臣根据第三十条第一项的规定指定国立大学法人的中期目标或进行变更时，应考虑开展世界最高水平教育研究活动的外国大学的业务运营状况。

（富余金的运用认定的特例）

第三十四条之七　尽管有第三十四条之三第二项的规定，指定国立大学法人可以不接受同条第一项的认定，而进行同条第二项规定的运用。

（理事职员的报酬工资等的特例等）

第三十四条之八 1. 关于指定国立大学法人的标准通则法第五十条之二第三项和第五十条之十第三项的规定适用，适用通则法第五十条之二第三项中的"业绩"指"业绩以及理事中从事特别需要运用世界最高水准的高度专业知识和经验执行运作业务者，就国际卓越能力的人才确保必要性"，适用通则法第五十条之十第三项中的"以及职员"指"职员"，"雇佣形态"指"雇佣形态以及专门从事教育研究的职员中拥有世界最高水准的高度专业性知识和经验执行运作业务者，确保此类国际卓越人才的必要性"。

2. 除前项规定之外，关于从事指定国立大学法人专门教育研究的职员的工资以外的待遇问题，要考虑该职员进行的教育研究的内容及成果的国际评价。

第六章 杂 则

（违法行为等的纠正）

第三十四条之九 1. 文部科学大臣认定国立大学法人等或其理事、职员有不当行为，有违反本法或其他法令的行为，或有此可能时，可要求该国立大学法人等为纠正该类行为，并采取必要措施。

2. 国立大学法人等接到文部科学大臣根据前项规定提出的要求时，应立即采取纠正该类行为的措施及其他必要措施，同时将其内容向文部科学大臣报告。

（独立行政法人通则法规定的适用）

第三十五条 独立行政法人通则法第三条、第七条第二项、第八条第一项、第九条、第十一条、第十四条至第十七条、第二十一条之四、第二十一条之五、第二十四条、第二十五条、第二十五条之二的第一项及第二项、第二十六条、第二十八条、第二十八条之四、第三十一条、第三十六条至第四十条、第四十七条至第五十条之十、第六十四条及第六十六条的规定，适用于国立大学法人等。在这种情况下，规定（同法第三十一条第一项的规定除外）中的"主管大臣"替换为"文部科学大臣"，"主管省令"替换为"文部科学省令"，"中期目标管理法人的"替换为"国立大学法人等的"，"中期目标管理法人"替换为"国立大学法人等"，"中期目标管理法人与"替换为"国立大学法人等与"，"中期目标管理法人理事职员"替换为"国立大学法人等理事职员"，除此之外的替换方法如下表所示（下表略）。

（和财务大臣的协议）

第三十六条 文部科学大臣在以下场合必须与财务大臣协商。

一、根据第七条第四项规定制定标准时，或根据同条第八项规定确定金额时。

二、根据第二十二条第二项，第二十九条第二项，第三十一条第一项，第三十三条第一项、第二项或第五项，第三十四条，第三十四条之二或第三十四条之五第二项，或适用通则法第四十五条第一项但书、第二项但书，适用通则法第四十八条规定进行认可时。

三、根据第三十条第一项规定决定或变更中期目标时。

四、批准第三十二条第一项和适用通则法第四十四条第三项的规定时。

五、根据第三十四条之三第二项第二号或适用通则法第四十七条第一号或第二号的规定进行指定时。

（其他法令的适用）

第三十七条　1. 教育基本法及其他政令决定的相关法令，根据政令规定，国立大学法人可等同为国家，适用这些法令。

2. 博物馆法及其他政令决定的法令，根据政令的规定，国立大学法人等被视为独立行政法人通则法第二条第一项规定的独立行政法人，适用这些法令。

第七章　罚　　则

第三十八条　违反第十八条（含第二十六条适用时）的规定泄露秘密者，处以一年以下有期徒刑或 50 万日元以下的罚金。

第三十九条　根据适用通则法第六十四条第一项的规定，不提供报告或提供虚假报告，或者反抗、妨碍监察时，对于违反该规定的国立大学法人理事或职员、大学共同利用机关法人的理事或职员，处以 20 万日元以下的罚金。

第四十条　1. 出现以下情况，违反规定的国立大学法人理事和大学共同利用机关法人的理事，处以 20 万日元以下的罚金。

一、根据法律和适用通则法的规定，必须获得文部科学大臣认可却未获得认可的情况。

二、根据法律和适用通则法的规定，必须向文部科学大臣呈报时却未呈报或提供虚假呈报的情况

三、根据法律和适用通则法的规定，必须公布却未公布或提供虚假公布的情况。

四、妨碍第十一条第五项或第六项、第二十五条第五项或第六项，或适用通则法第三十九条第三项的规定的调查时。

五、从事第二十二条第一项规定的业务以外的业务时。

六、从事第二十九条第一项规定的业务以外的业务时。

七、根据第三十一条第四项的规定，违反了文部科学大臣的命令时。

八、不提交第三十一条之二第二项规定的报告书，或者报告书中未记载应记事项，或者做虚假记载提交报告书时。

九、违反第三十四条之三第二项或适用通则法第四十六条的规定，运用业务上的富余金时。

十、没有做第三十四条之九第二项或适用通则法第五十条之八第三项规定的报告，或者做了虚假报告时。

十一、根据适用通则法第九条第一项的规定，违反政令没有登记时。

十二、违反适用通则法第三十八条第三项的规定，未准备财务报表、事业报告书、决算报告书、审计报告或会计审计报告，或者拒绝供阅览时。

2. 第十一条第七项规定的国立大学法人的子法人或第二十五条第七项规定的大学共同利用机关法人的子法人的理事妨碍了根据第十条第七项或者第二十五条第七项或者适用通则法第三十九条第三项的规定的调查时，处以 20 万日元以下的罚金。

第四十一条　违反第八条规定者，处以 10 万日元以下的罚金。

附　　则

（实施日期）

本法自平成十五年十月一日开始实施。

附表一　第二条、第四条、第十条、附则第三条、附则第十五条[①]相关

国立大学法人名称	国立大学名称	主要事务所在地	理事人数/人
国立大学法人北海道大学	北海道大学	北海道	7
以下 88 所大学省略	下略	下略	下略

附表二　第二条、第五条、第二十四条、附则第三条相关

大学共同利用机关法人名称	研究领域	主要事务所在地	理事人数/人
大学共同利用机关法人人间文化研究机构	人类文化活动、人类和社会以及自然与人类的关系	东京	4
以下 3 所大学共同利用机关省略	下略	下略	下略

① 附则相关各条，由于篇幅原因，未能收入。

国立大学法人法施行令

平成十五年（2003 年）十二月三日政令第四百七十八号

公布以来共修改 54 次；最近修改：平成二十八年（2016 年）十一月三十日政令第三百六十四号

内阁根据国立大学法人法第七条第七项，第十六条第二项（含第二十六条适用规定），第二十二条第一项第六号，第二十九条第一项第五号，第三十二条第四项，第三十三条第一项、第二项及第八项，第三十七条，以及附则[①]第九条第一项、第二项及第六项，第十一条第二项，第十二条第四项，第十三条，第十四条第二项、第三项及第五项，第十八条，第十九条，第二十二条以及附则附表一的规定，制定本政令。

目录

第一章　评价委员和理事

（评价委员等的任命）

第一条　1. 国立大学法人法（以下称“法”）第七条第六项的评价委员，必要时，可向依据同条第三项规定出资的每所学校的国立大学法人或大学共同利用机关法人提出，由文部科学大臣从下列人员中任命。

一、财务省职员：1 人。

二、文部科学省职员：1 人。

三、该国立大学法人或大学共同利用机关法人理事：1 人。

四、具有学识经验者：2 人。

① 以下部分，由于篇幅原因，《国立大学法人法》附则相关各条均未能收入。

2. 根据第七条第六项规定进行的评价，需要该项超过半数评价委员的同意。

3. 与法第七条第六项规定的评估相关的总务工作，向国立大学法人出资的相关业务由文部科学省高等教育局国立大学法人支援科，大学共同利用机关法人出资的相关业务由文部科学省研究振兴局学术机关科分别处理。

（教育公务员的范围）

第二条　法第十六条第二项（含法第二十六条适用时）政令规定的教育公务员，为下列人员。

一、学校教育法规定的公立大学的校长、副校长、学部长或教授（包括在该大学兼任其他职位的人员）。

二、国立教育政策研究所所长及其职员中专门研究或从事教育的人。

第二章　国立大学法人等出资对象

第三条　法第二十二条第一项第六号和第二十九条第一项第五号的政令规定的事业，是指根据关于促进大学等技术研究成果向民间事业者转让的法律（平成十年法律第五十二号）第四条第一项获得批准者实施的同法第二条第一项的特定大学技术转让事业。

第三章　公积金和国库缴纳金

（公积金处理的批准手续）

第四条　1. 国立大学法人及大学共同利用机构法人（以下称“国立大学法人等”）根据中期目标期间最后一个事业年度（以下称“期间最后的事业年度”）相关的适用通则法第四十四条第一项或第二项的规定进行整理后，根据同条第一项规定的公积金出现剩余时，当将相当于其金额的全部或一部分以法第三十二条第一项的规定充当该中期目标期间的下一个中期目标期间业务的财源时，必须向文部科学大臣提交下面所提出的事项的批准申请书，在本次中期目标期间的第一个事业年度的六月三十日之前，接受该项规定的批准。

一、根据法第三十二条第一项的规定接受批准的金额。

二、将前号的金额作为财源的业务内容。

2. 在前项的批准申请书中，必须附上该期间最后的事业年度的年度末的贷款对照表，以及该期间最后的事业年度的损益计算书及其他文部科学省令规定的文件。

（国库缴纳金的缴纳手续）

第五条　1. 依法第三十二条第二项的规定出现剩余时，国立大学法人等应将根据该项规定制作的缴纳金计算书，连同该期间最后事业年度的年度末的贷款对照表、该期间最后事业年度的损益计算书及其他能作为该国库缴纳金的计算依据的文件，在该期间最后的事业年度的下一个事业年度的六月三十日之前，提交给文部科学大臣。但在提交前条第一项的批准申请书时，不需重复提交同条第二项所规定的文件。

2. 文部科学大臣在收到前项规定的国库缴纳金计算书和附件时，应及时将该国库缴纳金计算书和附件的复印件发送给财务大臣。

（国库缴纳金的缴纳期限）

第六条　国库缴纳金必须在最后的事业年度的下一个事业年度的七月十日前缴纳。

（国库缴纳金所属的会计类型）

第七条　1. 国库缴纳金属于一般会计类型。

2. 虽有前项规定，国立大学法人等根据适用通则法第四十六条第一项规定的交付金中，由平成二十三年一般会计补正预算（第三号）及平成二十四年以后的东日本大震灾复兴特别会计预算计算的交付受特别会计相关法律（平成十九年法律第二十三号）第二百二十二条第二项的规定，从事复兴政策相关业务时，与该复兴政策业务相关的国库缴纳金则属于东日本大震灾复兴特别会计。

第四章　长期借款和国立大学法人等债券

（取得土地等）

第八条　法第三十三条第一项政令规定的土地取得、设施添置或整备（以下称“土地取得等”）含下列内容。

一、国立大学附属医院用地的取得等。

二、为了转移国立大学法人等设施而进行的土地取得等。

三、预计利用该土地、设施或设备进行的业务收入，可偿还为取得该土地而发生的长期借款或债券时，包含下列内容。

（1）学生宿舍、职员宿舍及其他类似的用于住宿设施的土地的取得等。

（2）与该国立大学法人以外的单位合作，以教育研究活动为目的的设施的土地取得等。

（3）用于该国立大学附属的饲养动物诊疗设施的土地的取得等。

四、除前三号之外，为开展国立大学法人等业务进行的必要的土地的取得时，相比分期获得的方式，通过长期借款的借入或发行债券筹集资金来一次性取得相对有利，且是得到文部科学大臣认可的。

（作为交换对象的长期借款或债券等）

第九条　法第三十三条第二项政令规定的长期借款或债券，是指根据第一项规定为土地取得所需费用而发生的长期借款或发行的债券（根据第二项规定的长期借款或发行的债券，以下称“以前的长期借款等”），同条第二项但书的政令规定期限，是指从下条文部科学省令规定的时间开始，不超过扣除该笔长期借款等的偿还期限以后的期间。

（长期借款或债券的偿还期限）

第十条 根据法第三十三条第一项规定的长期借款或债券的偿还期限，根据该长期借款或债券的发行所筹措资金的使用目的，不能超过文部科学省令规定的期限。

（长期借款的借款批准）

第十一条 1. 国立大学法人等根据法第三十三条第一项或者第二项的规定接受长期借款许可时，必须向文部科学大臣提交包含下列事项的申请书。

一、需要借款的理由。

二、长期借款的金额。

三、贷款方。

四、长期借款的利率。

五、长期借款的偿还方法和期限。

六、利息的支付方法和期限。

七、文部科学大臣认为的其他必要事项。

2. 在前项申请书中，还应附上长期借款所筹资金用途的书面说明。

（国立大学法人等债券的形式）

第十二条 根据法第三十三条第一项或者第二项的规定发行的债券（以下称“国立大学法人等债券”），为无记名利价方式。

（国立大学法人等债券的发行方法）

第十三条 国立大学法人等债券的发行以招募方法进行。

（国立大学法人等债券的申请证）

第十四条 1. 有意购买国立大学法人等发行的债券者，要在国立大学法人等债券的申请证（以下称“国立大学法人等债券申请证”）上登记国立大学法人等债券的数量以及其住址，并在上面签名或盖章。

2. 适用公司债券、股票等转账有关法律相关规定，有意购买此类国立大学法人等发行的债券者，除前项记载的事项外，必须在国立大学法人等债券的申请证上记载为该国立大学法人等债券转账而专门开设的账户的信息。

3. 为了筹集国立大学法人等债券，国立大学法人等应制作国立大学法人等债券的申请证，并记载下列事项。

一、国立大学法人等债券的名称。

二、国立大学法人等债券的总额。

三、各国立大学法人等债券的金额。

四、国立大学法人等债券的利率。

五、国立大学法人等债券的偿还方法和期限。

六、利息的支付方法和期限。

七、国立大学法人等债券的发行价格。

八、适用社债法等转账法规定的，应加以注明。

九、不适用社债法等转账法规定的，应注明为无记名式。

十、应募额超过国立大学法人等债券总额时采取的措施。

十一、如有公司接受招聘或委托管理的，注明其商号。

（国立大学法人等债券的领取）

第十五条　1. 政府或地方公共团体接受国立大学法人等债券时或受国立大学法人等债券募集委托的公司接受国立大学法人等债券时，其接受部分不适用前条规定。

2. 在前项的情况下，接受了承担转账国立大学法人等债券的政府或地方公共团体，或者承接了转账国立大学法人等债券募集委托业务的公司，接受该项业务时，应将转账账号信息出示给募集债券的国立大学等。

（国立大学法人等债券成立的特别规定）

第十六条　国立大学法人等债券的应募总额未达到国立大学法人等债券总额，若国立大学法人等债券的申请证上记载了国立大学法人等债券发行完成，其实际募集总额即为国立大学法人等债券的总额。

（国立大学法人等债券的缴纳）

第十七条　国立大学法人等债券募集完成后，募集债券的该国立大学法人等应要求（购买单位——译者）迅速缴纳债券全额款项。

（债券的发行）

第十八条　1. 国立大学法人等缴纳前条规定的款项后，应及时发行债券。但当国立大学法人等债券适用社债等转账法的规定时，可不受此限。

2. 各债券上应记载第十四条第三项第一号至第六号、第九号和第十一号所列事项以及号码，并由国立大学法人等的校长或机构长签名或盖章。

（国立大学法人等债券的原簿）

第十九条　1. 国立大学法人等发行国立大学法人等债券的时候，必须在主要的事务所准备好国立大学法人等债券的原簿（在次项中称“国立大学法人等债券原簿”）。

2. 国立大学法人等债券原簿应记载下列事项。

一、债券发行的年月日。

二、债券的数量（不适用于公司债券等转账法的规定时，要记载债券的数量和号码）。

三、第十四条第三项第一号至第六号、第八号及第十一号所列事项。

四、本金利息的支付事项。

（利息凭证缺失的情况）

第二十条　1. 偿还国立大学法人等债券时，若利息凭证缺失，从偿还额中扣除相当的金额。但支付期已到的利息，不限于此。

2. 前项利息凭证持有人以此交换，要求支付扣除金额的款项时，国立大学法人等应予以接受。

（国立大学法人等债券发行许可）

第二十一条　1. 国立大学法人等根据法第三十三条第一项或第二项的规定提出国立大学法人债券的发行认可申请时，应在国立大学法人等债券募集日的二十日之前向文部科学省提交记载下列事项的申请书。

一、需要发行的理由。

二、第十四条第三项第一号至第八号所列事项。

三、国立大学法人等债券的募集方法。

四、发行所需费用的预算额。

五、除第二号所列内容外，需要在国立大学法人等债券上进行记载的事项。

2. 在前项申请书中，必须附上下面所列文件。

一、计划制作的国立大学法人等债券的申请证。

二、记载通过发行国立大学法人等债券筹措资金用途的书面文件。

三、国立大学法人等债券预期获得接纳的书面文件。

第五章　富余金的运用

（作为运用对象的有价证券）

第二十二条　法第三十四条之三第二项第一号政令规定的有价证券为以下所列内容。

一、金融商品交易法（昭和二十三年法律第二十五号）第二条第一项第一号至第五号、第十号至第十二号及第十五号所列有价证券及同项第十七号所列有价证券（具有同项第六号至第九号、第十四号及第十六号所列有价证券性质的除外）。

二、拥有前号所列有价证券的功能，则根据金融商品交易法第二条第二项的规定，视作有价证券。

（投资全权委托合同）

第二十三条　法第三十四条之三第二项第三号（2）政令规定的投资全权委托合同，是指国立大学法人等将金融商品交易法第二条第八项第十二号（2）规定的投资判断的所有内容全部委托给他人的意思。

第六章 指定国立大学法人出资的对象

第二十四条 法第三十四条之五第一项的政令决定的事业为以下所列内容。

一、利用该指定国立大学法人的研究成果（在次号中称“特定研究成果”），根据经营者的委托，为其事业活动提供必要的咨询和其他援助性业务。

二、除前号所列内容之外，运用特定研究成果从事面向事业者及其员工或其他人员进行进修或讲习的事业（含运用特定研究成果开发或提供培训或讲习所需教材的业务）。

第七章 杂 则

（其他法令的适用）

第二十五条 略。

第二十六条 略

第二十七条 关于政令以外的文部科学省令的规定，根据文部科学省令规定将国立大学法人等视为国家或者独立行政法人，并适用这些规定。

附 则

本政令自公布之日起实施。

附录1 日本教育法律体系概览

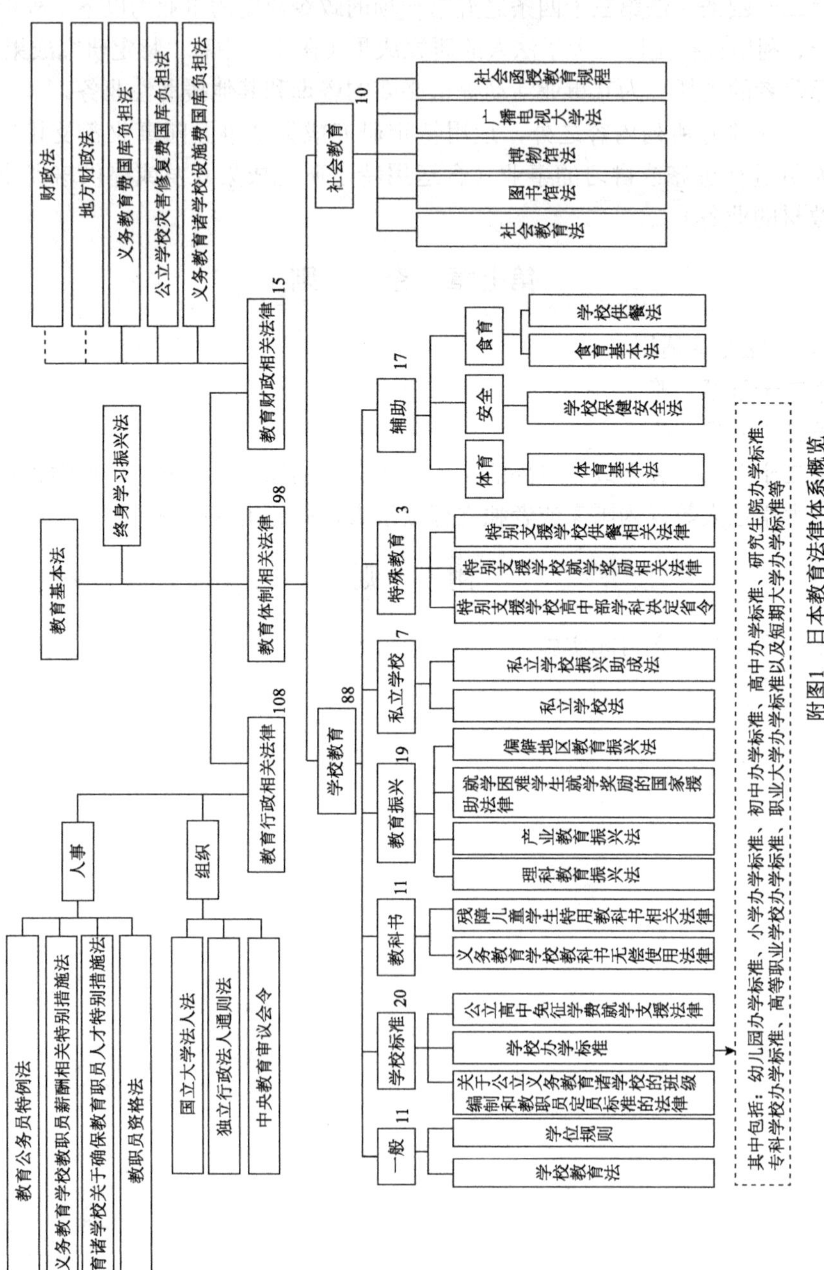

附图1 日本教育法律体系概览

附录 2　日本学校统计（《文部科学统计要览 2018》[①]摘要）

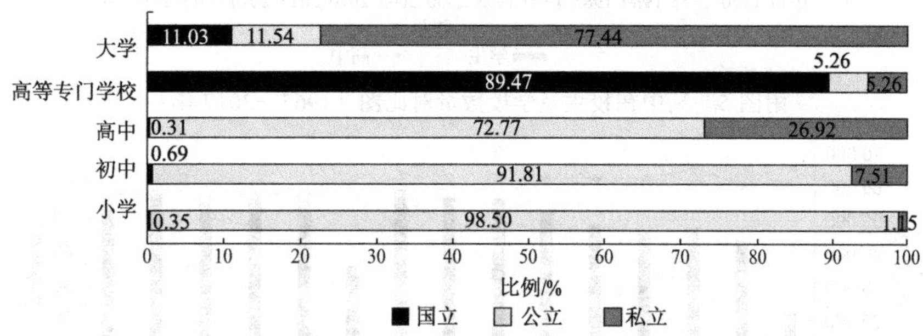

附图 2　2017 年各学段国立、公立、私立学校的占比图

注：因四舍五入，个别数据之和不等于 100。

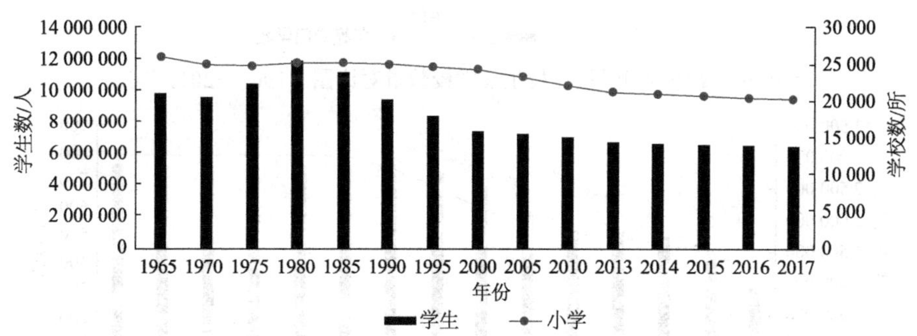

附图 3　小学在校生及学校数量对比图（1965—2017 年）

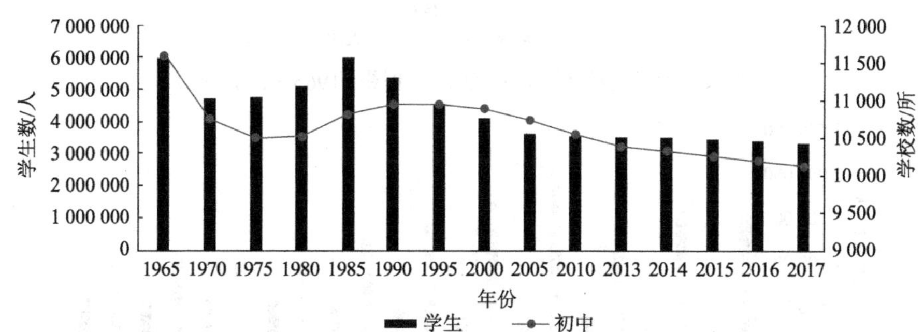

附图 4　初中在校生及学校数量对比图（1965—2017 年）

①《文部科学统计要览》为定期出版物，每年一本，收集当年统计数据。本书从 2018 年版中选取数据，并制成图表，以求一目了然。

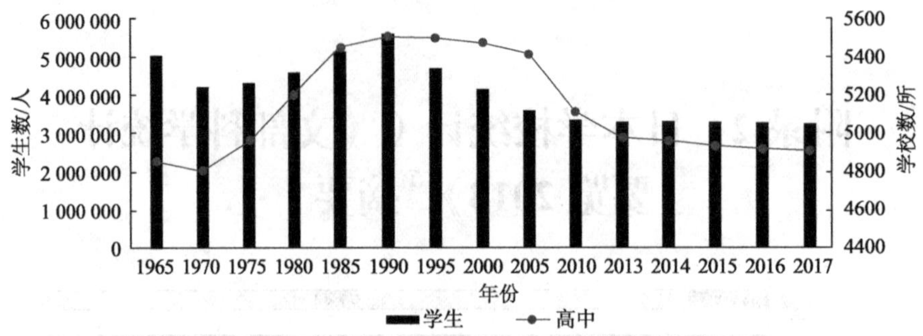

附图 5　高中在校生及学校数量对比图（1965—2017 年）

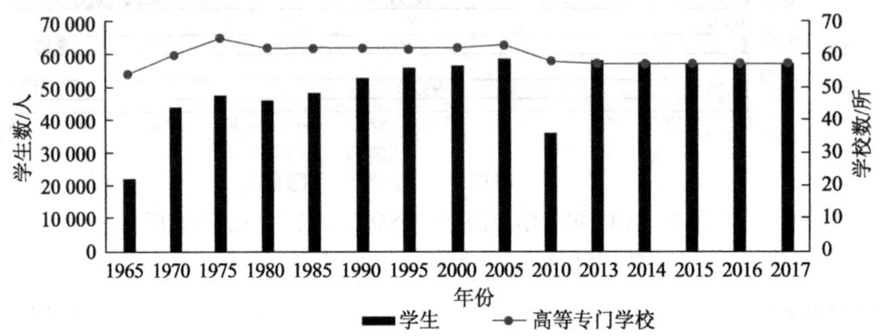

附图 6　高等专门学校在校生及学校数量对比图（1965—2017 年）

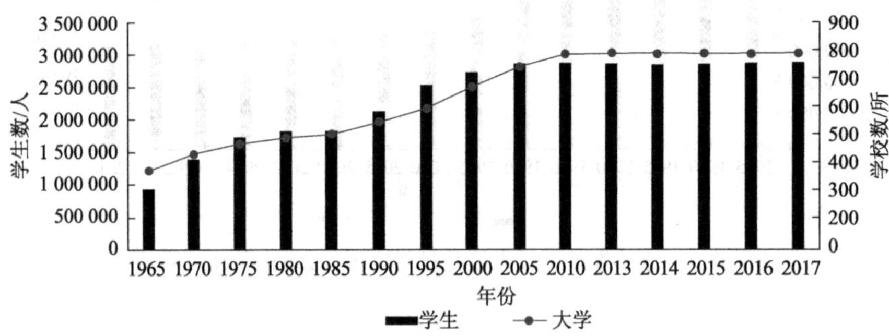

附图 7　大学在校生及学校数量对比图（1965—2017 年）

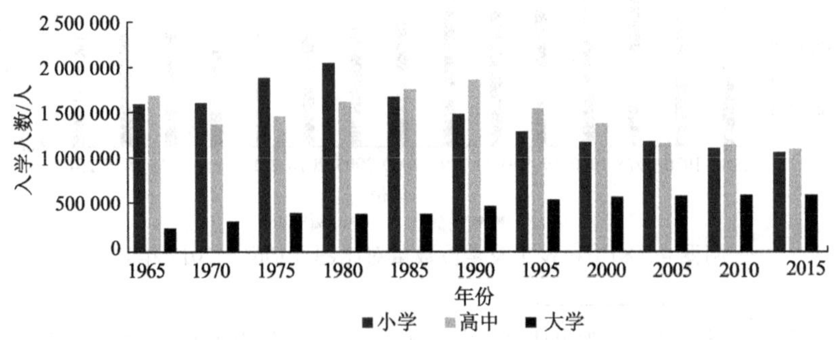

附图 8　各学段入学人数变化图（1965—2015 年）

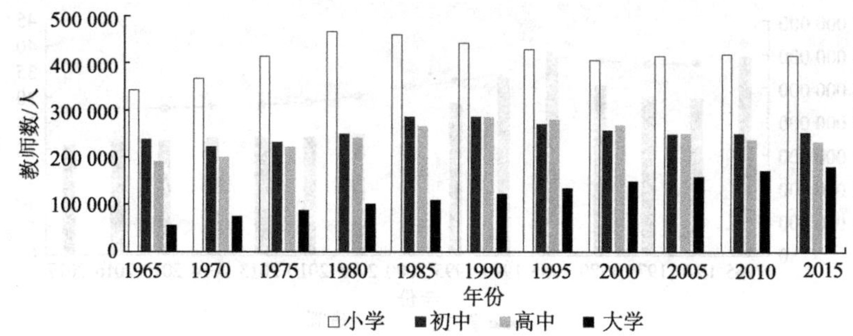

附图 9　各学段教师人数变化图（1965—2015 年）

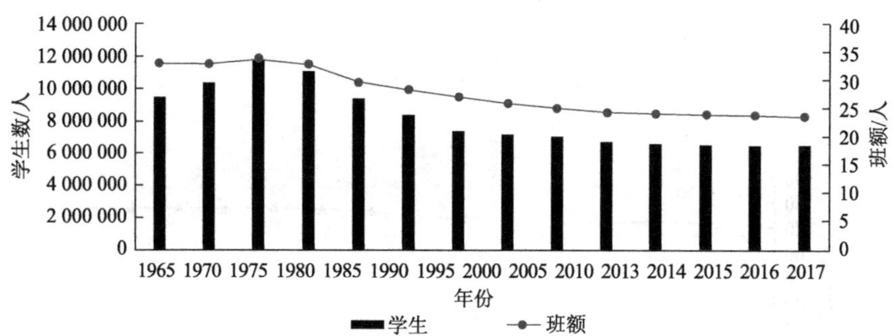

附图 10　小学学生数和班额对比图（1965—2017 年）

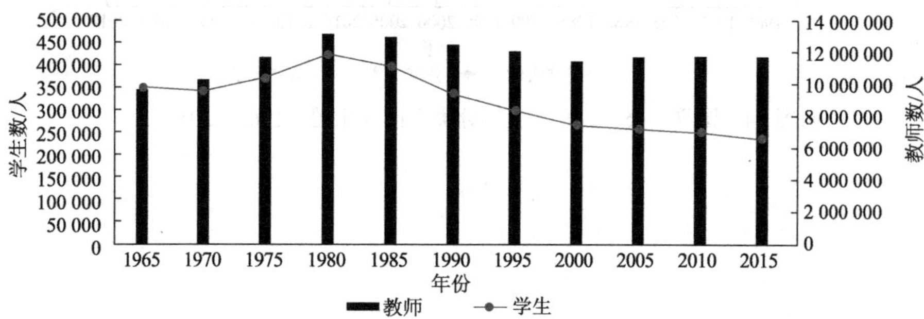

附图 11　小学学生和教师人数变化图（1965—2015 年）

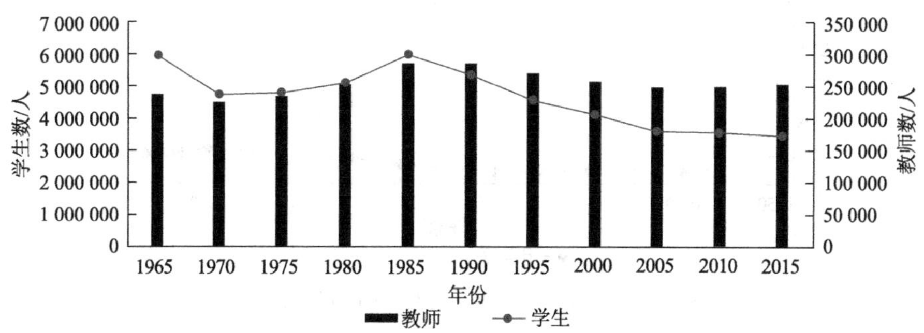

附图 12　初中学生及教师人数对比图（1965—2015 年）

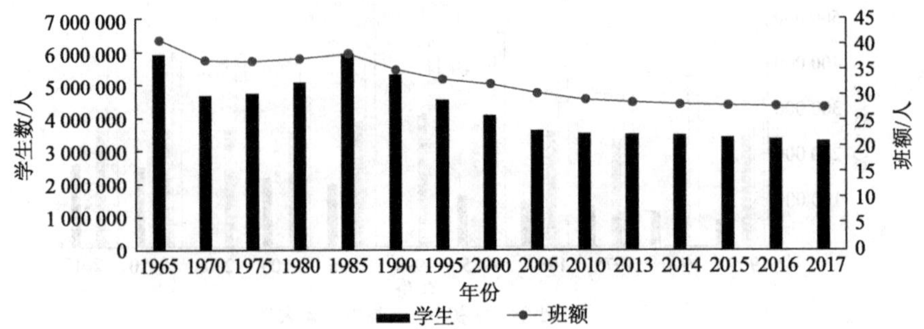

附图 13　初中学生数及班额对比图（1965—2017 年）

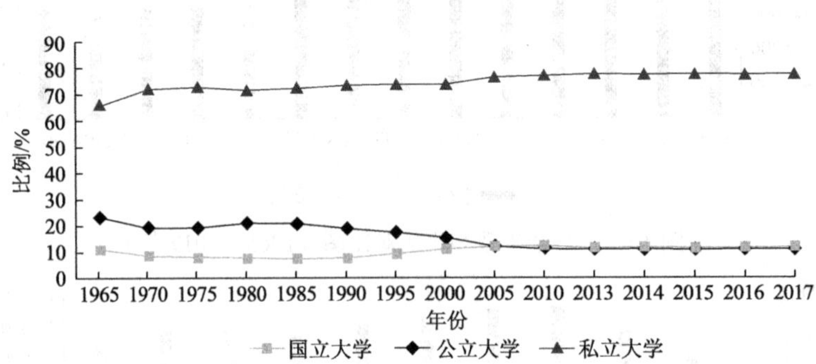

附图 14　国立、公立、私立大学分类占比变化图（1965—2017 年）

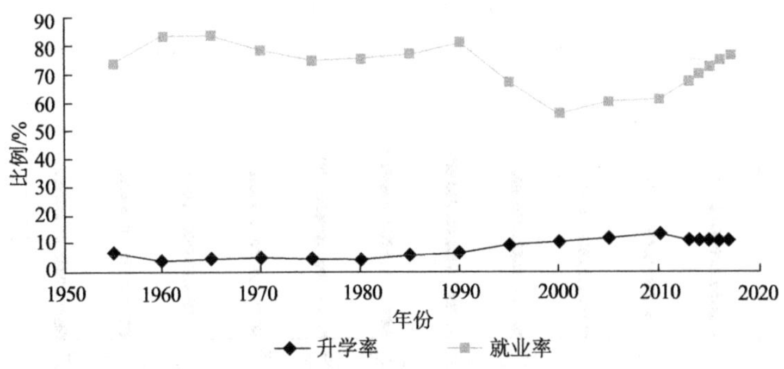

附图 15　大学毕业生去向比例图（1955—2017 年）

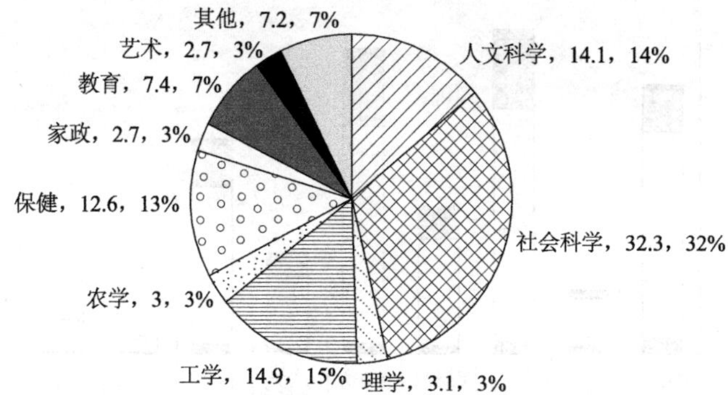

附图 16　2017 年大学不同专业在校学生数及其占比图

注：图中在校学生数单位为“万人”。

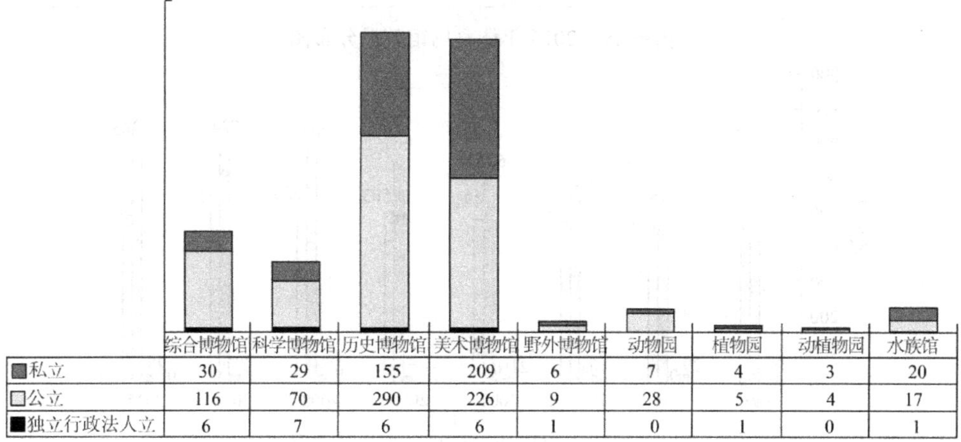

	综合博物馆	科学博物馆	历史博物馆	美术博物馆	野外博物馆	动物园	植物园	动植物园	水族馆
■私立	30	29	155	209	6	7	4	3	20
□公立	116	70	290	226	9	28	5	4	17
■独立行政法人立	6	7	6	6	1	0	1	0	1

附图 17　2015 年博物馆类型分布图①

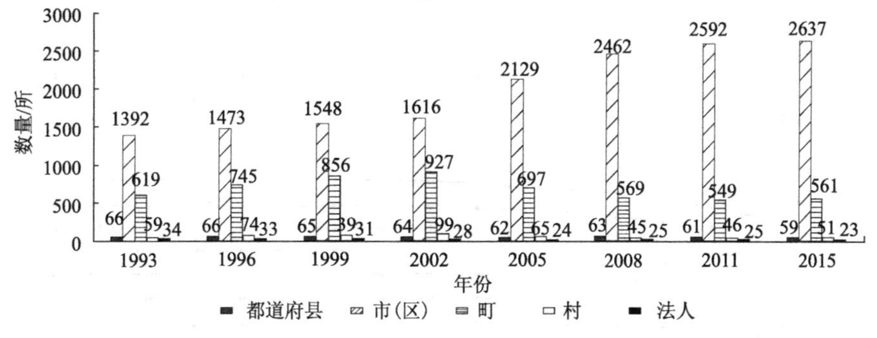

附图 18　图书馆数量全国分布图（1993—2015 年）

① 由于野外博物馆及植物园等数量稀少，通过刻度不能表现其数量，因此特意在下方列表将数量标出。虽不完美，基本能够把各类博物馆的数量表达清楚。附图 19，也因为同样原因，做了上述处理。

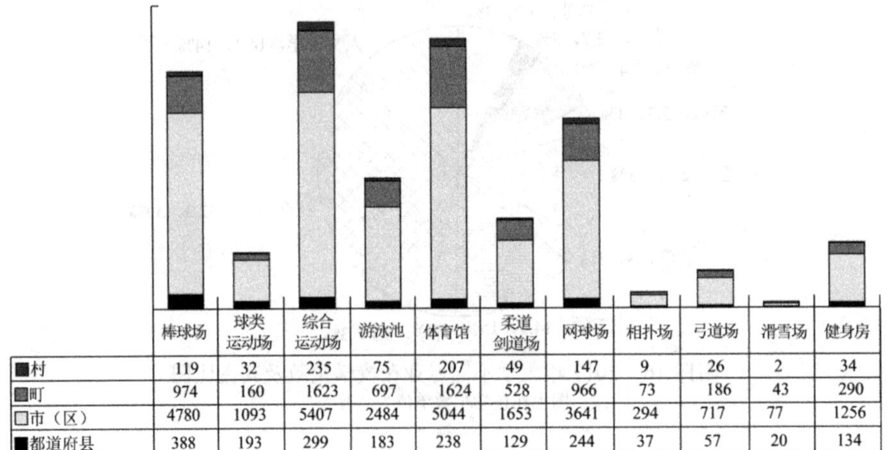

	棒球场	球类运动场	综合运动场	游泳池	体育馆	柔道剑道场	网球场	相扑场	弓道场	滑雪场	健身房
■村	119	32	235	75	207	49	147	9	26	2	34
■町	974	160	1623	697	1624	528	966	73	186	43	290
□市（区）	4780	1093	5407	2484	5044	1653	3641	294	717	77	1256
■都道府县	388	193	299	183	238	129	244	37	57	20	134

附图 19　2015 年体育场馆数量分布图

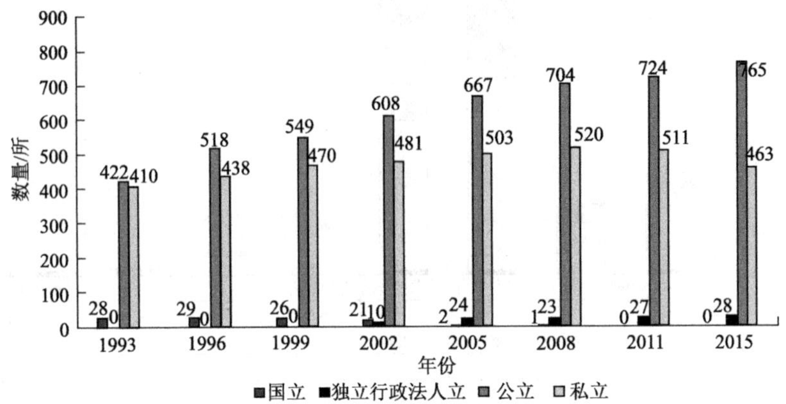

附图 20　博物馆数量全国分布图

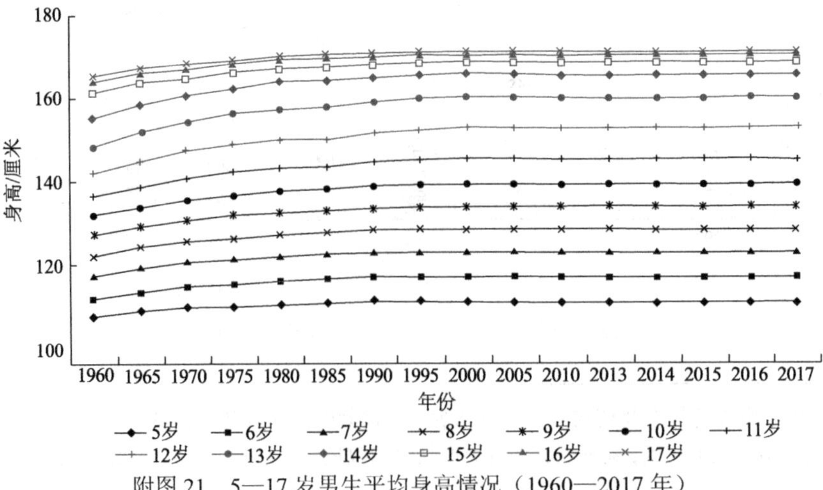

附图 21　5—17 岁男生平均身高情况（1960—2017 年）

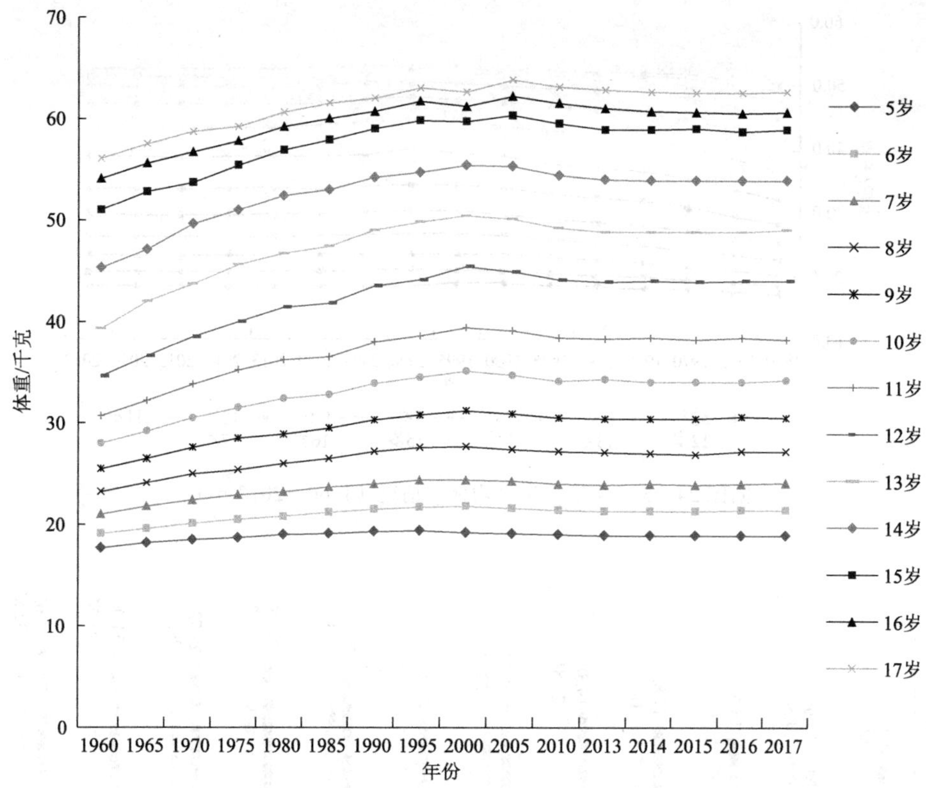

附图 22 5—17 岁男生平均体重情况（1960—2017 年）

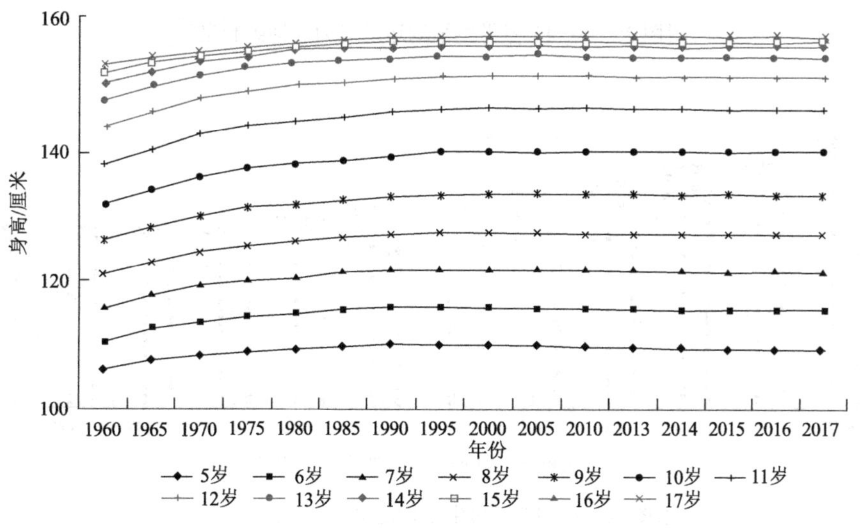

附图 23 5—17 岁女生平均身高情况（1960—2017 年）

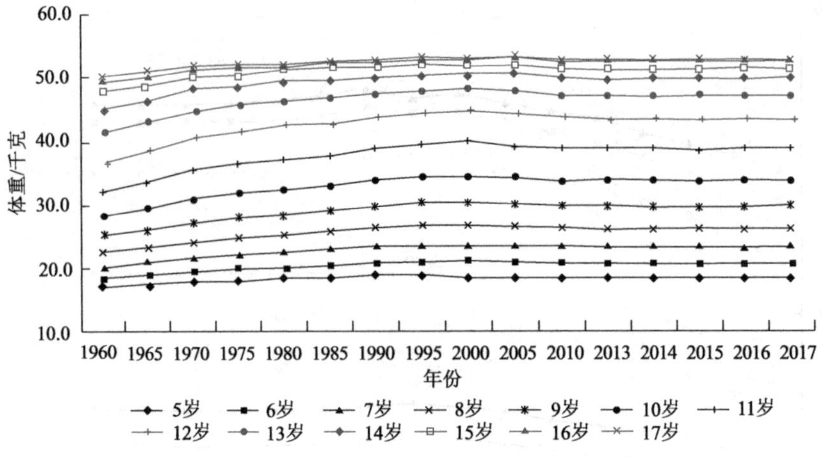

附图 24　5—17 岁女生平均体重情况（1960—2017 年）

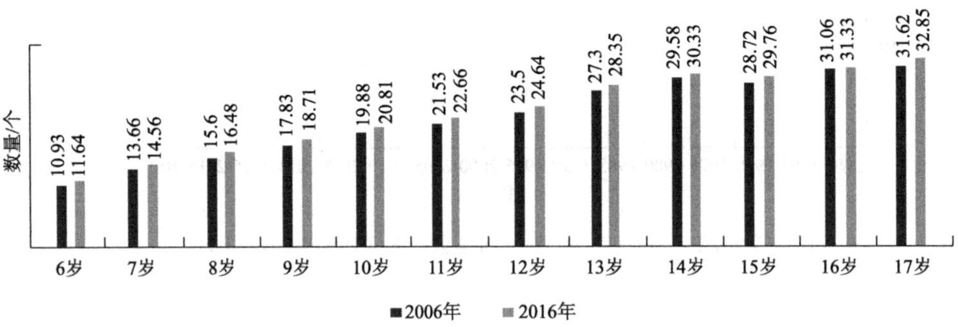

附图 25　6—17 岁男生平均运动能力（仰卧起坐）

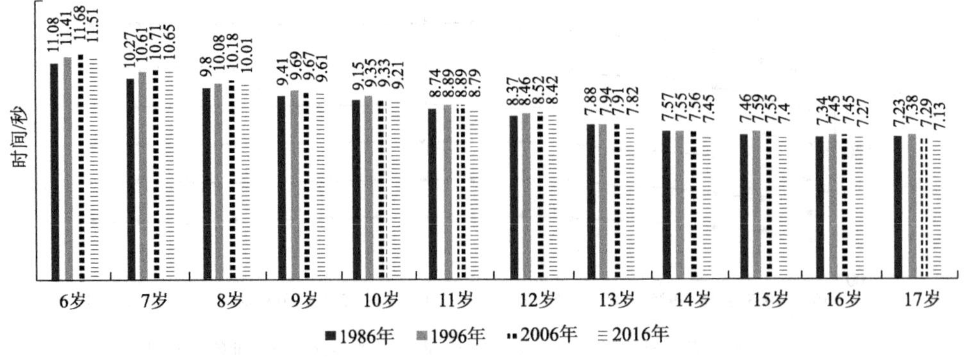

附图 26　6—17 岁男生平均运动能力（50 米跑）

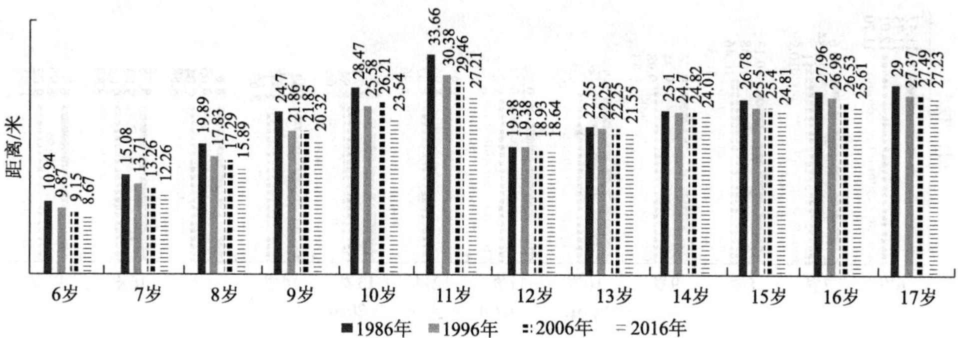

附图 27　6—17 岁男生平均运动能力（手球投掷）

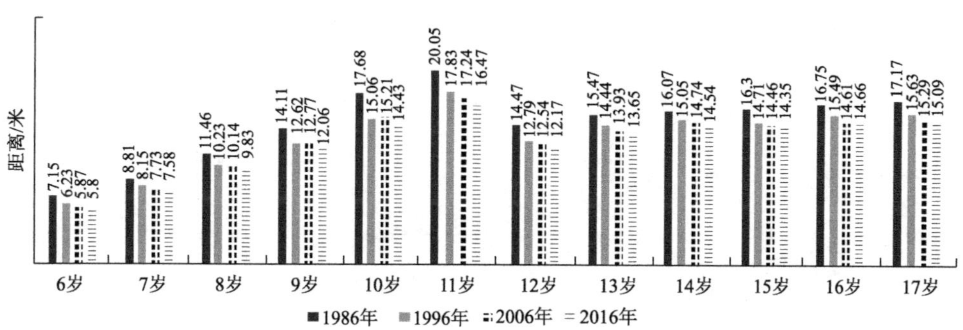

附图 28　6—17 岁女生平均运动能力（手球投掷）

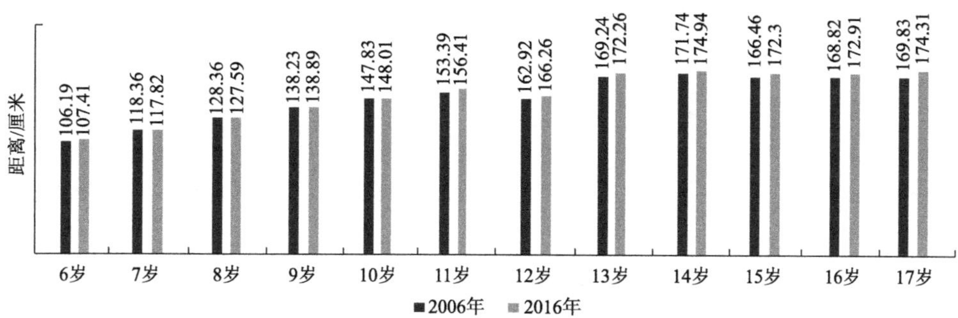

附图 29　6—17 岁女生平均运动能力（立定跳远）

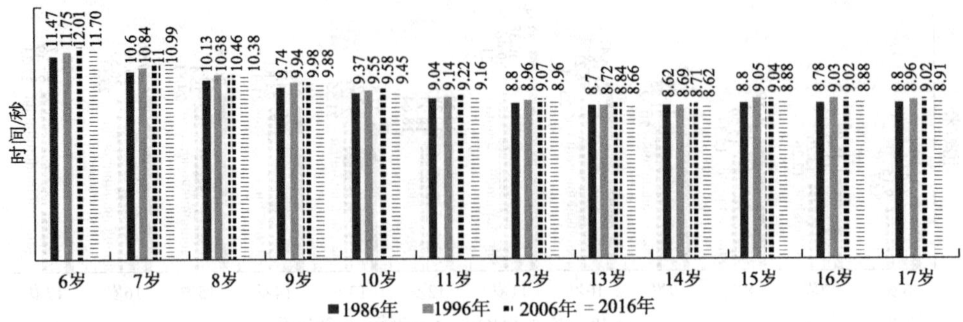

附图 30　6—17 岁女生平均运动能力（50 米跑）

附录 3　日本学校系统图

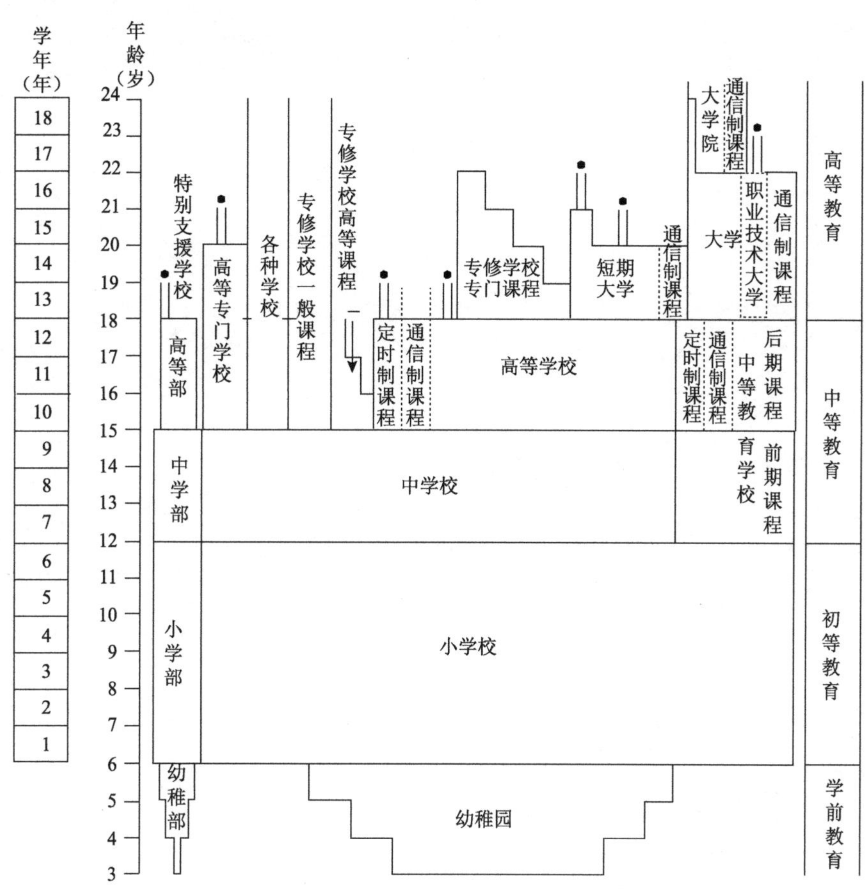

附图 31　日本学校系统图